司法・犯罪心理学

岡本吉生 編

遠見書房

巻頭言

心理学・臨床心理学を学ぶすべての方へ

公認心理師法が 2015 年９月に公布され，2017 年９月に施行されました。そして，本年度より経過措置による国家資格試験が始まります。同時に，公認心理師の養成カリキュラムが新大学１年生から始まります。

現代日本には，３万人を割ったとは言えまだまだ高止まりの自殺，過労死，うつ病の増加，メンタルヘルス不調，ひきこもり，虐待，家庭内暴力，犯罪被害者・加害者への対応，認知症，学校における不登校，いじめ，発達障害，学級崩壊などの諸問題の複雑化，被災者への対応，人間関係の希薄化など，さまざまな問題が存在しております。それらの問題の解決のために，私たち心理学・臨床心理学に携わる者に対する社会的な期待と要請はますます強まっています。また，心理学・臨床心理学はそのような負の状況を改善するだけではなく，より健康な心と体を作るため，よりよい家庭や職場を作るため，あるいは，より公正な社会を作るため，ますます必要とされる時代になっています。

こうした社会状況に鑑み，心理学・臨床心理学に関する専門的知識および技術をもって，国民の心の健康の保持増進に寄与する心理専門職の国家資格化がスタートします。この公認心理師の養成は喫緊の非常に大きな課題です。

そこで，私たち監修者は，ここに『公認心理師の基礎と実践』という名を冠したテキストのシリーズを刊行し，公認心理師を育てる一助にしたいと念願しました。

このシリーズは，大学（学部）における公認心理師養成に必要な 25 科目のうち，「心理演習」，「心理実習」を除く 23 科目に対応した 23 巻からなります。私たち心理学者・心理臨床家たちが長年にわたり蓄えた知識と経験を，新しい時代を作るであろう人々に伝えることは使命であると考えます。そのエッセンスがこのシリーズに凝縮しています。

このシリーズを通して，読者の皆さんが，公認心理師に必要な知識と技術を学び，国民の心の健康の保持増進に貢献していかれるよう強く願っています。

2018 年３月吉日

監修者　野島一彦・繁桝算男

はじめに

法は，国家や社会の秩序の安定や維持を目指すための基本原理や規範を示すものと考えられるが，その営みには必ず人間が登場する。その法の原理を現実場面に適用するのが司法・犯罪の分野である。そのため司法・犯罪の分野では，当然のことながら，人間の心理や行動についての理解が必要となる。しかし，司法・犯罪（特に司法）と心理学は，本来密接な関係にあるものの，学問体系や専門性はきわめて異なっている。このことから，一般に，両者は相互に水と油のような縁遠い存在であると捉えられがちだが，実際には，人間社会において必ず発生する諸問題を適切に解決するためには，法的な解決だけでなく人間に関する関係諸科学，特に広い意味での心理学的な解決が不可欠である。その意味で，司法・犯罪と心理学は社会の秩序を維持するために相互に補完的な役割を担っており，公認心理師試験のブループリントで中項目の同一枠に位置付けられているように，いわゆる民事・刑事といった分野の別はない。

しかしながら，裁判官，弁護士あるいは検察官のいわゆる法曹三者が中心となる司法の世界では，主として私人間の争いを扱う民事と犯罪への対処を行う刑事とでは，基本的な考え方においても司法手続においても大きな差異があり，そのことによって，司法・犯罪分野で働く心理職の職務内容も自ずと異なってくる。そこで本書では，学生や心理学の専門家に比較的なじみがある犯罪や非行に関する事柄を第１部と第２部で取り上げ，民事の中でもとりわけ心理学的知識が必要となる離婚をめぐる事柄を第３部で取り上げる。

第１部では犯罪・非行に関する基礎知識を取り上げる。犯罪心理学の歴史をはじめとして，犯罪捜査や犯罪予防における心理学の活用，犯罪者や非行少年の心理アセスメントや面接，そして刑事司法制度がまとめられている。第２部では犯罪や非行分野における心理支援に焦点を当てている。家庭裁判所，少年院，保護観察所といった主要な機関での支援の実際，刑事裁判所での情状鑑定，施設内および社会内処遇としての心理支援のほか，犯罪類型ごとの犯罪者（や非行少年）の心理的特徴が整理されている。また，犯罪被害者への心理支援についても取り上げている。第３部では離婚問題を中心に，法的な課題や司法機関の役割，離婚や子どもの心理，夫婦の別居あるいは離婚後の子どもとの面会交流に関する問題などが整理されている。

最初に述べたように，司法・犯罪の分野はあらゆる人間生活と不可分であるこ

とから，本書ですべての心理的課題を網羅することはできないが，それでもこの分野で働く心理職が身につけておくべき基礎知識については相当にカバーされている。学生や心理学の専門家が本書を手に取り，この分野でいっそう活躍されることを願っている。

2019年3月の刊行以来，3刷を経て，本書が大学の教科書等で活用いただいたことを大変感謝している。その間，司法・犯罪心理学の分野で大きな法改正もあり，本書を現状に即した内容に改訂することになった。改訂にあたっては，法改正はもとより，今回コラムを新設し，直近の統計資料等によって司法・犯罪心理学の分野における最新の情勢についての解説が加えられている。学生や専門家の方々の今後のいっそうの理解や興味の発展を祈っている。

2023年6月

岡本吉生

目　次

第２部　犯罪心理学における心理支援

第１部
犯罪・非行についての基礎知識

犯罪心理学の歴史

藤野京子

Keywords　犯罪の定義，犯罪動向，古典学派，実証学派，社会構造アプローチ，社会過程アプローチ，犯罪生物学，精神力動，親子関係，環境犯罪学

Ⅰ　犯罪とは何か

人を殺すのは，犯罪か？　当然，犯罪と思うかもしれない。しかし，どうだろう。戦争で敵国の兵士を殺したとして，それを我々は犯罪とはとらえない。その人を犯罪者とみなさず，むしろ英雄と称えるかもしれない。つまり，同じ行為が，行われる文脈なりその行為者の状態なりによって，犯罪とみなされたりみなされなかったりするのである。

警察や裁判所などの刑事司法機関では，ある行為が犯罪かどうかを，犯罪の法的定義に基づいて判断している。その定義は,「刑罰法令に定められた構成要件に該当する違反かつ有責の行為」である。

具体的に言うと，まず，犯罪であるためには，刑罰法令に規定された行為でなければいけない。これを構成要件に該当する行為という。

構成要件に該当する行為は，原則，違法である。しかし，その行為者に，その行為を行う正当な理由がある場合，違法性がなく犯罪とされない。違法性阻却事由には，正当行為（刑法第 35 条），正当防衛（刑法第 36 条），緊急避難（刑法第 37 条）がある。先に挙げた兵士の行為は，正当行為であるがゆえに，犯罪に相当しない。このほか，無抵抗のままでは自分が殺されてしまう場合，その相手にやむをえず反撃したとして，それは正当防衛と判断されるかもしれない。

加えて，犯罪は，その行為の責任を取れる法的判断力がある者によってなされる必要がある。14 歳未満の者や心神喪失者は，犯罪の責任を問われないことになっている。

このように，法律では，刑罰を科される行為かどうかを形式的に決めている。

つまり，制裁として刑罰を科せられる行為はすべて犯罪であり，それ以外は犯罪でない。このような定めがあるからこそ，刑事司法機関が事件を処理していけるのである。

しかし，法律で定められていることが適当であるとは限らない。ある時代に犯罪でなかったものが別の時代には犯罪となること，ある国で犯罪とされる行為が他の国では犯罪でないことは，結構ある。堕胎の扱いは，その一例であろう。一般人からすると許されざる行為と映るのに犯罪とされないこと，反対に，さほど悪いとは思われないのに犯罪とされるものなどがある。これらに対応するには，形式的な法的定義にとらわれず，犯罪行為の本質を明らかにしながら刑罰の対象となる行為を検討する必要がある。そのためには，実際の人間行動を科学的に探究する行動科学的アプローチが有用なのである。

行動科学の立場から犯罪をとらえるならば，他者を傷つけたり公共の秩序安寧を乱したりと，人々が共存していくための基本的ルールを破る行為であって，文化的脈絡に照らして，その行為が許されるものではないと人びとが判断するものとなろうか。しかし，一律の定義があるわけではなく，各研究の着眼点によって犯罪として扱っている範囲は異なる。したがって，それぞれの研究が何を犯罪として扱っているかに留意する必要がある。

II　犯罪動向のとらえ方

1．官庁統計

警察庁が作成している統計で，犯罪動向が把握できる。警察庁が毎年出している「令和○年の犯罪」では，警察活動で明らかになった細かな情報が入手できる。その一部は，警察白書にも掲載されている。

このところ犯罪が増えているのか，減っているのかの問いには，警察が犯罪とみなす**認知件数**が利用できる。どのような犯罪が増えているのかの問いには，罪種別の認知件数が使える。それらを経年比較すればよい。

警察などの捜査機関が犯罪の被疑者を特定し，捜査手続を行った件数が**検挙件数**である。検挙件数／認知件数で算出される**検挙率**は，警察が犯罪とみなしたもののうち，どの程度検挙できたか，すなわち，警察の犯罪統制力を示す数値と言える。

他の国に比べて我が国の犯罪情勢の特徴を知るには，他国で発表されている数値と比較すればよい。人口が多ければそれだけ犯罪の発生も多くなるので，件数

だけでなく，人口比で比べる方法もある。

犯罪者の処遇に関する統計も重要である。刑事司法機関における事件の流れに沿って見ていくと，検察段階の検察統計年報では，どのくらい起訴するかなどの情報が得られる。裁判段階の司法統計年報では，どのような判決・処分が行われているかなどの情報が得られる。矯正段階の統計年報では，刑務所や少年院にどのような人が入っているか，そこで何をしているかなどの情報が得られる。更生保護段階の保護統計では，健全な社会の一員として更生するために実社会の中でどのような人にどのような働き掛けが行われているかなどの情報が得られる。これらの情報の一部は，犯罪白書にまとめられている。

刑事司法機関で仕事をしている心理学の専門家にとって，犯罪情勢や犯罪（者）をめぐる処遇情勢を踏まえることは，有用である。自身が対象としている犯罪者の位置付けを明らかにすることにつながるからである。

2．官庁統計は犯罪現象の実態をとらえているか？

先に言及した犯罪統計は，犯罪を計測するためというより，行政機関である警察の事件受理・処理の記録である。認知件数とは，文字どおり警察が犯罪の発生を認知した事件数であって，実際には警察が認知しない犯罪が存在する。交通違反の一斉取締りなどを除いて，市民や被害者が警察に事件を届けなければ，犯罪発生は警察に認知されないからである。

犯罪が発生しても，それに市民や被害者が気づかなければ，事件として届けられないから，警察に認知されるには至らない。また，気づいても，警察に届けるかどうかは，届けることの長短を勘案して，判断される。性犯罪の届出の比率が低いことは，よく知られている。加えて，警察に届け出たとして，届出の内容について犯罪を構成すると警察がみなさなければ，認知件数にカウントされない。警察が認知しないこれらの犯罪は，**暗数**となる。

暗数を含めて犯罪発生の状況を把握する試みに，**犯罪被害調査**がある。被害経験を尋ねることで，犯罪発生の実態を明らかにするものである。米国では 1972 年から National Crime Survey（現在の National Crime Victimization Survey），英国では 1982 年から British Crime Survey（現在の Crime Survey for England & Wales）が，定期的に実施されている。我が国でも，近年，犯罪被害や犯罪被害者に対する調査が実施され始めている。

このほか，**自己申告式犯罪調査**もある。被害経験ではなく，自身の非行や犯罪の経験を報告させるものである。この手法は，被害者がいない，または，被害が

判明しにくい，例えば万引き，のぞきなどの比較的軽微な非行を明らかにするのに優れていると言われている。

刑事司法機関の各種統計が，犯罪の実態を網羅できているわけではない。このことを認識し，上記手法で得られた情報も勘案し，真の犯罪現象を把握しようとする構えが大切である。

Ⅲ　司法・犯罪心理学の領域

明治末期から大正期にかけて，我が国で初めて犯罪心理学を手掛けたのは，寺田精一である。彼の著書『犯罪心理学』では，1872年にドイツのクラフト･エービング Krafft-Ebing が，初めて犯罪心理学の名を用いたこと，その内容には，①犯罪者の犯罪者たる精神状態を研究するものであって，犯罪現象に関する原因論的観察がその中心となるもの，②犯罪行為に附帯して起こる対犯罪者的な種々なる精神状態を研究するものであって，犯罪捜査に関するものや刑事裁判に関するものがある，と紹介している。②は裁判心理学または採証心理学と呼ばれ，古くはグロース Gross, H. の著書などがあることにも言及している。つまり，心理学の方法論を用いて，犯罪という現象に関するさまざまな問題を扱うのが，司法・犯罪心理学になる。これは今日でも変わらない。

心理学の知見は，適当な法手続きを行ったり，法が意図したような問題解決を図ったりするのに活用できると期待されている。実際，本書第2章以下に示すとおり，効果的な犯罪の捜査や防犯のあり様の検討，適切な司法判断を行うための調査，非行少年や犯罪者それぞれが犯罪に至った理由の解明や彼らの社会復帰に資するべく行われる処遇，さらには，犯罪被害者のケア等を行うため，我が国の各刑事司法機関で心理学の専門家が活躍している。

こうした実務に限定せず，そもそも「人はなぜ犯罪を行うのか」や「どうすると人は犯罪に至るのか」の究明も，行われ続けている。本章の残りでこの一部を紹介するが，この分野の研究は，人を非行や犯罪に至らしめない，あるいは，非行や犯罪から立ち直らせていくという実務面での意義があることにとどまらない。非行や犯罪という事象は，人間の本質の一側面を指し示すものでもある。

法制度のあり方に対して，心理学的知見による提言も期待されている。有用な法制度であるためには，正義や公正に対する認識や法的威嚇や統制の心的作用を踏まえることが肝要だからである。

Ⅳ　実証研究のあけぼの

1．古典学派

ベッカリーア Beccaria, C. B. は，1764 年に『犯罪と刑罰』を著し，それまでの刑事思潮を批判し，改革の必要性を訴えた。中世から近代初期にかけてのヨーロッパの刑事裁判は，国王を頂点とした当時の支配勢力の都合や利益に合わせて行われていた。犯罪と刑罰の内容があらかじめ明らかにされておらず，裁判官に過大な裁量権が与えられ，身分によって不平等に扱われていた。一般の人々へのみせしめとして，刑罰が行われることもあった。同書は，当時の封建体制に対するレジスタンス運動の導火線になったとも言われている。ベンサム Bentham, J. も，ベッカリーアの見解に多大な影響を受け，さらに「最大多数の最大幸福」という功利主義原理を前面に打ち出し，法改正と法典化を積極的に試みた。

近代刑法では，合理主義を標榜する啓蒙思想に裏打ちされた彼らの刑罰改良の主張を取り入れた。どういう行為が犯罪で，それに対してどういう刑罰が与えられるべきかをあらかじめ法で定めておく**罪刑法定主義**が原則になった。何人も法の下で平等とされ，由緒正しい家柄であるとか力をもった家の出であるなどを理由に，罰せられなかったり報償を受けたりするべきでないこと，すなわち，同じ行為に対する扱いを身分によって異ならせないこととされた。さらに，刑罰の人道化や刑事手続の適正化なども整えられるに至った。

加えて，犯した罪に対して科される刑罰は，相応しいと判断されるものとする罪刑均衡の原則が打ち出された。そこでは，自分の意思によって主体的かつ自由に行為を選択し（意思自由論），快楽を求めて行為を選択する（快楽説）という人間像を想定していた。つまり，犯罪という行為も，それに伴う危険性と報酬，すなわち，苦痛と快楽を計算して，主体的に選択するととらえられた。したがって，犯罪によって得られるであろう快楽を相殺する刑罰を与えれば，犯罪は抑止されると考えたのである。

この古典派の主張をもとに，刑事立法において啓蒙主義的な社会改革が推進された。しかし，それは必ずしも犯罪の撲滅につながらなかった。実際には，罰せられても繰り返し犯罪をする累犯者，犯罪によって利得が得られているかが定かでない犯罪者がいた。そこで，人間の行動や社会の実情についての知識を取り入れる必要があると，認識されるようになっていった。

2．実証学派

犯罪者の実態を，実証的な観点から検討しようとして現れたのが，実証学派である。1859年にダーウィン Darwin, C. R. が『種の起源』を発表して以降，人間は必ずしも合理的であったり理性的であったりするとは限らないと受け止められるようになっていった。そのような状況下，ロンブローゾ Lombroso, C. は，犯罪者を野蛮人の先祖返りであるとする**生来性犯罪人説**を1876年に発表した。犯罪行為が，自由意思の結果ではなく，決定付けられているという主張である。犯罪者と一般の人々の人体を計測し，その違いを明らかにするという科学的アプローチを用いて，この主張を導いた。

今日，生来性犯罪人説自体は正しくないとされている。しかし，犯罪現象に科学的なアプローチを取り入れた点で，彼はさまざまな実証研究がなされる先鞭をつけたとされ，犯罪科学一般の生みの親と位置付けられている。

V　社会構造アプローチからの説明

社会構造アプローチは，社会を一つのまとまりをもった有機体のようにとらえる。社会構造の歪が犯罪を作り出しているのであって，個人は犯罪をさせられているにすぎないという巨視的なとらえ方である。

パークとバージェス Park, R. E. & Burgess, E. W. は，植物生態学になぞらえ，人間生態学という発想から，大都市シカゴの社会学的調査研究を行った。その結果，1920年～30年代のシカゴは，中心部から同心円状に地域が分化しており，非行は中心部に近い推移地帯に集中し，中心部から離れるにつれて減少するという**非行地域論**が示された。推移地帯には，その地に流入する人によってさまざまな伝統文化がもち込まれ，しかも，その地に定着することなく次々に流出していくため，伝統的なアメリカの中流階級文化の行動規範が調和不能な状態に陥り，非行や犯罪が生じると説明された。

米国の中流階級の価値観が崩壊して犯罪が増加するという非行地域論に対して，マートン Merton（1938）は，経済的成功という米国の価値観への順応が犯罪をもたらすとした。すなわち，経済的成功という文化的目標を満たしたいのに，その目標に到達するための遵法的な道筋が閉ざされていると，その目標に達しようとして犯罪が生じるとみなした。この主張は，期待と実際の獲得との間の分断に伴って緊張が発生することから，**アノミー理論**，**緊張理論**と言われている。

1950年代にコーエン Cohen, A. K. は，中流階級の生活目標に到達する道が閉ざされている下流階層の間には，中流階級の行動規範とは正反対の規範や基準で成り立つ反抗的文化が生じるとする**非行副次文化説**を唱えた。そして，下流階層の犯罪は，マートンが主張するような金銭的資産を得ることを目指した合理的なものではなく，非行副次文化の中で芽生えた情動に駆られた非実利的で悪意に満ちた刹那的享楽主義によるものであるとした。一方，ミラー Miller, W. B. の**下流階層文化論**では，コーエンが指摘する非行副次文化が示す非功利性などの特徴は，中流階層文化への目標への到達・達成が阻まれた結果生じたわけではないととらえた。各階層にはそれぞれの文化があり，下流階層少年が頻発させる非行は，下流階層固有な文化に合致した適応的行動であるとした。

今日，「人間の意思は，環境によって決定される」という社会学的決定論は，否定されるに至っている。しかし，非行や犯罪には，地域差や時代による増減が存在する。個人に帰することのできない社会的要因が影響を及ぼしている点は否めない。公共の秩序を維持しようとし合う集団の一員であるという**集合的効力感**を有する地域の犯罪率が低いことなども，明らかにされている（Sampson, 2004）。

Ⅵ　社会過程アプローチからの説明

人は，身近な人とのやりとりを通じて，社会的現実を主観的に知覚する。この社会的脈絡でのどのような経験が，人を非行や犯罪に至らしめるのかを明らかにしていこうとするのが，社会過程アプローチである。

タルド Tarde, J. の模倣説の流れを汲んだサザランド Sutherland, E. H. の**分化的接触理論**は，「犯罪行動は親密な社会集団により学習される」と要約されよう。この理論によると，犯罪性向は，生物学的あるいは心理学的異常による結果ではなく，向社会的訓練が不足して発生するわけでもない。社会全体の法規範と合致する文化を有する社会集団，そうでない集団は，分化的に配置されており，後者と親密になれば，犯罪の遂行技術のみならず，犯罪への動機や犯罪に対する合理化や態度なども学習されるのである。このサザランドの理論を取り込んだエイカーズ Akers（1973）は，**社会的学習理論**を提示している。サザランドが分化的接触と表現したものを，オペラント心理学の概念を応用して分化的な行動強化とみなし，犯罪行動の増強や消去を，その結果もたらされる報酬と罰という学習心理学の観点から整理している。

これに対して**統制理論**では，遵法的人間と犯罪者を分けるのはコントロールで

あり，遵法者はコントロールがあるおかげで，自然的衝動によって行動化するのを抑制できているととらえている。ハーシー Hirschi（1969）は，日常社会への結びつきが向社会的行動の基盤であるとする**社会的絆理論**を提示して，人と社会との関係に存在する絆に，愛着，努力，多忙，規範観念，の4要素があるとした。また，サンプソンとラウブ Sampson & Laub（1993）の**年齢段階的日常的社会統制理論**では，生涯を通じての犯罪行動の連続性と変化に注目し，成人期になって以降も，意味ある社会的絆が確立されると，これが転回点となり，社会適応的な生活を送るようになるとしている。

一方，ゴットフレッドソン Gottfredson とハーシー（1990）は，社会との結びつきによる統制ではなく，個々人が内的に有する自己統制に注目している。すなわち，非行や犯罪は，一時的な誘惑に対する脆弱性という**低自己統制**で説明できるとして，養育不足が低自己統制をもたらすとの論を展開している。

このほか，「犯罪者」とラベル化することが，犯罪者を作り出すととらえる**ラベリング理論**もある。1938年に『犯罪とコミュニティー』を著したタンネンバウム Tannenbaum, F. は，「犯罪者」とのラベルを貼られると，「犯罪者」と思い込んで行動し，実際に犯罪者になるという予言的自己実現が生じるとした。レマート Lemert（1974）も，最初の逸脱である第一次逸脱と，その逸脱によってラベルが貼られた結果生じる第二次逸脱を区別し，ラベルに順応すべく自己概念を変えたり，ラベルが貼られたことで周りが敬遠するなどの反応が，犯罪行動をよりエスカレートさせるとみなしている。

ただし，1989年に『犯罪，恥，再統合』を著したブレイスウェイト Braithwaite, J. は，逸脱行為への対応として，逸脱者として排他する代わりに，逸脱行為を恥ずべきものと認識させ，謝罪がなされれば逸脱者の認定を取り消す儀式を行い，社会に再統合する方法を提案している。シャーマン Sherman（1993）も，刑罰を与えることで犯罪が減ることもあるとして，犯行がエスカレートするのは，警察や裁判所から不当な扱いを受けたとか，その行動にではなくその人に対して，制裁がなされたなどと知覚した場合であるとする**挑発理論**を展開している。

なお，できるだけ犯罪行動に対する説明力を高めようとして，これまで紹介してきた理論を組み合わせた**統合理論**（例：Elliot et al., 1979）も，出現している。この種の中には，人は周囲から影響を受けるのみならず，周囲に影響を与えもするという**相互作用理論**（Thornberry, 1987）もある。この理論では，累積的に事態が悪化していく事象を，相互作用という視点から説明している。

Ⅶ　犯罪生物学の視点からの説明

1．遺伝と環境

今日，あらゆる個人特性は遺伝的であり，その遺伝的特性によって，行動も形成されるという研究が蓄積され，遺伝子を無視する思考は，もはや時代遅れであるとされている。遺伝や環境要因の相対的寄与率を研究する行動遺伝学では，恐怖心の欠如，攻撃性，嘘好き，衝動性，低 IQ などの諸特性に対して，統計学的に有意な遺伝的係数を示す研究が示されている。

一方，犯罪の原因となる遺伝子がないことが，分子遺伝学におけるほぼ満場一致の見解となっている。遺伝的に継承するのは，一般的素因であって，特定の行動ではない。素因は，犯罪行動をそそのかしたりとどめようとしたりするものの，犯罪行動を強要するわけではないとされている。例えば，高活性 MAOA 遺伝子タイプの場合，児童期に不適切な養育をなされても反社会的行動に至らなかった一方，低活性 MAOA 遺伝子タイプの場合，適切な養育がなされれば問題はないものの，不適切な養育環境に置かれると反社会的行動が出現しやすかったことが示されている（Caspi et al., 2002）。

一方，DNA の分子構造が変わらなくても，環境要因がある特定の様相を活性化あるいは不活性化することで，遺伝子の機能が変わること（エピジェネティックス）も明らかにされている。このほか，人間の高次の脳領域では，生誕後の大量の環境的要因によって，神経連絡パターンの構築が決定付けられることも示されるに至っている。

2．神経学的及び生化学的説明

犯罪行為が，脳の異常と関連するという研究がある。例えば，道徳的判断，計画，分析，総合考察，情動調整を担っているとされる前頭葉の賦活が，衝動的犯罪行為に関連することが示されている。また，前頭前皮質の欠陥が，注意力の欠損と実行機能の低下に関係しており，おそらく素行症と関係していること，また，脳と自律神経の重要な連結を担っている眼窩前頭皮質の欠陥によって，素行症や反社会的パーソナリティ障害が生じる可能性を示唆する証拠も出されている。

また，1964 年に『犯罪とパーソナリティ』を著したアイゼンク Eysenck, H. J. は，神経症的で外向的なタイプの人の皮質覚醒反応は低く，条件づけがなされにくい結果，犯罪に至ると説明している。メドニックら（Mednick et al., 1987）

も，環境刺激への感受性が低い人たちがおり，彼らは恐怖心も乏しいため，法律的な問題を引き起こす状況を避けようとせず，さらに低覚醒状態だと退屈と感じ，それから逃れようとわざわざ問題を起こすとする刺激説を提示している。このほか，行動は，報酬刺激を探求する行動賦活系（BAS）と，罰への恐怖から行動を制御させる行動抑制系（BIS）の２つのメカニズムで制御されているとする神経学的理論があり，慢性的な犯罪者では，BAS が優勢であるとの研究もある。

生物学的な個人差は存在する。したがって，個々の犯罪者を理解するに際して，これらの生物学的制約を踏まえるという視点も肝要であろう。

Ⅷ　個人の心的特徴の形成に焦点を当てた説明

1950 年に『少年非行の解明』を著したグリュック夫妻 Glueck, S. & Glueck, E. は，年齢，知能，人種，居住地域についてのマッチングを行った非行のある者とない者に対して，400 を超える因子を測定して，非行に関連する因子を明らかにしようと試みた。以来，その試みは続いているが，2009 年刊行の『犯罪関連要因ハンドブック』（Ellis et al., 2009）では，これまでに蓄積された犯罪との関連要因についての実証研究結果を要約している。そこでは，衝動性や刺激希求性等を含むパーソナリティ特性，共感性や利他性といった態度や対人関係のもち方との関連についても触れている。1910 年代に家系調査や知能測定調査を行い，犯罪の主たる原因は知能の欠陥であると結論付けたゴダード Goddard, H. H. の犯罪者精神薄弱者説は当時批判されたが，この知能との関連についても扱っている。

ところで，同ハンドブックは，犯罪に関連する要因を総花的に提示するにとどめている。本章でも，非行や犯罪に影響を及ぼす社会の側の要因や個々人の生物学的要因を紹介してきたが，社会から，また，生物学的に影響を受けて，人の心はどのようになるのだろう。それらの要因が，どのような因果関係にあったり相互関係をもったりして，時間経過の中で変化していくのであろう。以下では，そのような視点からの説明を紹介する。

１．精神力動的説明

アイヒホルン Aichhorn, A. は，精神分析学を非行の説明に最も密接に結びつけたと評されている。1935 年に『手におえない子供』を著し，非行少年は，衝動的である，自己中心的である，罪の意識がない，のいずれかの心理的特徴を有するとまとめている。そして，これらの超自我の形成不全は，①親の欠損や愛情欠

如のために大人との一体化が妨げられたこと，②逆に親が溺愛したりやりたい放題にさせたためにけじめが身につかなかったこと，で生じると解釈している。

ヒーリー Healy（1936）が提示した**情動障害理論**では，非行などの問題行動は，情動障害を解消するために生じるととらえている。そして，情動障害が生じる理由は，親子関係をはじめとして生活場面で，①愛情関係が阻まれているという感情，②まっとうな自己表現の願望や満足が阻まれているという感情，③幼児期に満たされなかったために異常となった願望，④思春期に特有の不安定な衝動や願望，⑤現在の環境や対人関係の中で生じた不適応感や劣等感，⑥多くの場合抑圧されている内面的な葛藤から生じた不遇感，⑦幼児期の何らかの行為についての罪悪感から生じた罰への無意識的な願望，を抱くためと説明している。

2．養育態度の視点からの説明

ジェンキンス Jenkins（1969）は，親の養育態度の違いに着目して，子どもの問題行動の特徴を説明した。厳しく禁圧的な親であると，不安や緊張が強く内気でひきこもりやすくなり，人目につかないようなこそこそとした非行をするようになる。拒否的な親であると，他者不信感が強く，権威を無視したり反抗的になったりして，他者への共感や思いやりも乏しく，集団内で一匹狼的存在であり，非行も攻撃的で冷情的なものになる。子どものやりたい放題にさせて十分なしつけを行わない親であると，陽気で明るいものの，怠惰で，行き当たりばったりの生活を送るようになり，仲間と群れて集団非行に及ぶ。これらを踏まえるならば，子どもが抱えている問題に応じて，働き掛けの方向性も異なることになろう。

社会的相互作用的発達モデルを提示したパターソン Patterson ら（1989）も，親の教育力に着目している。機能不全家族では，他の家族成員を強制的手段でコントロールする。その経験から学んだ子どもは，自らも強制的手段を使うに至り，それが反社会的行動となる。この観点から，オレゴン社会学習センターでは，そのような学習を子どもにさせないため，機能不全のリスクのある家族に親のマネジメント訓練を提供している。

3．犯罪の持続や停止についての説明

犯罪発生率は，年齢によって異なる。青年期早期に急激に顕在化した後にピークを迎え，成人期前期に急速の減少傾向を示す。これは，全世界であらゆる時代に見られる現象である。モフィット Moffitt（1993）は，縦断的研究デザインを採用したコホート研究を行った結果，青少年期に限定して犯罪を行う青年期限定

型犯罪者と，初発非行が思春期以前と早く，成人期以降も年齢に関係なく同様に犯罪を持続させる生涯持続型犯罪者の２種類が存在するという**二重経路発達理論**を唱えた。そして，青年期限定型犯罪者が，この年齢による犯罪の増減に影響を及ぼしているとした。

ただし，成人期になって以降に犯罪をしなくなる者もいるとの反論もある。先に紹介したサンプソンとラウブは，年齢段階的日常的社会統制理論で，その点を主張している。

マルナ Maruna（2001）は，犯罪の停止群と持続群とでは，自身の犯罪生活の認知的理解が異なっていると主張している。人はいろいろな事象を意味付けてライフストーリーを形成していくが，持続群は，犯罪にとらわれて逸脱へと運命付けられているようにとらえていたのに対して，停止群は，犯罪を含めた過去の苦悩に対して，彼らをより強い，より善良な人間にする希望の兆しであるなど，理由や目的を見出すことができていたとしている。そして，犯罪をやめるかどうかは，過去の実態がどうであったかよりも，今後の展望にかかっていると主張している。このほか，認知を変化させていくという能動的参与によって犯罪停止に至るとする認知的変化論（Giordano et al., 2002）も提示されている。

犯罪をしないことと犯罪をやめることは，イコールではない。近年，後者の現象にも着目され始め，上のような論が展開されるようになってきている。

Ⅸ　犯罪事象に焦点を当てた説明

なぜ一部の人が犯罪に走るのかという人に焦点を当てる代わりに，状況的犯罪要素の視点から，犯罪発生の現場のメカニズムを解明しようとする試みがなされている。周りを操作・改善して，犯行を完遂する機会をなくせば，犯罪は起こらないというとらえ方である。

たとえば，コーエンとフェルソン Cohen & Felson（1979）が提唱した**日常活動理論**は，犯罪発生は，犯行の可能性がある者，その者の日常生活が展開されている場所で潜在的な標的に出会うこと，さらに監視してその犯行を防止しようとする者がいないこと，という３つの要素が時間的・空間的に重なったときに起こる，と主張するものである。言い換えると，これらの要素のいずれかを除去すれば犯罪を抑止できることになる。具体的には，潜在的な犯罪者と標的との接点をなくすこと，潜在的な標的の魅力を弱めることで標的にならないようにすること，標的に強力な監視をつけて犯罪発覚のリスクを高めること，などである。人の行

動は，人格と状況との相互作用の産物なので，このように犯罪発生の環境や状況を変えることで，犯行に及ぼうとする者自体に働きかけずとも，犯罪抑止が可能になるということである。

また，コーニッシュとクラーク Cornish & Clarke（1986）が提唱した**合理的選択理論**では，犯行者がどのような人であるかに関心を示す代わりに，一定の環境下で彼らが行う意思決定に着目している。人は，利益を最大化し，損失を最小化することを基本として行動するのであって，犯罪に手を染める理由は，それが割に合うととらえているから，とみなしている。物質的報酬だけでなく，興奮，矜持，娯楽，性的満足，他人に対する軽蔑や支配も利益になりうる。追い詰められていたり資源が限られていたりというさまざまな制約がある状況下，当人が有する限られた情報の中では理にかなっていると判断して犯行に至るとみなしている。したがって，その犯罪を遂行しにくくしたり，犯罪で得られる成果を減らしたりすることで犯罪行為を選択するという意思決定を行わずに済むような方策を取ることで犯罪は予防される，ととらえている。

これらは，対処療法的アプローチではあるものの，犯罪現象の理解に役立つものである。犯罪の事後予防でなく，未然予防にも貢献できるという利点もあるとされている。

◆学習チェック表

□　行動科学の視点から犯罪を検討することの意義を理解した。
□　犯罪動向の把握の仕方を理解した。
□　非行や犯罪の現象がどのように説明されてきたかを概観した。

より深めるための推薦図書

安香宏（2008）犯罪心理学への招待．サイエンス社．

浜井浩一編著（2013）犯罪統計入門［第２版］．日本評論社．

Lilly, R., Cullen, F. T. & Ball, R. A.（2011）*Criminological Theory.* 5th Edition. Sage Publication.（影山任佐監訳（2013）犯罪学［第５版］．金剛出版．）

大渕憲一（2006）犯罪心理学．培風館．

Walsh, A.（2015）*Criminology: The Essentials.* 2nd Edition. Sage Publication.（松浦直己訳（2017）犯罪学ハンドブック．明石書店．）

文　　献

Akers, R. L.（1973）*Deviant Behavior.* Wadsworth.

Caspi, A., McClay, J., Moffitt, T., et al.（2002）Role of Genotype in the Cycle of Violence in Maltreated Children. *Science,* 297; 851-854.

Cohen, L. E. & Felson, M.（1979）Social Change and Crime Rate Trends: A Routine Activity Approach. *American Sociological Review,* 44(4); 588–608.

Cornish, D. & Clarke, R. V.（1986）*The Reasoning Criminal: Rational Choice Perspectives on Offending.* Springer.

Elliott, D. S., Ageton, S. S., & Canter, R. J.（1979）An Integrated Theoretical Perspective on Delinquent Behavior. *Journal of Research on Crime and Delinquency,* 16; 3-27.

Ellis, L., Beaver, K., & Wright, J.（2009）*Handbook of Crime Correlates.* Elsevier.

Giordano, P. C., Cernkovich, S. A., & Rudolph, J. L.（2002）Gender, Crime, and Desistance: Toward a Theory of Cognitive Transformation. *American Journal of Sociology,* 107; 990-1064.

Gottfredson, M. R. & Hirschi, T.（1990）*A General Theory of Crime.* Stanford University Press.（大渕憲一訳（2018）犯罪の一般理論．丸善出版.）

Healy, W. & Bronner, A. F.（1936）*New Light on Delinquency and its Treatment.* Yale University Press.（樋口幸吉訳（1956）少年非行．みすず書房.）

Hirschi, T.（1969）*Causes of Delinquency.* University of California Press.（森田洋司・清水新二監訳（1995）非行の原因．文化書房博文社.）

Jenkins, R. L.（1969）Classification of Behavior Problems of Children. *American Journal of Psychiatry,* 125; 1032-1039.

Maruna, S.（2001）*Making Good.* American Psychological Association.（津富宏・河野荘子監訳（2013）犯罪からの離脱と「人生のやり直し」．明石書店.）

Mednick, S. A., Moffitt, T. E., & Stack, S. A.（1987）*The Causes of Crime: New Biological Approaches.* Cambridge University Press.

Merton, R. K.（1938）Social Structure and Anomie. *American Sociological Review,* 3; 672-682.

Moffitt, T. E.（1993）Adolescence-limited and Life-course-persistent Antisocial Behavior: A Developmental Taxonomy. *Psychological Review,* 100; 674-701.

Lemert, E. M.（1974）Beyond Mead: The Societal Reaction to Deviance. *Social Problems,* 21; 457-468.

Patterson, G. R., DeBaryshe, B. D., & Ramsey, E.（1989）A Developmental Perspective on Antisocial Behavior. *American Psychologist,* 44; 329-335.

Sampson, R. J.（2004）Neighbourhood and Community: Collective Efficacy and Community Safety. *New Economy,* 11; 106-113.

Sampson, R. J. & Laub, J. H.（1993）*Crime in the Making.* Harvard University Press.

Sherman, L. W.（1993）Defiance, Deterrence, and Irrelevance: A Theory of the Criminal Sanction. *Journal of Research in Crime and Delinquency,* 30; 445-473.

Thornberry, T. P.（1987）Toward an Interactional Theory of Delinquency. *Criminology,* 25; 863-891.

コラム

刑法犯の動向

藤野京子

毎年年末に犯罪白書が発行されている。冊子体のほか，法務省のホームページ上で閲覧できる。同じ内容のデータが毎年更新されるので，犯罪およびその処遇動向を把握するのに便利である。以下の２つの図も犯罪白書に掲載されている。

図１は刑法犯の動向を示している。刑法犯のうち，窃盗の占める割合が多いことから，図１では，窃盗と窃盗を除く刑法犯に分けて，警察が発生を認知した事件数（認知件数）が示されている。1996（平成８）年から毎年戦後最多を更新して，2002（平成 14）年にピークとなり，2003（平成 15）年に減少に転じて以降，連続して減少しており，2021（令和３）年は戦後最少を更新している。刑法犯の７割近くを示す窃盗の認知件数の大幅な減少が，大きな影響を与えていることがわかる。警察等が検挙した事件の被疑者数（検挙人員）については，近年の認知件数の減少に伴い，2021 年は戦後最少を更新している。一方，認知件数のうち警察等が検挙した事件数（検挙率）については，昭和期はいずれの年も 50%

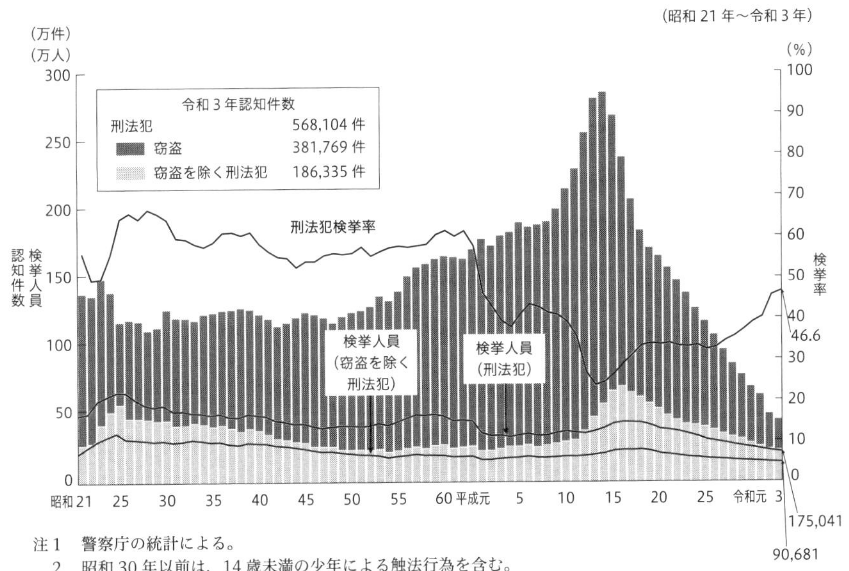

注１　警察庁の統計による。
　２　昭和 30 年以前は，14 歳未満の少年による触法行為を含む。
　３　昭和 40 年以前は，業務上（重）過失致死傷を含まない。

図１　刑法犯　認知件数・人員・検挙率の推移（令和４年版犯罪白書，p.3）

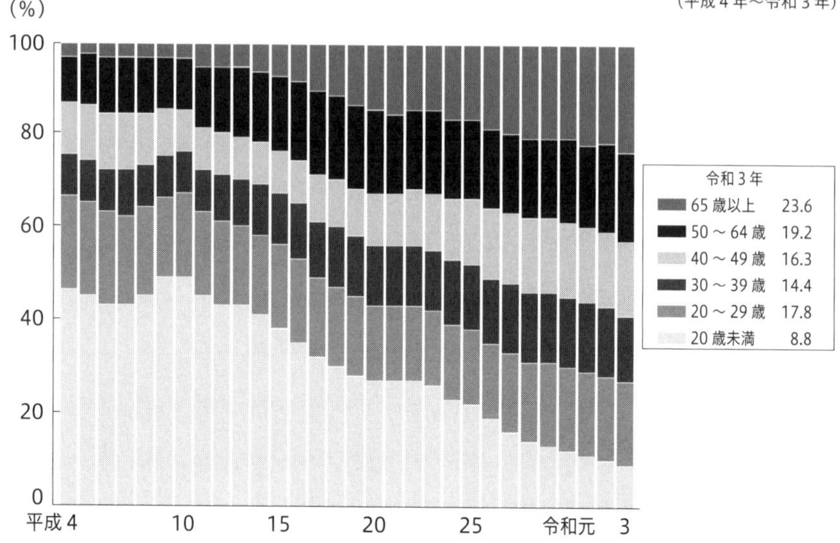

注 1　警察庁の統計及び警察庁交通局の資料による。
　2　犯行時の年齢による。
　3　平成 14 年から 26 年は，危険運転致死傷を含む。

図 2　刑法犯　検挙人員の年齢層別構成比の推移（令和 4 年版犯罪白書，p.6）

を超えていたが，平成期に下降し 2001（平成 13）年には過去最低となったものの，その後改善傾向が見られ，2021 年は 50%近くに回復している。

図 2 は，過去 30 年間の検挙人員の年齢層別構成比の推移を示したものである。20 歳未満の者の構成比が近年漸減し，1992（平成 4）年には 50%近かったのに対して，2020（令和 2）年以降 10%を下回っている。少年人口自体減ってきているが，少年人口比で見ても下降傾向が見られる。一方，65 歳以上の高齢者の構成比については，1992 年には 2.7%にとどまっていたのが，2021 年には 23.6%を占めるに至っている。図 1 に示したとおり，刑法犯の検挙人員は近年減少しているが，他の年齢層に比べて高齢者の減少の程度は少ないため，構成比は上昇の途をたどっている。この動静は今しばらく注視していく必要があろう。

第2章

科学的な犯罪捜査と犯罪・非行の予防における心理学

警察活動の視点から

渡邉和美

Keywords　犯罪者・非行少年，取調べ，目撃者や被害者の記憶，供述の信憑性，ポリグラフ検査，犯罪者プロファイリング，一次予防，二次予防，三次予防

I　犯罪者・非行少年の特徴

捜査の心理学においては，犯罪者や非行少年を意思決定の主体とし，彼らが行った行動はすべて彼らが選択した行動の結果であると考える。そして，その意思決定においては，限られた合理性に基づき，自身にとっての報酬を最大限にし，リスクを最小化する方向での選択が行われていることを想定する。報酬には，犯罪行為から得られる財物そのものや，スリルや満足感などの心理的報酬が含まれ，リスクには，犯罪行為が発覚して阻止されるリスク，逮捕されるリスク，刑罰を受けるリスク，社会的制裁を受けるリスクなどが含まれる。これらの想定に基づき，犯罪者や非行少年の行動の目的や，意思決定，実際の行動，司法の中での態度などについて推論を組み立てる。

なお，本章の科学的な犯罪捜査については，心理学が貢献できるテーマからいくつかのトピックスについて取り上げる。

II　犯罪事実の解明に用いられる心理学的知見

1．目撃者や被害者に対する事情聴取

捜査において犯罪に関する証拠を収集する活動の一つに目撃者や被害者から事情を聴取する（「参考人取調べ」と呼ばれる）作業が含まれる。この参考人取調べにおいては，目撃者や被害者が記憶の中にもっている情報を正確にできるだけ多く収集することができれば，犯罪の立証に有用な証拠となりうる。しかしなが

ら，目撃者や被害者の記憶の中にある情報はさまざまな要因により歪曲して報告されることがあるため，捜査に資する情報を目撃者や被害者から十分に得るためには，目撃者や被害者の記憶の過程に関する心理学的な知識を必要とする。

目撃者や被害者の事件（被害）についての記憶は，記銘（encoding），保持（retention），想起（retrieval）の３つの段階に分けることができる。目撃者や被害者が体験したにもかかわらず，その内容を正確に報告できない原因は，記銘，保持，想起のいずれの段階でも生じうる。捜査機関には，関わることのできる想起の段階で自身が与えるマイナスの影響をできるだけ小さくするための努力が必要とされる。想起の段階では，自身の記憶内容を深く検索する動機づけがないことや，報告してもらいたい事項と関連する手がかりがうまく提示できないために記憶にある情報を喚起できなかったり，誘導する質問により回答を歪めてしまったりすることが原因となりうる。欧米では，それらを考慮した面接方法が心理学者によっていくつか開発されている。ここでは認知面接を紹介するが，子どもの面接に特化した「司法面接」については，第４章を参照されたい。

認知面接（cognitive interviews: CI）とは，協力的な目撃者や被害者から，その記憶にある正確な情報をできるだけ多く警察官が聴取することを目的として，認知心理学者フィッシャー Fisher, R. P. とガイゼルマン Geiselman, R. E. により開発された手法である。認知面接では，符号化特定性原理（Tulving & Thomson, 1973）に基づき，想起時に目撃時の文脈を心の中で思い出してもらうことによる記憶喚起と，想起のために複数の手がかりを呈示することによる記憶喚起の知見をもとにして，①文脈の心的再現（context reinstatement），②全報告（report everything），③時系列の順序を変えての想起（change order），④視点を変えての想起（change perspectives）の４つの記憶喚起方略が提唱されている。認知面接については，その後，コミュニケーションの促進に関する知見を取り入れて発展させた改訂版認知面接（enhanced CI; ECI, 強化認知面接ともいう）や修正版認知面接（modified CI; MCI）が開発され，これらが世界で広く実務において応用されている。

認知面接の効果に関する 42 の研究についてメタアナリシスを行った結果によれば，認知面接の効果量（$d = 0.87$）[注1] は大きく，認知面接は比較対象となる面接

注 1）効果量 effect size　統計的仮説検定では，興味の対象となる効果が存在するか否かを判断するが，その効果がどのくらいの大きさであるかを示すのが効果量である（鈴川・豊田, 2012）。d は平均値の差の検定におけるコーエンの効果量を示し，0.8 以上であれば効果量が大きいことを示す。

（それまでの警察の標準的な面接方法や構造化面接）に比較して，正確な情報が多く得られること，ビデオ視聴による実験に比較して模擬目撃場面による実験においてその効果量がより大きくなることが報告されている（Köhnken et al., 1999）。

２．犯罪者プロファイリング

犯罪者プロファイリングとは，犯人が特定されていない捜査中の事件に関して，被害者や犯行現場から得られる犯人の行動の痕跡から，犯罪者の特徴を描き出そうとする手法である。1970 年代に米国 FBI により組織的な取り組みが開始されて以降，1980 年代に英国の環境心理学者カンター Canter, D. によってより科学的な手法として確立した。前者による方法は FBI 方式と呼ばれ，後者による方法はリバプール方式と呼ばれている（田村，1999）。その後，各国でこれらの２つの主流を踏まえた独自の取組みがなされている。

日本では，より科学的な手法であるリバプール方式を基盤におきながら，事例に特化した分析となるよう FBI 方式における事例分析のアプローチを取り入れて結果を導き出す方法をとっている（渡邉，2011）。主に連続事件に対する支援が行われており，窃盗が４割，性犯罪が３割，強盗が１割で，他に放火や，器物損壊，暴力犯罪，殺人などがそれぞれ１割未満を占めている（Yokota et al., 2017）。連続して発生している事件についての犯罪者プロファイリングでは，表１に示すような分析が行われている。

事件リンク分析と犯人像の推定では，一貫性仮説（consistence hypothesis: 犯行間で個人の行動は一貫する傾向がある，犯行場面と日常場面での行動が一貫する傾向がある）と相同仮説（homology hypothesis: 同じ行動をする傾向がある人は類似した特性を示す）を基礎に置き，地理的プロファイリングでは，犯罪パタン理論[注2)]やルーチン・アクティビティ理論[注3)]，環境犯罪学理論[注4)]等を基礎に置く。

実務における事件リンク分析では，リンクされるか否かの外的基準が物的証拠や犯人の自供から得るしかないため，必ずしも正確な基準とはなりえず，その正確

注 2）犯罪パタン理論とは，犯罪者は心の中に，「どのような文脈で，どのような人に，どのような行為を行うか」に関する犯罪のテンプレートをもっており，それに従った行動をとることで、犯罪のパタンが生まれるとするもの。

注 3）ルーチン・アクティビティ理論は日常活動理論とも呼ばれ，特定の時間と場所に発生する犯罪という事象が人々の日常活動のあり方によって説明されるとするもの。

注 4）環境犯罪学理論とは，犯罪という事象の発生の説明において環境的要因を重視する理論であり，環境には，地形や都市の構造，土地利用，交通網などの地理的，物理的環境のほか，社会的環境もが含まれる。犯罪パタン理論やルーチン・アクティビティ理論を含有する上位概念である。

表１　連続して発生している事件について実施する犯罪者プロファイリングの分析

分析項目	分析内容	分析結果として示されるもの
事件情報分析	事件情報を収集・整理・要約する作業を行う	事件情報一覧表 時間情報分析 事件一覧図
事件リンク分析	物的証拠や外見的特徴，犯行の特徴から，複数発生している事件のどれとどれが同一犯による犯行であるかについての分析をする 物的証拠や外見的特徴，犯行の特徴から，未解決の事件が検挙した犯人による犯行である可能性についての分析をする	同一犯人による可能性の高い事件のリスト 検挙した犯人の余罪可能性の高い事件のリスト
犯人像の推定	犯行の特徴からどのような特徴をもつ犯人であるかについての分析をする 犯行の特徴からどのような行動特徴を示す犯人であるかについての分析をする	可能性の高い犯人の特徴 犯行の再構成に関する情報 次回以降の犯行における犯人の行動
地理的プロファイリング	犯行の時空間分析から，犯人の拠点があると考えられる地域を絞り込むための分析をする 移動手段，経路，地点選択の特徴から犯人属性を示すための分析をする 犯行地選択の特徴から，次回以降の犯行を予測するための分析をする	拠点のある可能性の高いエリア 次回以降犯行が発生する可能性の高いエリア 次回以降犯行対象となるリスクの高い対象一覧

性についてはシミュレーション結果を参照することが妥当である。藤田ら（2011）は，実務で行われる事件リンク分析の統計手法の妥当性について検証し，階層的クラスター分析では試行の 47％で完全に的中し，試行の 66％でほぼ的中すること，多次元尺度構成法（MDS）では試行の 87％で正確に分類できることを示した。これらの結果は，階層的クラスター分析や MDS による方法が十分な予測妥当性をもつことを示している。また，解決事件の情報を用いた罪種別での検討では，侵入窃盗において，犯行対象，侵入方法，地理的近接性，時間的近接性の４変数を考慮したロジスティックモデルの予測精度が最も高いこと（萩野谷，2014），性犯罪において，被害者の年齢層，犯行場所の公共性，凶器の有無，時間帯，接触方法，住宅地の別の６行動の一致・不一致が有効な指標であること（横田ら，2015）などが示されている。

実務における犯人像推定では，犯人が特定できれば，推定内容の正確性について検討が可能である。Yokota et al.（2017）は，主たる犯人に関する 13 項目（性別，年齢，職業，犯罪経歴の有無，犯罪経歴のタイプ，同居者の有無，婚姻形態，交際相手の有無，土地鑑，単独犯か共犯か，主たる動機，事前面識，移動手段）に

関する犯人像の推定について，その実施率は９～ 78％とさまざまであるが正確性はそれぞれ72％～100％と高かったことを示している。解決事件の情報を用いた犯人像推定の統計手法の妥当性についての検討では，Fujita et al.（2013）が 839件の殺人事件の情報を用いてロジスティック回帰分析による犯人像推定について検討した結果，中程度の予測力をもつことを示している。また，大塚ら（2017）は，殺人事件の犯人の犯罪経歴予測において決定木分析がロジスティック回帰分析と同程度の予測力をもつことを示している。他にも，さまざまな多変量解析の手法が検討されている。

実務における地理的プロファイリングの拠点推定では，犯人が特定できれば，その正確性について検討が可能であるが，犯行予測については，暗数の問題があり，犯人が自供しなければ事件を特定できないことから，その検証には一定の限界がある。実務では，いくつかのモデルや統計手法を基準に分析が行われている。例えば，円仮説（最遠の犯行地点２点を結ぶ線を直径とする円内に犯人の拠点が存在する）や疑惑領域モデル（犯行地点の重心を中心として，中心から各犯行地点までの距離の平均値を半径とする円内に犯人の拠点が存在する）などの幾何学図形による居住地推定や，最小距離中心（すべての犯行地点までの距離の総和が最小になる地点）などのセントログラフィによる居住地推定，確率距離法（直線，負の指数，対数，対数正規分布などの距離減衰関数の当てはめ）による居住地推定などが行われている。

３．被疑者に対する取調べ

被疑者に対する取調べは，事件を認知した警察が行う証拠の発見，収集，保全の手続きの一つとして行われる。取調べを始めとする警察捜査の適正化を一層推進して虚偽自白及びえん罪の防止を図ること目的として策定・公表された「捜査手法，取調べの高度化プログラム」（2012［平成 24］年３月）において，初めて，取調べの技術について心理学的手法を軸として高度化を進めることが言及された。これを受けて，心理学の知見を取り入れた初めての取調べ教本である『取調べ（基礎編）』（警察庁刑事企画課，2012）が，科学警察研究所捜査支援研究室の心理学者の全面的な協力により作成された。2013（平成 25）年５月には警察大学校内に取調べ総合研究研修センターが設置され，警察大学校及び全国の警察学校において，この教本に基づく教育訓練が，講義に加えロールプレイと振り返りを行うといった教授法に基づき開始された。

被疑者からエピソード記憶の内容について尋ねる場合には，目撃者や被害者の

場合と同様に，被疑者の記憶の過程（記銘，保持，想起）にもさまざまな要因が影響を与えていることに注意する必要がある。たとえ，面接者が事案の概要に関する情報を知っていたとしても，被疑者がもつ体験の記憶内容を正確に推測することはできない。そのため，被疑者本人の言葉で体験内容を語ってもらうことが必要であり，聴取者は構えをもつことなく聴き取る態度が必要とされる。取調べ官は，人が一般的にもつ確証バイアス（confirmation bias：自身の信念や期待，仮説に合った証拠を選択的に求めたり，自身の信念や期待，仮説に合わない情報は無視したり，軽視したりする）による取調べへの影響を認識して取調べに望む必要がある。

被疑者の言葉で被疑者の体験を語ってもらうためには，被疑者が体験の記憶内容を報告しやすい関係作り（ラポール形成）や聴き方（態度や発問方法）に配慮し，さらに原体験の記憶を喚起する方法（前述の認知面接で指摘されている４つの記憶喚起方略のうち特に２方略：文脈の心的再現，全報告）を用いる工夫が必要である。こうした取調べの方法は，被疑者が自白するかどうかとも強く関わっている。和智ら（2016）は，有罪判決を受けて刑事施設に収容されている受刑者に対して自記式質問紙による調査を実施し，受刑者の自白の理由と取調べ手法との関係を検討した。その結果，取調べより前に自白する意図がなかった受刑者は，自白することを決めていた受刑者よりも，証拠の強さに関する知覚や罪悪感などの内的圧力のために自白する傾向は低く，取調官による働き掛けを含む外的圧力で自白する傾向が高かった。

Wachi et al.（2016）は，受刑者に対する調査において，受刑者が受けた取調べのスタイルとして関係重視アプローチ，証拠対抗アプローチ，多面的アプローチ（関係重視と証拠対抗の両方を多く用いる），未分化アプローチ（関係重視と証拠対抗のいずれも少ない）を見いだした。取調べ前に自白することを決めていた場合には，取調べ手法にかかわらず自白する傾向に違いはなかったが，取調べ前に自白しないと決めていた，もしくは自白するかどうか決めていなかった場合には，関係重視アプローチや多面的なアプローチが自白する傾向と関連していたことを見いだしている。オープン質問の利用は，こうした関係重視のアプローチにおいて重要であるだけでなく，記憶喚起により体験記憶に関する情報をより多く得るためにも重要である。

被疑者をある方向に誘導するような発問方法や態度で事件に関する情報が示されると，事後情報効果（post-event information effect）あるいは誤情報効果（misinformation effect）と呼ばれる効果により，被疑者がその情報の一部を受

表２　発問の種類

自由度が高く任意性が高い（↑）	分類	質問の種類	説明
	オープン質問	自由再生質問	回答者から自由な語りを引き出す質問方法 誘導のリスクが最も低く，正確な情報が得られやすい 回答の自由度が高いため，回答者は記憶をより精査して回答をする必要があり，記憶が喚起されやすい ただし，知的能力に何らかの制約がある場合には，この質問への回答は難しいことがある
		焦点化質問	６Ｗ１Ｈ（いつ，どこで，だれが，なぜ，誰に，なにを，どのようにしたか）を問う質問 多くの場合，ごく簡単に答えるため，その後に自由再生質問を続けることが望ましい ただし，「なぜ」を用いた発問は相手に対する非難と理解される場合があるため注意が必要
	クローズド質問	はい・いいえ質問	質問者側が提示した情報が正しいかどうかを確認するために「はい」か「いいえ」で答えてもらう質問 対象者がそれまでに述べていない情報を提示する場合には誘導のリスクがある 「はい」という回答が得られた場合には，より詳しい説明を求める自由再生質問を続けることが望ましい 相手が出した情報について確認のために用いる場合には問題はない
		選択式質問	質問者側が複数の情報を提示し，そのうちのどれが正しいかを確認するための質問 提示した以外にも選択肢がありうることを示す「それとも、それ以外ですか」を加えないと，記憶との一対一照合ではなく，記憶との相対的類似度による回答をするリスクがある
		誘導質問	最も回答の自由度の少ない質問 質問者が期待する答えが回答者にも明らかであるため，誘導のリスクが最も高い 取調べの中では可能な限り使用しない 使用してしまった場合には，「はい」と答えた内容について詳細な説明を求める自由再生質問をして，情報が得られるかを確認する

け入れ，想起内容に組み込んでしまうことがある。その場合，虚偽自白（false confession）を引き出すリスクが生じる。虚偽自白は，実際には犯罪を行っていない者が自白することを指す。虚偽自白は無実の人の権利を侵害することに繋がるため大きな問題である。取調べ官や捜査指揮官は，対象者の被誘導性を考慮し，得られた自白が虚偽自白である危険性について，他の証拠と併せて総合的に検討す

ることが求められる。虚偽自白は，次の３つのタイプに分類できる（Gudjonsson, 2003）。

自発型（voluntary）：自白を強いられるような圧力を受けていないにもかかわらず，無実の人が個人的理由から自発的に自白するもの。真の犯罪者をかばいたいという欲求や，有名になることへの病理的なまでの欲求や，意識的あるいは無意識的な自己処罰の必要性，事実と虚構を区別することができない精神状態などが個人的な理由に含まれる。

強制・追従型（coerced-compliant）：取調べによって，実際には行っていない犯罪の自白が引き出されるもの。被疑者は，自分が実際には行っていないことがわかっているが，自白することによる心理的な報酬を得るために自白する。例えば，取調べという辛い状況から逃れる，脅威から逃れる，心理的な安堵感を得るといったことが目的となる。

強制・内面化型（coerced-internalized）：誘導的な取調べの影響により，実際には行っていない事件を自分が起こしたと信じるようになり，ときには偽りの記憶を作話するようになるもの。その事件を起こしていないという明確な記憶がない場合や，取調べ官による誘導的な取調べを受けることで，自分がその事件を起こしてはいないという確信が揺らいでいく場合に生じやすいことが指摘されている。

被疑者が提示された情報の一部を受け入れ，想起の中に組み込んでしまう傾向には個人差があることが知られている。取調べ場面における誘導されやすさという個人特性である被誘導性を測定するための尺度としてグッドジョンソン被誘導性尺度（Gudjonsson Suggestibility Scale: GSS）が開発されており，欧米では実務で用いられている（Gudjonsson, 1997）。

４．ポリグラフ検査

ポリグラフ検査（polygraph test）とは，複数の生理反応を同時に測定して記録する検査法である。日本の犯罪捜査活動において活用されているポリグラフ検査は，犯人しか知りえない犯罪事実に関する記憶の有無を，生理反応を元に推定する記憶検査の一種であり（小川ら，2007），記憶の再認課題に類似している。その手続きは，有罪知識検査（guilty knowledge test: GKT, Lykken, 1959）もしくは，隠匿情報検査（concealed information test: CIT）と呼ばれている（以降，この手続きを単に「隠匿情報検査」と呼ぶ）。

隠匿情報検査の手続きでは，ある事件を行った犯人であれば知っていると考え

られる事件の情報（裁決質問項目）と，それと類似してはいるが事件とは関係がないと考えられる情報（非裁決質問項目）とを合わせて提示する質問表を作成する（図１参照）。このとき，事件とは関係のない人が見たら，裁決質問項目が推定できない構成とする。例えば，殺害に使用された凶器が「ネクタイ」（裁決質問項目となる）であった場合には，非裁決質問項目は「スカーフ」，「ベルト」，「タオル」，「ストッキング」などの項目で構成する。このように，裁決質問項目と非裁決質問項目からなる質問表を構成する方法を裁決質問法と呼ぶ。ただし，裁決質問項目が不明な場合にも，事件に関係する可能性がある項目を並べることで，同様の質問表を作成することができる。このような方法を探索質問法と呼ぶ。

検査時には，これらの項目を一つずつ継時提示して同時に複数の生理反応を測定する。通常一つの問いに対して裁決質問項目１つ，非裁決質問項目４つで構成され，１番目から５番目までの全ての系列内位置で各質問が提示されるように，セットごとに項目の順番を入れ替え，５セット実施する。

裁決質問項目と非裁決質問項目との間に測定された生理反応の差異があるかどうかに基づき，裁決項目を記憶しているかどうかが判定される。犯人でない場合には裁決質問項目と非裁決質問項目との違いは認識できないため類似した生理反応を示すことが想定されるが，犯人であれば裁決質問項目と非裁決質問項目の違いを認識できるためそれらの生理反応には違いが生じることが想定される。このように，裁決質問法では，事件に関係のない人には裁決質問項目が識別できないために，裁決質問項目のみに特異的な反応を示すことはないことから，事件に関係のない人に対して事件情報を記憶しているという偽陽性（false positive）の判

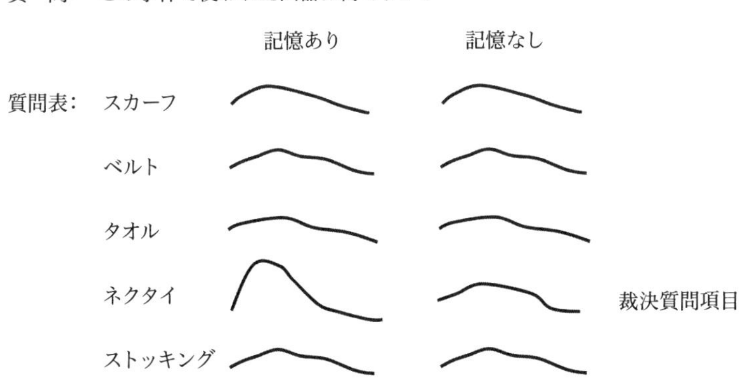

図１　裁決質問法による隠匿情報検査のイメージ図

定をしてしまう第一種の過誤（type Ⅰ error）の可能性が少ないという利点がある（小川ら，2013）。

犯罪捜査のためのポリグラフ検査において測定の対象となる生理反応として，末梢神経系（peripheral nervous system）のうち随意統制が困難である自律神経系（autonomic nervous system）の反応であり，心拍数（heart rate: HR），皮膚コンダクタンス水準（skin conductance level: SCL），皮膚コンダクタンス反応（skin conductance response: SCR），規準化脈波容積（normalized pulse volume: NPV），呼吸などの測度が用いられている（松田，2016）。

５．証言の信憑性に関する評価

欧米では，供述の信憑性を評価するためのツールがいくつか開発されている。代表的なものは，供述妥当性評価（Statement Validity Assessment: SVA）もしくは供述妥当性分析（Statement Validity Analysis: SVA）と呼ばれるものであり，欧米では実務でも用いられている。

SVA は，もともと性的虐待の被害を受けたと申告する子どもの供述の信用性を評価するためにトランケル Trunkell, A. やウンドイッチュ Undeutsch, U. によって開発された供述の現実分析の手法をケーンケン Köhnken（1989）らが発展させたものである。SVA は次の４段階によって行われる。１）事件記録分析により，子どもに関する情報や問題となっている出来事の特徴，子どもや関係者の供述などの情報を整理し，事例の見通しを立てる。２）面接対象者から供述を得るための半構造化面接を実施する，３）半構造化面接の書き起こしを元に基準に基づく内容分析（Criteria based content analysis: CBCA）を行い，４）妥当性チェックリストにより CBCA 結果を評価する。この SVA という手法では，CBCA がその中核をなす技術となっており，CBCA の妥当性を評価するための実験室研究が数多く行われているが，鑑定技術としてはさらなる研究を必要としている。詳細はフライ Vrij（2008）などを参照されたい。

Ⅲ　犯罪・非行の予防と心理学的知見

予防医学で用いられている，予防方策の分類に，一次予防，二次予防，三次予防の分類がある。これを犯罪・非行の予防に当てはめると，一次予防はすべての個人や地域を対象とした犯罪・非行の予防であり，二次予防は犯罪のリスクが高い個人や地域を見極め，問題が小さいうち，もしくは早期のうちに介入をして問

題が大きくなることを防ぐための予防である。三次予防は，犯罪者・非行少年となった人もしくは被害者となった人を対象に，問題の再発防止や社会適応状態の改善，生活の質の回復などを目的としてなされる介入をするものである。

１．犯罪・非行の一次予防（未然予防）

警察が取り組む街頭パトロールのみならず，小学校や中学校，高等学校で行われる防犯教室や薬物防止教室などの問題志向の防犯教育活動，少年の健全育成のための社会参加活動や街頭補導活動なども，犯罪や非行の一次予防としての活動である。

これら予防活動をどのように展開し，その展開と効果をどのように測定し，有効性を示すかについては，心理学のアプローチが用いられている。例えば，少年の社会参加活動については，小林（2016）の知見がある。彼は，中学生約１万人と保護者約９千人を対象とした調査を実施し，住民の連帯意識の高い地域と低い地域における各種非行防止活動の参加者率と過去１年間の不良行為の経験度との関係を調べた結果，中学生・保護者ともに環境美化活動に対する参加者率が高い地域ほど，一貫して中学生男女の不良行為と万引きが少ないことを見いだし，非行防止活動における環境美化活動の有効性を指摘している。

一方，犯罪･非行の一次予防においては，被害予防といった観点も重要である。いわゆる防犯行動と呼ばれるものをとることで,被害に遭いにくい状況をつくる。一般的に安全性と利便性は両立が難しく，個人に防犯行動を惹起させる働き掛けが重要となる。ここで，主に健康行動の領域で検討されてきた個人の行動の予測と制御に関わるモデルを参考とする。

防御動機理論（protection motivation theory, Rogers, 1975）では，人が対処行動をとるのは,ある問題に脅威を感じ,その問題から自分を守ろうとする動機（防御動機）が生じるからであると考える。このモデルから防犯行動としてのひったくり防止ネットの利用を考えると，脅威情報は，ひったくり防止ネットなしの自転車に乗るとき高まるひったくり被害のリスクである。脅威は，ひったくりの被害が自分に及ぼすダメージの深刻さ（severity），ひったくりの被害に遭う可能性（vulnerability）と，ひったくり防止ネットの利用なしに気軽に自転車に乗ることなどの不適応行動により得られる報酬（rewards）から査定される。報酬には,内的報酬（身体的，精神的快感）と外的報酬（親や友だちからの承認や期待という社会的報酬）とが含まれる。ひったくりに遭うことで受けるダメージの深刻さとひったくりに遭う可能性が不安（fear）を形成し，それが直接防護動機を左右す

ることになる。実際に対処行動をとるかどうかは，推奨される対処行動を自分が取れる可能性（self-efficacy）と対処行動の有効性（response efficacy），対処行動をとることのコスト（cost）を比較して査定される。

防護動機理論で仮定される脅威評価を高める手段として，脅威アピール（threat appeal：対処行動の勧告を受け入れないことで生じる不快事象を示し，対処行動の実行を求める説得的メッセージ）という手段がある。木村（2002）は，脅威アピールの観点から防御動機理論をおおむね妥当と評価し，ある対処行動が問題を回避するのに有効で，実行可能で，実施コストが低い場合には脅威が大きくなるように働き掛けると有効であり，逆に受け手に対処行動に関する十分な情報がなかったり，心構えがない場合には脅威を大きくすると説得効果がなく，対処行動が減少してしまう傾向があることを示している。

さらに，島田と荒井（2017）は，自転車盗の被害防止行動に与える脅威アピールについて，脅威情報の種類（事例，統計，統制），対処行動（鍵２つの施錠）の効果性（高，低），受け手の脆弱性（高：プレス鍵のみ，低：その他）が対処行動の惹起と維持に及ぼす効果を検討している。その結果，脅威アピールにより形成された行動意図によって介入翌日に対処行動が生起したが，時間経過によりその対処行動は減少し，その減少傾向に脅威アピールの種類が影響していた。統計情報で提示された脅威情報と比較して事例で呈示された脅威情報の場合により大きな減少が認められ，脆弱性の高い群でよりその傾向が顕著であったことを示している。

2．犯罪・非行の二次予防

犯罪・非行の二次予防では，対象者が犯罪・非行と関連する問題行動を呈した時点で，それを検知し，その問題が深化しないように介入する。例えば，警察における少年相談では，主に問題行動を呈した少年の保護者を対象としてカウンセリングを行い，保護者に対する支持と介入から生じる保護者の認知面，感情面，行動面の変化を通して，少年の問題行動の改善と社会適応を促している。久原（2013）は，保護者との面接調査の質的分析から，保護者から見た警察による支援の意義を検討している。その結果，保護者は，警察による支援を立ち直りの直接的な契機ではなく立ち直りを促す要因の一つとして認識しており，保護者の話を傾聴する，保護者に助言する，少年に対して補導や指導等の対応を行う，という働き掛けがなされていると認識していた。また，保護者の話を傾聴することの意義は，思い詰めていた気持ちが和らぎ，信頼関係が形成され，自分なりの少年

との向き合い方を受容してもらうことで自信がもてるようになることであり，信頼関係がある中で保護者に助言することは，一緒に問題に向き合い，気づかなかった少年の視点や親のモデルを提示されることで気づきが生まれ，少年と向き合い続けられることであったことを示している。

成人を対象とした二次予防には，ストーカーやドメスティックバイオレンス（DV）の相談事例に対する対応が該当する。これらの相談事例において得られた情報から，加害者の暴力がエスカレートすることと関連する要因を特定し，加害者がエスカレートするリスクの評価を行う方法については，心理学のアプローチによる検討が行われている。例えば，ストーカーについては，年齢が若いこと，教育水準が低いこと，動機が復讐であること，親密な関係性があったことなどが暴力のリスク評価において重要であることが示されている（Rosenfeld & Lewis, 2005）。日本では，金政ら（2018）が，WEB 調査の方法を用いて男女 354 名に調査を実施し，親密な関係が破綻した後のストーカー的行為のリスク要因について検討している。パーソナリティ特性の要因（愛着不安，自己愛），交際時の関係性に関する要因（唯一性，相手優先，甘え的受容期待）と関係破綻後の思考や感情に関する要因（怒り・失望，反芻・拘泥思考，独善的執着）がリスク要因としてあげられ，男女ともに反芻・拘泥思考と独善的執着がストーカー的行為と関連しており，愛着不安が独善的執着を高め，その結果ストーカー的行為が増大するという経路が男女に共通して認められた。また，女性のみで，愛着不安や唯一性が反芻・拘泥思考を高めることで，ストーカー的行為を増大させるという経路が認められた。これらリスク要因を特定し，その後に生起する問題行動との関連を明らかにすることで，実務において新しく受理した相談事例のリスク評価につなげられれば，効果的な二次予防が実現できると考えられる。

3．犯罪・非行の三次予防（再犯予防）

公的機関に認知された犯罪者や非行少年に対する再犯予防が犯罪・非行の三次予防である。非行少年については，少年警察も立ち直り支援活動を行うようになり，非行集団に加入していた少年に社会奉仕体験活動等への参加を促すなどの取り組みが行われている（久原，2013）。しかし，警察が行う支援には強制力はなく，特に処遇が行われていない少年を中心に対象とするものとなっている。これに対して，矯正施設に収容されて施設内処遇を受けたり，保護観察などの社会内処遇を受けている場合には，ある程度の強制力をもって個別に再犯予防のための介入が行われる。その詳細については，第６章～第 11 章を参照されたい。

◆学習チェック表

- □　被害者や目撃者の記憶の特徴や，認知面接の特徴を説明できる。
- □　犯罪者プロファイリングとはどのような技術かについて説明できる。
- □　取調べ時に配慮すべき心理学的観点について説明できる。
- □　ポリグラフ検査が記憶の検査であることを説明できる。
- □　犯罪・非行の一次予防，二次予防，三次予防について説明できる。

より深めるための推薦図書

犯罪心理学会編（2016）犯罪心理学事典．丸善出版．

越智啓太・藤田政博・渡邉和美編（2011）法と心理学の事典―犯罪・裁判・矯正．朝倉書店．

Bartol, C. R. & Bartol, A. M.（2004）*Criminal Behavior; A Psychological Approach.* 7th Edition. Prentice Hall.（羽生和紀監訳（2006）犯罪心理学―行動科学のアプローチ．北大路書房．）

渡辺昭一編（2004）捜査心理学．北大路書房．

小林寿一編著（2008）少年非行の行動科学―学際的アプローチと実践への応用．北大路書房．

Fisher, R. P. & Geiselman, R. E.（1992）*Memory-enhancing Techniques in Investigative Interviewing; The Cognitive Interview.* C. C. Thomas.（宮田洋監訳，高村茂・横田賀英子・横井幸久・渡邉和美訳（2012）認知面接―目撃者の記憶想起を促す心理学的テクニック．関西学院大学出版会．）

文　献

藤田悟郎・横田賀英子・渡邉和美・鈴木護・和智妙子・大塚祐輔・倉石宏樹（2011）実務のための量的な方法による事件リンク分析．日本法科学技術学会誌，16, 91-104.

Fujita, G., Watanabe, K., Yokota, K., Kuraishi, H., Suzuki, M., Wachi, T. & Otsuka, Y.（2013）Multivariate Models for Behavioral Offender Profiling of Japanese Homicide. *Criminal Justice and Behavior*, 40, 214-227.

Granhag, P. A., Vrij, A. & Verschuere, B.（2015）*Detecting Deception: Current Challenges and Cognitive Approaches.* John Wiley and Sons Ltd.

Gudjonsson, G. H.（1997）*The Gudjonsson Suggestibility Scales Manual.* Psychology Press.

金政祐司・荒井崇史・島田貴仁・石田仁・山本功（2018）親密な関係破綻後のストーカー的行為のリスク要因に関する尺度作成とその予測力．心理学研究，89; 160-170.

Köhnken, G.（1989）Behavioral Correlates of Statement Credibility: Theories, Paradigms, and Results. In: *Criminal Behavior and the Justice System* (pp.271-289). Springer.

Köhnken, G., Milne, R., Memon, A. & Bull, R.（1999）The Cognitive Interview: A Meta-Analysis. *Psychology, Crime and Law*, 5; 3-27.

木村堅一（2002）脅威認知・対処認知と説得．In：深田博己編著：説得心理学ハンドブック―説得コミュニケーション研究の最前線．北大路書房，pp.374-417.

警察庁刑事企画課（2012）取調べ（基礎編）https://www.npa.go.jp/sousa/kikaku/20121213/shiryou.pdf, downloaded on December, 13th of 2012.

小林寿一（2016）少年非行．In：守山正・小林寿一編著（2016）ビギナーズ犯罪学．成文堂，pp.299-322.

久原惠理子（2013）非行からの立ち直りについて―警察による支援に焦点を当てて．犯罪学雑誌，79; 188-195.

Lykken, D. T.（1959）The GSR in the Detection of Guilt. *Journal of Applied Psychology*, 43; 385-388.

松田いづみ（2016）隠すことの心理生理学―隠匿情報検査からわかったこと．*Journal of Psychological Review*, 59; 162-181.

小川時洋・敦賀麻理子・小林孝寛・松田いづみ・廣田昭久・鈴木直人（2007）覚醒水準が隠匿情報検査時の生理反応に与える影響．心理学研究，78; 407-415.

大塚祐輔・平間一樹・横田賀英子・渡邉和美・和智妙子（2017）単発の殺人における犯人の犯罪経歴の予測手法―ロジスティック回帰分析と決定木の比較．日本法科学技術学会誌，22; 25-34.

Rogers, R. W.（1975）A Protection Motivation Theory of Fear Appeals and Attitude Change 1. *The Journal of Psychology*, 91; 93-114.

Rosenfeld, B. & Lewis, C.（2005）Assessing Violence Risk in Stalking Cases: A Regression Tree Approach. *Law and Human Behavior*, 29; 343-357.

島田貴仁・荒井崇史（2017）脅威アピールでの被害の記述と受け手の脆弱性が犯罪予防行動に与える影響．心理学研究，88; 230-240.

鈴川由美・豊田秀樹（2012）“心理学研究”における効果量・検定力・必要標本数の展望的事例分析．心理学研究，83; 51-63.

田村雅幸（1996）犯人像推定研究の２つのアプローチ．科学警察研究所報告防犯少年編，37; 114-122.

Tulving, E., & Thomson, D. M.（1973）Encoding Specificity and Retrieval Processes in Episodic Memory. *Psychological Review*, 80, 352-373.

Vrij, A.（2008）*Detecting Lies and Deceit: Pitfalls and Opportunities.* 2nd Edition. John Wiley and Sons Ltd.

渡邉和美（2011）日本の犯罪者プロファイリング．In：越智啓太・藤田政博・渡邉和美編：法と心理学の事典―犯罪・裁判・矯正．朝倉書店，pp.288-289.

Wachi, T., Watanabe, K., Yokota, K., Otsuka, Y. & Lamb, M.（2016）Japanese Suspect Interviews, Confessions, and Related Factors. *Journal of Police and Criminal Psychology*, 31; 217-227.

和智妙子・渡邉和美・横田賀英子・大塚祐輔（2016）受刑者の自白理由と取調べの手法．心理学研究，87; 611-621.

Yokota, K., Kuraishi, H., Wachi, T., Otsuka, Y., Hirama, K. & Watanabe, K.（2017）Practice of Offender Profiling in Japan. *International Journal of Police Science and Management*, 19; 187-194.

横田賀英子・渡邉和美・和智妙子・大塚祐輔・倉石宏樹・藤田悟郎（2015）連続性犯罪の事件リンク分析．心理学研究，86; 209-218.

第3章

犯罪・非行の心理アセスメント

寺村堅志

Keywords　生物・心理・社会モデル，動機づけ面接，リラプス・プリベンション，リスク・ニーズアセスメント，EBP（エビデンスベーストプラクティス），RNR モデル，GLM（グッド・ライブス・モデル）

Ⅰ　犯罪・非行臨床におけるアセスメント課題の多様さ

日本では，犯罪や少年非行事件には，警察，検察，裁判，矯正（施設内処遇），更生保護（社会内処遇），児童福祉の各公的機関が関係法令の規定に従い対応する責務を負っている。刑事司法手続の各段階で各関係機関において行われる心理アセスメントの目的や内容も多様である。以下にその一部を例示する。

警察，検察の捜査段階：事実関係の究明のため目撃証言の信憑性や児童虐待等に関する子どもの供述の信頼性を確保する観点からの査定など
裁判段階：責任能力等の鑑定や非行のある少年の要保護性や適正な処遇選択に関する司法判断の支援のための査定など
矯正，更生保護の処遇段階：再犯防止指導や矯正教育等のための，犯罪や非行関連の行動問題の機能分析やケースフォーミュレーション[注1]，処遇効果検証など

本章では，裁判（公判・少年審判）段階を経て処分が確定しその枠組みの中で各種の働き掛けが行われる段階（処遇段階）の，再犯・再非行防止や立ち直りの支援を目指した心理アセスメントや効果的な処遇の方法論等について重点的に解説する。犯罪・非行臨床における心理アセスメント関連のその他の課題（例：司法面接，精神鑑定，情状鑑定）は，本書の第４章，第７章で詳述されており，発

注 1）資質，環境面等の包括的アセスメントを通じて得られる行動問題の生起や維持の機序にまつわる諸要因の布置やこれを踏まえた介入計画についての見立て。査定者と対象者との協同作業を通じ形成される治療的介入のための作業仮説となるものであり，行動論，力動論，システム論等のさまざまな理論的立場から概念化が可能である。

展学習に役立つ各種関連図書（例：安藤，2016；五十嵐・岡田，2019；壁屋，2012；橋本，2016）もあるので参照願いたい。

II　犯罪・非行臨床の場の特徴とアセスメント実施上の留意事項

犯罪・非行の臨床場面は，一般の臨床場面とはやや異なる特徴を有し，アセスメントを実施する際に踏まえておくべき留意事項にも以下のようなポイントがある（藤岡，2001，2007；橋本，2011）。

1．対象者の多くが非自発的に関与する臨床場面であること

犯罪・非行の臨床場面では，対象者が自発的に来談し支援を要請してくるケースはまれで，多くの場合，非自発的な形で関与が始まる。犯罪や非行が事件化し刑事司法関係機関が関与するプロセスで，犯罪や非行を行った当事者は，事件発覚後，身柄拘束への不満や怒り，処分に対する不安，失意や罪悪感による気分の落ち込みや全般的な意欲低下が見られることも少なくない。一方，処分が確定後に行われる指導や教育等も，本人の希望も斟酌するものの義務付けられているものが多く，その遵守不履行の場合，不利益処分が課されるなど，権威的な介入構造の下で各種の働き掛けが行われるという特徴もある。

このように犯罪や非行による刑事司法機関との接触は，犯罪や非行をした当事者にとっては自由の制約等により不利益を被り，ショックも伴う体験となるが，同時に自らが抱えてきた問題や課題から目をそむけずに真摯に向き合い，自身の生活をより良い方向に変化させる転機にもなしうるものである。そのためには，アセスメントが始まった初期段階から，動機づけ面接（Miller & Rollnick, 2013）の手法等も用いて，対象者の両価的感情に寄り添いつつ，対象者自身が問題の克服や生活の改善に向けた意欲や動機づけを喚起・維持し，具体的な行動に結びつけていく作業に主体的に関わろうとする態度を育むことも欠かせない。なお，プログラム受講等を義務づけるような権威的介入構造は，対象者の行動を枠付け，薬物依存症等の治療教育的介入からのドロップアウトを防ぎ受講継続を維持し，再犯防止を促進する機能もあるなど，特有の強みがある点も見逃せない（例：欧米のドラッグコート等の治療司法的介入，NIDA, 2014; Mitchel et al, 2012）。

2．担当職員は二重の役割を担っていること

刑事司法関係機関の職員は，対象者の立ち直りや社会復帰を支援する援助者役

割も果たすと同時に，犯罪や非行による被害から地域社会を守り，社会の安心安全の確保を推進するという，社会防衛の使命も負うという二重の役割（デュアルロール）を担う。アセスメントにおいても，犯罪や非行をした当時者に寄り添い，各種の逆境体験や生活上のつまずき等を共感的に理解し，社会の一員としての再出発の努力を勇気づけていく援助者役割は欠かせないが，事件の一方の当事者である被害者の存在や視点も忘れてはならない。自らがなした加害にどう向き合い償うか，再犯・再非行の防止責任をどのように担い，その責務を果たしていくかという課題は，立ち直り支援の働き掛けの中で不可欠の重要課題である。

３．厳格な守秘義務の要請とその例外

犯罪や非行関連の情報は，加害者，被害者双方やその家族等関係者のプライバシーに密接に関わる情報で，当該情報が漏えいした場合のインパクトも甚大なことから，厳格な守秘義務が課せられている。関係機関等と連携の目的で情報共有する場合も，関係法令の根拠規定に基づいた取り扱いや手続に従う必要がある。一方，対象者が自傷や他害に及ぶおそれがある場合などでは，関係法令上の要請等から守秘義務の扱いが一部制約を受ける場合もある（例：精神保健福祉法による出所時通報，特定類型性犯罪者等の出所時通報など）。また，施設内処遇から社会内処遇の移行期に，性犯罪防止指導や教育の一貫性を担保し，医療・福祉面のケアの継続性を確保する必要から，本人同意を得て，ケア会議等の場面で，処遇や治療等の関連情報を関係機関等と情報共有することも近年は増えているが，アセスメント場面で得られた個人のプライバシー等に関わるセンシティブ情報の取り扱いには，厳格な情報管理を徹底する必要がある。

４．刑事司法機関による介入の時間的制約

矯正施設や更生保護の処遇に関わる刑事司法機関が対象者に関与できる時間は，刑期や少年院送致等の保護処分の際の処遇勧告，矯正教育の目安となる標準的教育期間等の制約により制限される。こうした時間的制約の下，対象者の問題性やニーズを踏まえ必要とされる働き掛けに優先順位をつけ実施することが要求される。また，多数にわたる対象者のニーズを限られた人的・物的資源の中で充足させるためには，対象者のリスクやニーズの水準に応じた処遇を組織的に編成・実施・評価する必要もあり，個々のケースマネジメントと組織のシステムマネジメントとの調和や，効率的・組織的な管理が求められる。アセスメントにおいても，時間的制約を意識し，中核的・重点的な介入課題からどんな密度の介入が必

要で，同時平行的に生活環境面でどんな調整が必要かなどの行程を含めて査定を進める必要がある。

Ⅲ　犯罪・非行臨床におけるアセスメントの方法

犯罪をした人や非行のある少年の再犯・再非行防止や立ち直り支援を視野に入れたアセスメントでは，どうしてその人が犯罪や非行に至ったのか，どうすれば問題の再発を防止し社会の一員として健全な生活を営んでいけるかという疑問に科学的に答え，問題の打開に有効と思われる介入方策を提示し，事後的に検証・フォローしていくことが求められる。以下にその方法を解説する。

1．生物・心理・社会モデルに立脚したアセスメントの重要性

犯罪や非行も人間行動の一部であり，多様な次元のさまざまな要因が複合的に作用し当該行動の形成につながっており，一般の心理臨床場面と同様に，生物・心理・社会モデル（Engel, 1977）による包括的・多元的分析が欠かせない。実際，犯罪や非行を単一次元から還元論的に一面的な分析で理解してしまうと，ケース理解や問題解決のため介入をミスリードしてしまうことがある。生物・心理・社会モデルに立脚したアセスメントは，行動問題に生物学的次元，心理的次元，社会的次元の各要因がどのように寄与し，どんな相互作用をもたらしているかをバランスよく見立て，有効な介入を各次元から計画・実施していく上でも有用なアプローチである。

こうした複眼的で多次元的な見立てには，アセスメントにあたる学際的な専門職チームによる協働作業が欠かせない。同一組織内であれ，異なる組織をまたぐ場合であれ，心理職と医療，教育，福祉などのスタッフ間のカンファレンスと情報共有による包括的アセスメントがより良いケース理解や犯罪・非行克服のための支援につながる。

2．犯罪・非行臨床場面におけるアセスメントの方法とプロセス

一般の心理臨床場面と同様に心理学的次元からのアセスメントの手法には，大別すると，面接，心理検査，行動観察などがある。これに医学的側面からの疾病や障害に関する各種診断・治療上の所見（生物学的次元），家庭，学校，職場，地域社会における社会的生活状況や利用可能な社会資源等に関する外部情報の収集（社会的次元）によるアセスメントが付加される。それらの情報が統合され，対象

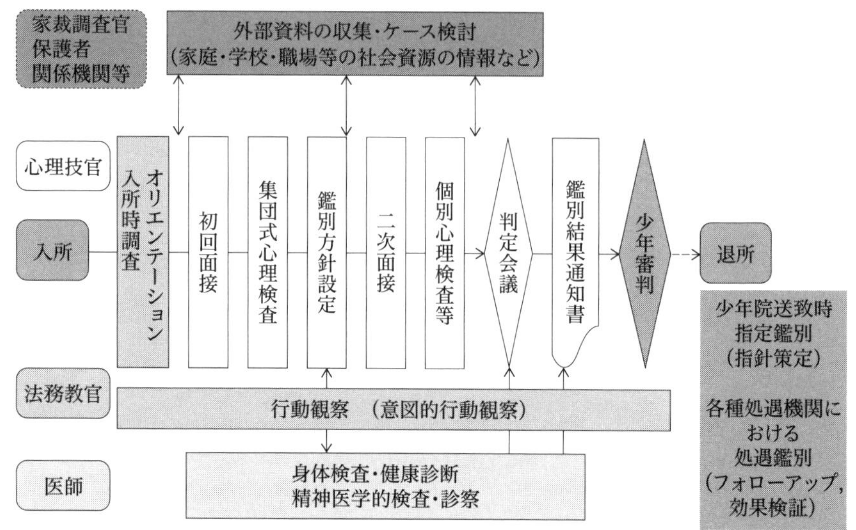

図１　非行少年の収容審判鑑別におけるアセスメントプロセス
（法務省法務総合研究所，2017を改変）

者の特性，犯罪や非行の機序や生活上の問題点，再犯・再非行防止や立ち直りに資する処遇に関する判断や措置が検討され，各種所見をケースレポートにまとめ上げる形で初期段階のアセスメント[注2)]のプロセスは完結する。

なお，初期段階のアセスメントは，処分や処遇内容の選択に関する司法判断の参考となるだけでなく，心理社会的介入等の働き掛けを始めるに当たってのベースラインデータや作業仮説を提示するものである。処分が確定し，各種の指導や教育的働き掛けが開始された後は，フォローアップのアセスメント[注3)]により，作業仮説の修正や処遇効果検証を行っていく必要がある。図１は，刑事司法機関におけるアセスメントプロセスの一例として，法務省所管の少年鑑別所が少年の身柄を収容して行う収容審判鑑別のプロセスについて図式化したものである。以下には，図示したアセスメントの各構成要素について説明する。

①面接

面接は，対象者との言語・非言語（面接中のしぐさなどの非言語行動）のコミ

注２）矯正施設実務で，初期段階のアセスメントに当たるものを，少年矯正分野では「審判鑑別」と言い，成人矯正分野では「刑執行開始時の処遇調査」と言う。

注３）矯正施設実務で，フォローアップのアセスメントに当たるものを，少年矯正分野では「処遇鑑別」と言い，成人矯正分野では「処遇再調査」と言う。

ュニケーションを通じ，アセスメントに必要な多様な情報を収集する主要な方法である。犯罪・非行臨床では，一般の臨床場面の関与の主訴に当たる当該犯罪・非行行為の概要をはじめ，家族関係，生活歴，非行･犯罪を含めた行動問題履歴，家庭，学校，職場等における適応状況などの情報が面接を通じ明らかにされ，対象者の認知，思考，感情，行動パターン，パーソナリティ特性，対人関係，社会的態度・価値観等が浮き彫りにされていく。犯罪・非行の臨床場面の面接では，犯罪・非行の進度や再発リスクを適正に評価するため，事実関係を客観的・ニュートラルに把握する調査的側面と，カウンセリングマインドをもって援助的なスタンスで行う支援的な側面とがあり，面接スキルの習熟と経験が必要とされる。対象者によっては，処分や処遇を軽減させる目的や，客観的な現実や自身の与えた被害の大きさに向き合うことが耐え難いなどさまざまな事情により，事実関係を歪曲（嘘，矮小化，誇大化，合理化など）した供述をすることもしばしばみられる。また，長期の身柄拘束のストレスなどから拘禁反応を起こし作話的で的外れな応答を示す事例（ガンゼル症候群）や，長年の頻回受刑体験から施設化が進行し，権威者向け反応セットがよろいのようにできている事例もあり，客観的な事実に基づく情報や第三者からの情報等との照合も欠かせない。

なお，上述のように刑事司法機関に対象者が関わる初期段階では，対象者は不安や不満を携えて面接に臨んでいることが多い。このため，初回面接では，面接の目的や面接者の役割，収集した情報の利用の仕方，守秘義務の制約等について十分説明し見通しを与えるとともに，対象者の心情に配慮しつつ事件についての本人の説明や現在の心境等を傾聴し，信頼関係づくりに努める必要がある。初回面接では，犯罪や非行の機序に関する可能性のある暫定的な仮説をいくつか検討し，初期段階で得られている外部からの情報も参考にアセスメントの計画を立案する。以後の二次面接では，仮説の検証のため実施した心理検査所見や医学的な診察・診断所見，外部の客観的情報等を勘案し，犯罪・非行の機序や生活面の問題点，本人の行動や生活改善のテコとなる本人の強みや利用可能な資源等を逐次確認していく。

②心理検査・各種評価ツール

犯罪・非行臨床領域で使用される心理検査や各種評価ツールは，対象者の諸特性を把握するために実施される。矯正施設で用いられる検査には，スクリーニング目的で対象者全員に施行するもの（集団式検査）と，アセスメントの仮説検証や対象者の問題性を踏まえ付加的に行われる検査（個別検査）があり，アセスメント方針を定めた後，必要なテストバッテリーを組み査定を進める。用いられる心理検査は，一般の心理臨床場面で使用されるものと共通のものも多いが，一部の検査や評価ツールは対象者の言語能力や特に査定したい犯罪・非行関連の特性等を考慮し矯正施設の入所者を母集団として開発されている（例：受刑者の能力把握等のため刑事施設で用いられているCAPAS能力検査，MJ式○○検査という名称のついた法務省式の各種検査・評価ツール類）。

矯正施設で用いられている心理検査には以下のようなものがある（屋内, 2016；法務省 2023）。

知能検査：集団施行　TK式3B田中B式知能検査，CAPAS能力検査[注4)]
　　　　　個別施行　田中ビネー式個別検査，WAIS，WISC，KABC-IIなど
人格検査：集団施行　法務省式人格目録MJPI，法務省式態度検査MJAT，
　　　　　　　　　　法務省式適応資源尺度MJAR，法務省式SCTなど
　　　　　個別施行　ロールシャッハテスト，TAT，PFスタディ，各種描画法検査など
適性検査：個別施行　職業適性検査，運転適性検査など

近年は，対象者の特性や問題性に応じ，刑務所等刑事施設の一般・特別改善指導や少年院の特定生活指導と呼ばれる心理社会的介入プログラム（例：リラプス・プリベンション[注5)]の考え方等に基づく薬物乱用防止の認知行動療法プログラムなど）が広範に実施されるようになったこともあり，プログラムへの編入の要否や介入密度の査定等のための評価ツールの利用も増えている。以下はその例である。

リスク・ニーズアセスメントツール：再犯・再非行の可能性を予測するためこれに関連する静的リスク要因（犯罪非行履歴等の固定的要因）および動的リスク要因（指導・教育を通じて変容可能なリスク要因）を保険統計的手法により評価し，全般的な再犯・再非行可能性，教育必要性の判断を支援する評価ツール。少年矯正分野ではMJCA（法務省式ケースアセスメントツール，一般非行と性非行

注4）CAPAS能力検査は，財団法人矯正協会が受刑者を母集団として受刑者の能力検査として開発した心理検査。主に作業適性や思考判断力を測定する能力検査Ⅰおよび基礎学力を測定する能力検査Ⅱから構成される。結果は能力偏差値とともに5段階の総合評定がなされ，参考値として新田中B式知能検査との相関から能力検査値，加齢による能力低下を反映させた年齢修正値が算出される（保木ほか，2003）。

注5）Marlatt, A.らが1980年代にアルコール依存症の再発防止のため創始した認知行動療法の介入モデル。問題の再発にまつわるハイリスク状況を特定し，薬物再使用等の行動問題に有効な対処行動を学習・実践することで自己管理を増進させる手法であり，物質乱用のみならず性犯罪等の行動問題の治療的介入プログラムに広く用いられている。

評価用)，成人矯正分野では性犯罪用のRATやNATと呼ばれるツールや一般犯罪用のGツールなどが導入されているほか，更生保護の領域では，保護観察の対象者向けにCFPと呼ばれるアセスメントツールが導入され，アセスメントとケースマネジメントに組織的に活用されている[注6]。

これらのツールの利用により得られるデータは，プログラム実施前後に行われる各種のプロセス評価や，短期アウトカム評価尺度のデータとともに処遇状況をモニターし，処遇効果を検証するためデータベースに蓄積される。最終的には，施設出所後の再犯状況をアウトカムとする評価研究を実施することにより，再犯抑止に効果のある処遇についての実証的エビデンスを構築し，実証的根拠に基づく実践（エビデンスベーストプラクティス；EBP）を展開し，個々のケースの査定や処遇の改善に還元していくことが期待されている。

③行動観察

行動観察には，ありのままの日常行動を静的に観察し記録する方法，評価尺度等に基づき着目する行動等の注視点を決め生起頻度等を確認する方法（例：子どもの行動チェックリスト［CBCL］を用いた適応状況の保護者評定)，意図的に課題を与えたりしてその取り組み方などを観察する方法などがあり，犯罪や非行の臨床領域でも広範に活用されている。面接や心理検査の場面における行動観察が，所見の解釈にも貴重な示唆をもたらすことがあるように，独立して行われる行動観察自体も対象者像をありありと浮き彫りにし，その後の処遇にも役立つ情報を提供する。近年では，矯正施設の実務場面でも，発達障害の可能性のある少年の障害特性や感覚面の過敏さ等を把握するため，行動観察を活用し対象者固有の特徴を評価するスクリーニング目的のチェックリストなども活用されるようになっ

注6）RATとは性犯罪前歴等の履歴変数からなる再犯の静的リスクを査定するツールであり，NATとは性犯罪リスクのうち介入により変容可能な動的リスクを査定するもので2006年から開始された刑事施設における性犯罪再犯防止指導で導入された。MJCAは，再非行の可能性と教育上の必要性を定量的に把握する鑑別支援のアセスメントツールという位置付けで2013年から少年矯正領域で全国運用が開始された。Gツールは，刑事施設の一般受刑者用リスクアセスメントツールであり，2017年から運用が開始され犯罪傾向の進度や処遇選択に活用されている。CFP（Case Formulation in Probation/Parole）は，犯罪・非行に至る要因と改善更生促進要因を対象者の問題と強みという両面からそのプロセスを含め見立て保護観察の実施計画に反映させる支援ツールであり，2021年から全国運用が開始された（法務省，2023；勝田・羽間，2020)。いずれのツールもプログラム編入の要否や介入密度の査定等を支援する手法の一つであり，後述するRNAモデルやグッドライブスモデル（GLM）の考え方に立脚している。

ている。

④健康診断・精神科診察等

犯罪や非行の臨床実務場面では，発達障害や心身の疾病・障害があるため，療育や医療面でのケアを要する者が少なくない。また，虐待等の小児期逆境体験を有する者が一般よりもはるかに高い水準で存在する（松浦，2015）。そのため，反応性愛着障害や複雑性 PTSD のような症状を呈している者，多重的に性被害に遭っている者，各種薬物の乱用により依存症の症状を呈している者などでは，医療面の精査やケアにも配慮を要する。処遇選択においても，医療が最優先の課題となれば，刑事司法の処遇枠組みから外して医療に治療を委ねることを検討しなければならないし，刑事司法の枠内で対処する場合も，医療面の治療教育が優先されるケースもあるため，心理の専門家は心理的な側面からアセスメントを進める中で適切に医療の専門家にリファーし，アセスメントの中で適切な判断や処遇選択についての勧告に結び付けていかなければならない。このためには，DSM や ICD の診断枠組みや疾病・障害についての医療面の基本知識も必要とされる。

⑤外部情報の収集・関係者とのケースカンファレンス

犯罪や非行は，個人の側の要因と個人が生活する環境の側の要因の双方が相互に関連しあい起こるため，家庭，学校，職場，地域社会といった生活の場から得られる情報の確認は欠かせない。外部情報の収集にも，個人情報保護の観点から各種の制約が伴うが，関係法令の規定による照会権限や家族等の関係者の協力を得て生活場面における適応状況や行き詰まりを打開するための手掛かり，改善更生の社会資源等を確認していくことが望ましい。部外の専門家もアセスメントのチームの一員と心得て，対象者のために有益な情報交換をしていくことは専門家の責務である。また，こうした情報交換を単なる情報収集の一手段に終わらせず，立ち直りを支援する家族等の重要他者をエンパワーする機会にもしていくことが望まれる。

⑥ケース記録・アセスメントレポートの作成

以上のプロセスを通じて得られた情報や所見に基づきケース記録や犯罪・非行の機序や対処方針に関するアセスメントレポートをまとめる。記録はユーザーが誰か，ユーザーがどんな情報や評価を必要としているかを意識して作成することが肝要である。また，刑事司法機関の場合，専門領域ごとに使う用語が同一の言

葉でも意味が異なることがあること（例：否認）にも注意し，わかりやすい言葉でケース理解を共有したい。さらに，アセスメントを通じて得られた勧告に自由の制限等不利益性も伴うだけに，判断の根拠や予後についての見通し等は具体的に記載し，不明確なことや分からないことには謙抑的な姿勢をもって所見をまとめることが必要である。

Ⅳ　再犯防止や立ち直り支援に資するアセスメント・処遇の方法論

ここでは，現在，再犯や再非行防止に有力な方法論として，欧米等の処遇実務の支柱をなし，日本の処遇実務でも本格的に活用されているRNR（risk-need-responsivity，リスク･ニード･反応性）モデルを紹介する。同モデルは，1970年代の矯正無効論（Martinson, 1974）に対し，処遇効果についてのメタ分析の知見を用いた反証の過程でアンドリュースら（Andrews et al., 1990）が提唱し始めたアセスメントと処遇に関する方法論である。RNRはその中核原則の頭文字をとって命名されている。リスク原則とは，犯罪非行の再発リスクの多寡に応じ介入密度をマッチングさせること，ニード原則とは，犯罪・非行の再発に関連性が高く処遇を通じて変容可能なリスク＝犯因性ニードに焦点づけて介入を行うこと，反応性原則とは，学習対象者の特性に合い，応答性の高い介入を行うことが再犯・再非行の効果的な防止につながるという考え方である。

この原則の実践には，上記したように，信頼性や妥当性を備えたリスク・ニーズアセスメントツールの組織的導入と検証体制の確立が必要であり，日本でも成人の性犯罪再犯防止指導にこの考え方が導入されて以降，薬物依存離脱指導や少年鑑別所におけるアセスメントや少年院の特定生活指導への編入等に対する背景的な枠組みとして活用されてきた（森，2017；寺村，2017）。RNRモデルは，反応性原則の中で対象者の長所や強みを生かした処遇実践も強調しているが，刑事司法機関の使命であるリスク管理に基盤を置いたアセスメントと処遇の方法論として実効性も上げているからこそ，欧米各国等をはじめ各法域の支持を広げている面は否定しがたい。

一方，対象者の長所や強みや本人が大切にする価値を手掛かりに犯罪・非行からの円滑な離脱（デジスタンス）や生活立て直しに主眼を置いてアセスメントや処遇を実践したほうが，当事者のより主体的な関与の取り組みにつながるとする長所基盤型のアプローチも近年多くの実務家が支持している。その代表がGLM（グッド・ライブス・モデル）である（Ward & Maruna, 2007; Ward, 2012）。同モデルの効果についての実証データはまだ報告が少ないが，今後の効果検証の蓄積を通じより良いアセスメントや処遇実践につながっていくことが期待される。

V　犯罪・非行臨床におけるアセスメントの今日的課題

近年の刑事政策の中では，2012（平成24）年の「再犯防止に向けた総合対策」（犯罪対策閣僚会議決定）から2016（平成28）年制定の「再犯の防止等の推進に関する法律」（略称，再犯防止推進法）に至る流れの中で，対象者の特性に応じた指導・支援の強化等の課題を官民協働，多機関連携による息の長い支援により再犯防止や立ち直りを実現していく課題が強調されてきた（法務省法務総合研究所，2017）。こうした施策動向を受け，実務場面では，刑事司法機関内だけでなく，医療，福祉，教育，労働等，多様な職域との連携が一層活発化している。各種の障害を有する対象者や高齢者を中心に，生活の場の確保や必要なケア等のサポートニーズの充足のため，いわゆる入口支援（事件が刑事司法機関に係属し裁判に至る段階までにおける支援）や出口支援（刑事司法制度による処遇の終結期から社会復帰段階までの移行期支援）という形で，一般の刑事司法制度の中でも司法福祉的な働き掛けが拡充してきた。

犯罪・非行臨床におけるアセスメントの領域においても，刑事司法機関内だけで必要とされる査定情報だけで事足りる時代ではなくなり，高齢者の認知症の査定や認知的な特性から見た発達障害のある少年に有効な指導方法等，他領域の実務家が必要とする情報や支援が求められるようになった。多職種・多機関連携の中で，心理の専門家がヒューマンサービスの実践にいかに寄与するかが問われている。この際に，社会の安全という観点からリスク管理や再犯・再非行防止を重視しがちな刑事司法領域の立ち位置と，個人の最善の利益を尊重する福祉の立ち位置の違いを意識し，適切なバランスを持った実践を実現していくことが課題となる（Lambrick，2015）。

また，上述のRNRモデルに基づくリスク・ニーズアセスメントは，刑事司法分野の処遇領域で確固たるパラダイムとなり，再犯・再非行予測精度の高いツール開発・利用とあいまって組織的マネジメントを一層推進していくことになろう。現在，機械学習によるAI技術利用が多方面から進んでおり，刑事司法分野でも実務利用されてきているが（例：Berk, 2019），リスク予測に用いられる要因が差別を助長する懸念やアルゴリズムのブラックボックス化などの観点から議論が活発化し，公平性・透明性・説明責任を担保するためリスク・ニーズアセスメントの

利用法についてのガイドラインも北米地域では提唱されている（Desmarais et al., 2022）。我が国においても，アセスメント分野でAIの活用が本格的に検討され始めている現状（AiCAN, 2022）を鑑みると，公平性，透明性，説明責任などの観点からアセスメントの倫理にかなったツール利用について，今後さまざまな学問的立場からしっかり議論されていく必要がある。

さらに，再犯・再非行の防止と立ち直り支援に資するアセスメントで必要とされるのは，関係機関や関係職種の連携や協働だけでなく，刑事司法に関わる当事者の視点をいかすことや自己の情報にアクセスする権利など当事者の権利を擁護することも当然に含まれてくる（森久，2018）。当事者を主体に据えたアセスメントや介入の在り方は，再犯・再非行防止だけでなく，立ち直り支援の促進のためにもさらに追及していかなければならない課題と考えられる。

◆学習チェック表

□　犯罪・非行臨床場面の特徴と包括的なアセスメントの留意事項を説明できる。
□　リスク・ニーズアセスメント等，刑事司法分野に特有のアセスメント手法を説明できる。
□　RNRモデルやGLMモデルのアセスメントと処遇の方法論の特質や違いを説明できる。

より深めるための推薦図書

Bonta, J. & Andrews, D. A.（2017）*The Psychology of Criminal Conduct.* 6th Edition. Routledge.（原田隆之訳（2018）犯罪行動の心理学．北大路書房.）

橋本和明（2011）非行臨床の技術―実践としての面接・ケース理解・報告．金剛出版.

川島ゆか編（2017）臨床心理学102（17-6）犯罪・非行臨床を学ぼう．金剛出版.

森丈弓（2017）犯罪心理学：再犯防止とリスクアセスメントの科学．ナカニシヤ出版.

日本犯罪心理学会編（2016）犯罪心理学事典．丸善出版.

文　献

AiCAN（株）（2022）令和4年度　保護観察におけるアセスメントへのAI導入に関する調査研究業務：最終報告書（令和4年度法務省委託業務）. https://www.moj.go.jp/hogo1/soumu/hogo_hogo20_00001.html（2023年3月23日閲覧）

安藤久美子（2016）精神鑑定への誘い．星和書店.

Andrews, D. A., Bonta, J. & Hodge, R. D.（1990）Classification for Effective Rehabilitation: Rediscovering Psychology. *Criminal Justice & Behavior,* 17; 19-52.

Berk, R.（2019）*Machine Learning Risk Assessment in Criminal Justice Settings.* Springer.

Desmarais, S. L., D'Amora, D. A., & Tavárez, L. P.（2022）*Advancing Fairness and Transparency:*

National Guidelines for Post-Conviction Risk and Needs Assessment. CSG Justice Center.

Engel, G. L.（1977）The Need for a New Medical Model: A Challenge for Biomedicine. *Science,* 196(No. 4286), 129-136.

藤岡淳子（2001）非行少年の加害と被害―非行心理臨床の現場から．誠信書房．

藤岡淳子編（2007）犯罪・非行の心理学．有斐閣．

橋本和明編著（2016）犯罪心理鑑定の技術．金剛出版．

法務省（2023）令和４年版　再犯防止推進白書．日経印刷．

法務総合研究所編（2013）知的障害を有する犯罪者の実態と処遇．研究部報告，52; 1-177. https://www.moj.go.jp/housouken/housouken03_00072.html（2023 年３月 23 日閲覧）

法務省法務総合研究所編（2017）平成 29 年版　犯罪白書―更生を支援する地域のネットワーク．昭和情報プロセス．

五十嵐禎人・岡田幸之編（2019）刑事精神鑑定ハンドブック．中山書店．

壁屋康洋（2012）触法精神障害者への心理的アプローチ．星和書店．

勝田聡・羽間京子（2020）保護観察における新たなアセスメントツール：期待される効果と課題．千葉大学教育学部研究紀要，68; 317-322.

Lambrick, F.（2015）The Principle and Ideal Way of Assessment of Risk and Manageability of People with Disabilities and Planning Their Supports.（水藤昌彦，森久智江訳（2015）障がいのある人のリスクのアセスメント（Risk Assessment）とマネジメント可能性（Manageability）―その支援の理念とあるべき方法．立命館法学，361, 883-899.

松浦直己（2015）非行・犯罪心理学―学際的視座からの犯罪理解．明石書店．

Martinson, R.（1974）What Works?: Questions and Answers About Prison Reform. *The Public Interest*, 35; 22-54.

Miller, W. R. & Rollick, S.（2013）*Motivational Interviewing: Helping People Change.* 3rd Edition. Guilford Press.

Mitchell, O., Wilson, D., Eggers, A. & MacKenzie, D.（2012）Drug Courts' Effects on Criminal Offending for Juveniles and Adults. *Campbell Systematic Reviews.* 8; 1-87

森久智恵（2018）刑事司法に関与した人のアセスメント／マネジメントのあり方―その人の「生きる」支援のために―．In：刑事立法研究会編：「司法と福祉の連携」の展開と課題．現代人文社，pp.47-71

NIDA（2018）*Principles of Drug Addiction Treatment: A Research-Based Guide*. 3rd Edition. National Institute on Drug Abuse.

寺村堅志（2017）RNR モデル：再犯防止や社会復帰支援を効果的に推進するための方法論．臨床心理学，17(6); 763-767.

屋内麻里（2016）少年鑑別所における心理検査等の活用について．刑政，127; 86-94.

保木正和・藤藪賢治・工藤弘人・井部文哉・山口悦照・浅野千晶（2003）CAPAS 能力検査Ⅰ・Ⅱの再検討．中央研究所紀要，13; 101-111.

Ward, T. & Maruna, S.（2007）*Rehabilitation: Beyond the Risk Paradigm.* Routledge.

Ward T.（2012）The Rehabilitation of Offenders: Risk Management and Seeking Good Lives.（小長井賀與訳（2012）犯罪者の更生：再犯危険性の管理と善い人生の追及．更生保護学研究，1; 77-95.）

第4章

事実への接近のための
さまざまな心理面接とその技法

橋本和明

Keywords　事実，調査面接，動機づけ面接，司法面接，主観的事実，客観的事実

Ⅰ　事実とは何か

広辞苑第７版（2018）によると，事実とは「①事の真実。真実の事柄。②本来，神によってなされたこと，またそれが世界として与えられていること。転じて，時間・空間内に見出される実在的な出来事または存在の意。実在的なものとして幻想・虚構・可能性と対立し，すでに在るものとして当為的なものと対立する。個体的・経験的なものとして必然性はなく，その反対を考えても論理的に矛盾しない。③ほんとうに。じっさい」とある。つまり，「事実に接近する」ということは，「真実に接近する」ということと言い換えてもいいかもしれない。しかし，真実は姿を隠そうとしやすく，こちらにそれが見えてこないために接近困難になることがしばしばある。

例えば，ある人が「私は先の見えない暗いトンネルの中を一人歩いていた」と述べたとしよう。それを聞いて，「この人はどこか電灯のない暗いトンネルの中を一人で歩いていたのだ」と理解する人もいるかもしれない。あるいは，「この人は将来の展望もないまま，不安と孤独の中で生きてきた」と受け取る人もいるかもしれない。コミュニケーションには誰が聞いても，あるいは誰が見てもわかるとらえ方と，その人なりの見たり感じたりするとらえ方の両面がある。それゆえ字義どおりにとらえると，話し手がこちらに何を伝えたいのかわからず，時として大きな誤解を招くことさえある。

このような事実のとらえにくさの背景には，「主観的事実」と「客観的事実」の両方が含まれているからだと考えてもいいかもしれない。ただ，われわれは日常

それらを厳密に区別したコミュニケーションをしているわけではなく，知らず知らずのうちに両者を適度に調合しながらやりとりしている。上記の例のように，先の見えない暗いトンネルを将来の展望のない不安や孤独の状況に置き換え，メタファー（比喩）として表現したりする場合，その前後の文脈に照合させながら適切に言わんとすることを読み取っている。もしメタファーとして受け止めずにこの話を聞いていたとするならば，その人の話を文脈もわからないまま大きな誤解をしながら聞いてしまっているのかもしれない。（主観的事実，客観的事実について学習を深めるのであれば，飯田，2012；本多，1984 を参照のこと。）

司法や犯罪心理学の領域においては，この事実ということに殊の外，重きを置き，中でも明確に主観的事実と客観的事実の区別をしていくことが多い。「あの人が私の悪口を言った」というのと，「あの人が私の悪口を言ったと思う」とでは大きく違い，実際に悪口を言ったのか，そのように私に感じられただけなのかといったように，事実のとらえ方そのものが異なってくる。そして臨床心理学の中でも，事実のとらえ方が違うこともある。例えば，クライエント中心療法のカウンセリングなどに代表される臨床場面での面接では，クライエントの主観的事実を重視する姿勢を基本としている。要するに，クライエントが「あの人が私の悪口を言った」と述べたとするならば，実際に悪口を言ったか言わなかったかはさておき，クライエントがそのようなとらえ方をしていることをしっかり受け取り共感することが重要だとされている。

ここである殺人事件を取り上げてみよう。殺人は刑法第 199 条に「人を殺した者は，死刑又は無期もしくは五年以上の懲役に処する」と規定されている。殺人罪が成立するためには，わざと人を殺すという故意，言い換えれば，人を殺すという殺意があることが認められなければならない。「被害者と言い争いとなり，たまたまもっていたカッターナイフを振り回したところ，当たり所が悪く，被害者が死亡してしまった」というのであれば，それは殺人罪ではなく，傷害致死罪になる。殺人罪が成立するためには，例えば，殺すためにカッターナイフを事前にあらかじめ用意して所持していたとか，言い争いの場面で，「殺すぞ！」などと加害者が怒号を挙げていたなどの明確な殺意を証明できる状況がそろっていなければならない。要するに，加害者の殺意という主観的事実を立証するだけの加害者の言動などの客観的事実がなければならないのである。

II　主観的事実と客観的事実

このように考えると，事実には主観的事実と客観的事実の２種類があり，前者は「その人個人が感じたり考えたりしている内面的事実」で，後者は「現実的な出来事や誰が見てもわかる外面的事実」と定義できる。先の殺人の例で示したように，犯罪の構成要件のために２つの事実を区別して明確にとらえる必要があると述べたが，司法や犯罪心理学の領域において，殊の外，それが重視される。

その理由の一つには，他の領域と違って，司法や犯罪心理学の領域では，客観的事実があることを前提として，対象者（例えば，非行であれば少年，犯罪であれば被疑者や被告人など）との関わりが開始されるからである。つまり，そもそも前提となる事実がなければ対象者との関わりそのものも発生しないし，関わること自体が不適切になることもある。具体例を述べると，非行や犯罪の場合，非行事実や犯罪事実があることを前提として，少年や被疑者，被告人の取調べや調査，更生等への関わりが生まれる。もし非行や犯罪をやってもいないのにやったことを前提にして無闇に関わってしまうとそれこそ人権を脅かすことになる。それゆえ，そこでの事実は主観的事実ではなく，誰が見ても認められる客観的事実が存在していることが求められるのである。さらに言えば，この領域の臨床が他の領域のそれと大きく違うところは，対象者が必ずしも動機づけを高くして自発的に支援を求めて来るとは限らず，一般的には低い動機づけのもと，どちらかと言うと消極的に支援者の前に現れることが多い点である。だからこそ，客観的事実が前提になければ,「どうしてこんなことをしなければならないのか」と対象者は不満に思うであろうし，それこそ動機づけが高まらず，支援そのものにも効果が現れてこない原因になったりする（動機づけ面接については後述する）。

次に，この領域においては一つの機関が最初から最後まで関わることはほとんどなく，多くの機関の関わりのもとでケースが取り扱われる。それゆえケースに関する情報や見立て，方針などをしっかり共有し，事実のもとで連携を図らねばならない。そして，連携や協働をする場合にはそれぞれのケース担当者の主観的なものだけに限られていたのでは不十分で，客観的な根拠も示していくことが円滑な連携を生むための条件にもなっている。このことは事実をいかに伝えていくかという問題でもある（事実の伝達については後述する）。

最後に，司法の領域では主観的事実よりもまず客観的事実を優先させてとらえていくことが多い。特に，裁判官や弁護士，検察官などの法律家においては，そ

のことが厳格になされる。判決文にはそれが一目瞭然に現れており，客観的事実と主観的事実が明解に区別されて記述されてある。それゆえに，心理職がこの領域で活動していく場合に，法律家の事実のとらえ方をよく理解していないと円滑な連携や協働は生まれにくい。

いずれにせよ，事実を追求することはたやすいことではない。人の話を聴くプロフェッショナルである心理職であったとしても，主観的事実と客観的事実が織り交ぜて語られる対象者の話の中から両者を厳密に区別して理解することは至難の業でもある。しかし，このことを頭に入れておかないと，望ましい事実の追究ができないのである。

III　調査面接とは

ここに一つのいじめの事例を取り上げよう。これはいじめがあったか否かの調査を依頼され，調査者が加害生徒に事情を聴取した一場面である。

調査者：「10日前，Aさん（いじめを受けたと申告した生徒）があなたにひどいことを言われたと言いにきたけど，どんなことがあったか教えてください。」

加害生徒：「Aさんとふざけていて，『馬鹿じゃない？　死んだら？』と冗談で言いました。そのとき，ふざけてAさんの肩を少し押したところ，Aさんは椅子に躓き，後ろに転倒しました。」

調査者：「あなたが『馬鹿じゃない？　死んだら？』と言ったのは確かですか？」

加害生徒：「それは本当ですが，あくまでも冗談で言いました。よくテレビでも芸能人が言っているでしょ。あんな感じで言っただけで，いじめるつもりはありませんでした。」

この調査場面から明らかになることは，加害生徒の発言の中に主観的事実と客観的事実が含まれていることである。そして，調査ではそれを厳密に区別しながら事実を聴取していくことがこの場合には非常に重要となる。具体的な箇所を指摘すると，加害生徒は「ふざけていて」，「冗談で」と述べ，あくまでも自分の行為はいじめではなく，遊びの範疇の行為ととらえている。また，肩を押したことについても，その程度を「少し」ととらえており，全体に「いじめるつもりはありませんでした。」と述べている。しかし，これはいずれも加害生徒の主観的事実に他ならない。逆に，客観的事実としては，「『馬鹿じゃない？　死んだら？』と言いました。」，「肩を押した」，「Aさんは椅子に躓き，後ろに転倒しました。」ところであり，これはその場面に同席していた者がいて，それを見たり聞いたりし

ていたのなら立証可能である。

このように主観的事実と客観的事実を明確に区別してとらえ，その上でいじめという客観的事実がこの調査の内容のどこに存在し，それに対していじめの被害を申告している生徒（Ａさん）がその事実をどのように認知しているのかが調査のポイントとなる。もっと具体的に言えば,『馬鹿じゃない？　死んだら？』と言われたことをこのＡさんは冗談だったと受け止めたのか，それとも自己を傷つけるような発言であって，それをいじられたとしてとらえたのかが焦点となる。肩を押されたことについても加害生徒の言うように「少し」なのか，それともＡさんとしてはかなりの強さがあったと認識したのかが重要で，それらがいじめの行為を認定していく際の大切な事項となるかもしれない。要するに，いじめという行為は加害者のある言動に対して，被害者の受け止めといった主観的な認知が重視され，それらが考慮されていじめと認定される。このことはいろいろなハラスメントなどでも同様で，まず客観的事実があり，それに対する主観的事実が考慮されるのである。

このような面接はカウンセリングなどの心理職の臨床面接とは大きく違い，調査面接と呼ばれる。調査面接では，言うならばそこに何かを明らかにしなければならないという面接目的が存在し，情報を収集したり事実を明らかにする面接なのである。

Ⅳ　臨床面接と調査面接の違い

下山（2002）は「コミュニケーションによって成立する面接には，大きく分けて調査面接と臨床面接の二種類ある」と指摘している。下山によると，調査面接とは「専門家がクライエントに質問することで必要な情報を得るための面接」とし，臨床面接は「専門家がクライエントの語りに積極的に耳を傾けることによって，クライエントの主体的な語りを新たに生み出すための面接」と定義している。言わば，同じ「きく」でも，前者が「訊く（asking)」に対して，後者は「聴く（listening)」に相当する。

このように考えると，臨床面接と調査面接の違いは，コミュニケーションの内容だけでなく，主体の点にもあるとも言える。臨床面接では,「どうぞお好きなところからお話ください」とどの話題を選択しようが，どこからそれを話そうがすべてそれはクライエントに委ねてある。そして，面接の中での振る舞いや言動は基本的にはクライエントに任せ，その主体性を何より尊重するところにこの面接

の特徴がある。しかし，調査面接では，「この点についてはどのようにお考えですか？」などと，面接者が主体となって被面接者を主導していく。まったく自由に発言できないわけではないが，面接全体の構造や枠組はある程度，面接者の側に委ねられているのが特徴と言える。

ただ，臨床面接と調査面接は水と油のようにまったく融合できないかというとそうではない。主体のウエイトの置き方にこそ両者には違いがあるが，両者の面接技法を有効に活用しながら進められているのが実際である。あえて特徴の違いを指摘するならば，臨床面接は被面接者から主観的事実を聴取するには望ましいところがあり，調査面接はどちらかと言うと客観的事実を聴取するのに適しているところがあると言える。

以上述べてきたように，司法・犯罪心理学の領域では主観的事実と客観的事実を明確に区別し，両者を明確にとらえていくことが重要なのである。さらに言えば，主観的事実と客観的事実の両者にバランスが取れていることが事実の解明には極めて有効である。ある人が被害者に暴力を振るったとする例で考えると，暴力を振るったという事実は揺るぎのない客観的事実であったとしても，その人がなぜ殴ったのかがわからなければ全体的に腑に落ちない。そこで,「以前から自分の悪口を言っていたから腹が立って殴った」という加害者の陳述が調査面接から明らかになれば，客観的事実と主観的事実が照合され，はじめて暴力行為の中身がそこで浮き彫りにされる。なぜなら，その人が暴力を振るったという事実に，客観的にも主観的にも両面から接近できたからである。

客観的事実と主観的事実のバランスを取りながら事実を解明していくアプローチは，司法領域で法律家や司法関係者と協働していく上では非常に大切な視点となる。このような事実に接近する基本的姿勢があるからこそ，収集した数多くの主観的事実から客観的事実が見えてくるという方向性が生まれるし，逆に客観的事実から主観的事実が浮かび上がる方向性も出てくる。

V　仮説生成－仮説検証型の面接技法

では，事実を追究するために，時間と労力をかけて人の話を聴けばいいのかというとそうとも限らない。少しでも質のいい情報や事実を引き出すためにはただ単に聴いているだけではいけないし，闇雲に問いかける面接でもよくない。そこには明確な仮説を立てて，適切な質問をしながら仮説を検証していかなければ事実に接近することが難しい。それを橋本（2011）は「仮説生成－仮説検証型の面

接技法」と呼んでいる。

この面接技法は，面接をする準備の段階で，手元にある資料などの情報から面接で明らかにしたいことを明確に頭に浮かべるなどして仮説を立てることに始まる。次に，その仮説を検証するためには何を，どのように問いかけ，そして，どのような回答が被面接者から得られれば，さらに何を問いかけて仮説を検証していけばいいのかを用意しておく。このような面接計画を立て，最終的に明らかにしたいゴール（それが明らかにしたい真実となる）に向かって一歩一歩進んでいく。これが調査面接のプロセスと言ってもよい。ところが，仮説の立て方があまりに大雑把であったり，飛躍しすぎていたり，単純で紋切り型であるなどした場合は，ゴールにはなかなかたどり着けない。

仮に，万引きが見つかった中学２年生男子の調査面接をすることになったとしよう。面接では，彼がなぜ万引きをしたのかを明らかにすることを目的とした。なぜなら，それがわからないと彼に指導もできないし，再犯予防の方策も立てられないと考えたからである。それゆえ，事前にさまざまな情報から仮説を立てることになった。彼はそれまでには一度も問題行動がない真面目な生徒であり，クラス委員を務めるなどの優等生であった。しかし，最近になって，学習成績が思うように伸びず，授業中も学習意欲の低下が見受けられたという情報をある先生から得た。そこで面接前に，彼は成績の不振への苛立ちやストレスが高くなり，プライドが傷つけられて自己嫌悪に陥り，衝動的に万引き行為に至ったのではないかとの仮説を立てた。そうなると，面接ではこれまでの学習成績の推移，学習の仕方，成績が落ちた時の心境やプライドの傷付きのあり方，進路についての展望，クラス委員への自覚と認識の変化，自分に対する認識のあり方や自己愛傾向などを聴取していく面接計画を立てるかもしれない。また，その後にこの生徒と親友である同級生から，最近，彼の両親が離婚をして，母親が家を出て行き，彼は父親と二人暮らしとなったという情報が得られたとしよう。そうすると，両親の離婚や家庭内の紛争や葛藤が彼の精神的な負担となり，そのストレスが原因となって，学校の勉強も手に付かなかったと考えてもよいかもしれないし，母親と別に暮らすことになった寂しさや空虚さを埋め合わせるために，万引きをして欲求不満を彼なりに埋め合わせようとしていたのかもしれない，という仮説も立てられる。そうすると，面接では家庭環境の変化，特に両親の離婚等についてどのように考えているのかを中心に彼から聴取し，現在の日常生活での不安や葛藤の有無なども尋ねてもいいかもしれない。さらに，万引きをしたのは衝動的か計画的かという経緯はもとより，犯行後の罪悪感や万引きそのものに対する認識のあ

り方も聴いておかねばならない項目に入れておくべきかもしれない。

以上のような仮説を立て，調査面接ではそれを検証するために何をどのように尋ねていくのかを準備する。ところが，仮に「この中学生の家庭環境に問題があったから」，「学校生活や同級生とうまくいかなかったから」といった漠然とした仮説を立てたとしたらどうであろうか。これでは面接が深まらず表面的となり，おそらく仮説を検証するところまでたどり着かないで，面接は終了してしまうかもしれない。

調査面接での仮説を生成するコツは，思考を柔軟にし，イメージを豊富にもつことである。このことはどのような面接でも必要なことではあるが，殊に調査面接では重要である。また，そのイメージをいつでも柔軟に変更や修正ができる面接者ほど，面接に奥行きや深まりが生まれる。逆に，イメージが貧困な面接者は単調な仮説しか思い浮かばず，検証のあり方も型どおりの応答しかできず，こちらが明らかにしたい事実には届きにくい。

このような仮説生成－仮説検証型の面接技法の利点は次の点にある。一つ目は，仮説生成－仮説検証型の手法をとることによって，面接者が主体となり，問題の核心を追求しやすい姿勢を生むことである。もう一つは，このような問題の核心を追求する面接者の姿勢こそが被面接者に自己の内面に目を向けさせたり，問題の改善を促すことにつながる点である。クライエント中心療法を代表とするような臨床面接では，語りたくない話題や隠しておきたい問題は，クライエントが望まなければあえて話題に取り上げられることは少ない。しかし，調査面接の場合は，被面接者が触れられたくない部分もあえて面接者に問いかけられたり，話題にされる。ある意味では，被面接者の隠されたり秘められたりされる箇所が明らかにされるからこそ，更生に向けた取り組みや問題の改善に働き掛けられる面もある。ここが司法や犯罪心理学の領域の関わりの特徴でもあるし，そこが心理職の果たす大きな役割ともなってくる。藤岡（2006）は性暴力の治療について，「アセスメント担当者は，一般心理臨床における傾聴や受容等の面接技法に加えて，直面化や対決の技法に長けている必要がある。被評価者の防衛を打ち破り，事実を認定し，それを本人自身と社会防衛のために役立たせるためには，司法制度の枠組みや社会的枠組みを活用し，本人の不安を引き起こすことも有用である。アセスメント担当者は，被評価者に，嘘やごまかしの効かない人，耳を傾けるに値する人として認識される必要がある」と述べているが，それはここで述べた調査面接の役割と通じるところがある。

Ⅵ　改善意欲を高める動機づけ面接法

上記のように，司法・犯罪領域における関わりでは，被面接者の面接への動機づけが低い場合が少なくない。そのため，被面接者は本当のことを言わずに嘘やごまかしを使用しながら，事実に直面することを避けようとする。

そのような被面接者に対しては動機づけを高め，問題行動の改善や更生に向かわせる一つの面接技法として動機づけ面接（Motivational Interviewing）が有効である。当初，この面接法は問題飲酒に対するアプローチとして登場したが，現在ではアルコール依存症や薬物依存症などの嗜癖問題のある人，性的逸脱や暴力行為を繰り返す犯罪者や非行少年，DV あるいは児童虐待をしてしまう加害者などにも適用対象を広げている。

この面接法の理念は，変化の準備ができている（Ready），変えようとする意欲がある（Willing），変える能力を有している（Able）の３つの要素が備わったときに人は変化できるとし，被面接者が変わりたい方向を見出し，その方向に動いていくことをカウンセラーが援助する。具体的には，さまざまなアンビバレンツ（両価的感情）を抱き，葛藤とたたかわねばならない被面接者の関心やものの見方を理解し，あくまで被面接者が何を求め，何を心配しているのかに焦点を絞っていく。この面接法では無闇に事実に直面化させ，問題行動の改善を図らせようとすると，かえって被面接者の抵抗となり，動機づけが下がってしまう。それよりも面接者は被面接者の前向きな発言を支持したり（チェンジ・トーク），リフレイミングなどの技法によって対応する。（動機づけ面接法について学習を深めるのであれば，Miller & Rollnick, 2002 を参照のこと。）

Ⅶ　客観的事実の聴取に特化した司法面接

動機づけ面接以外にも，司法・犯罪心理学の領域で近年着目されている面接技法に司法面接（Forensic Interview）がある。司法面接は法的な証拠として採用できる質の高い供述を得ることを目的とされ，1980 年代後半よりアメリカやヨーロッパで開発されてきた。

子どもの場合は大人よりも出来事を記憶し保持する力が低いことや，被暗示性が高いために他者から情報が入ってくると自身の記憶とそれが混同しやすいという特徴がある。そのため，面接で話された子どもの供述が証拠として採用されに

くくなってしまう場合も少なくなく，それを防止するための技法として開発された。また，嫌な出来事を何度も聴取されることによる被面接者の二次被害を防止することもこの司法面接が導入されるようになった大きな理由の一つである。司法面接は，出来事から比較的早い時期に，原則として一回限りで，録画録音をして実施するのが一般的である。

例えば，アメリカで開発されたNICHD（National Institute of Child Health and Human Development）プロトコル（NICHDのプロトコルはhttp://www.nichdprotocol.comよりダウンロードできる）の教示や質問の形式に定められている手順は，①導入（自己紹介やカメラの設置について説明し，「本当のことを話す」「知らないことは知らないと言ってよい」などのグラウンドルールを説明する），②ラポールの形成（好きな活動について話してもらう），③エピソード記憶の訓練（過去の出来事を思い出して話す練習をする），④本題への移行（出来事についての自由報告をしてもらう），⑤出来事の調査（オープン質問とWH質問を行う），⑥ブレイク（面接をモニターしている関係者に追加質問等の確認を取る），⑦子どもが話していることの調査（追加質問をする），⑧開示に関する情報（これまでの開示，報告について説明する），⑨クロージング（子どもから質問を受ける），⑩中立の話題（被面接者と中立の話題で会話をし，終了する）である。（司法面接について学習を深めるのであれば，仲，2016を参照のこと。）

面接者はあくまでも中立的な立場で被面接者と向き合い，オープン質問を基本にしながら被面接者の自発的な応答を引き出していく。司法面接の主な目的は事実確認や捜査であるため，被面接者に共感や受容をすることはほとんどなく，淡々と事実を聴いていくことになる。事実の聴取という面からこれまで取り上げてきた臨床面接，調査面接，司法面接を考えると，被面接者の主観的事実を重視する臨床面接，主観的事実と客観的事実の両方を取り扱う調査面接，客観的事実に特化して聴取する司法面接と大きくその目的を区別できる。

Ⅷ　事実のもつ影響力の大きさ

これまで事実がいかに大切か，その事実へどのように接近するかについて述べてきたが，事実には内包している力が大きく，他に及ぼす影響力が大きい。非行少年や被告人にとっての非行事実や犯罪事実を考えてもわかるように，それによって有罪か無罪か，あるいは処遇のありようさえも変わってくる。そこにはその事実のもつ影響力の大きさが備わっているからだとも言える。

事実のもつ影響力の大きさを実感する別の例を挙げたい。ある傷害事件を起こした加害者と家庭裁判所調査官が面接をしていた。家庭裁判所調査官は被害者の立場となって被害を受けたその人の苦しみや怒りについて切々と語ったがどうも加害者にそれほど響いている感じがしなかった。しかしその後，被害者が加害者と直接話す機会がもたれたところ，加害者は被害者の話に大きく心を動かされ，自分が犯した事件への内省が急激に深まった。被害者を代弁した家庭裁判所調査官の言葉ではなく，被害者本人から語られた言葉はまさに真実そのものであると加害者に受け止められた。それだけ事実のもつ影響力が大きく，さまざまな事態や人を変えさせる力が備わっているとも考えさせられる一場面であった。逆に，事実そのものの影響力が大きすぎるばかりに，事実に圧倒され，事実に直面することを避けてしまう事態に陥ることさえある。自分のした行為の重大さに直面できず，合理化をしたり事態を実際とは違って軽視させたり，歪曲させてしまうなどがその典型である。

Ⅸ　事実の伝達の方法

この章の最後に，聴取した事実をどのように伝達するかという報告の問題についても触れておきたい。報告に際しては，事実をありのままに記述すれば足りると考えるかもしれないが，実はこれが意外に難しい。

まず誰の視点から記述をするのが望ましいかという報告のスタイルについて考えたい。

例えば，面接者が「どうして被害者を殴ったの？」と質問したところ，被面接者は「被害者が自分の悪口を言ったから」と語る面接場面があったとしよう。

これをまず被面接者の視点のスタイルから報告を記述したとするならば，「私は被害者が自分の悪口を言ったから殴った」となる。しかし，これはあくまで被面接者の話であり，もしかすると被害者は被面接者の悪口など一言も言っていないのに一方的に殴られたと言うかもしれない。そうなると，このように書かれた記述は被面接者の一方的な主観的事実の記述であり，客観的に見るとそれが本当かどうかわからない。

では，面接者の視点のスタイルから報告を記述したとするならば，「被面接者は被害者から自分の悪口を言われたと感じたので殴った」となる。しかし，このように書いてしまうと，被面接者についての人柄や行為に対する面接者の主観や評価が入り込んでしまう危険も伴う。被面接者からすると，「殴ったのは確かであるが，悪口を言ってきた被害者が悪いのであって，自分にはそれほど責任はない」と反論するかもしれない。

そこで，被面接者の視点でも面接者の視点でもない，第三者の視点のスタイルではどうなるかというと，「被面接者は『被害者が自分の悪口を言ったから』（被面接者）殴った」と記述される。この記述であれば，殴った客観的事実は揺らがないし，殴った理由を被面接者の言い分としてカギ括弧に入れ，被面接者の発言という形式を採ることによって被面接者が発言した内容と面接者の視点を明確に区別できる。

このようにいかに報告書に記述するかは，事実を正確に伝達するためには極めて重要なこととなる。記述の仕方によっては，被調査者の考えによる主観的なものなのか，あるいは客観性をもっていることなのか，それとも面接者側の思い込みや評価なのか混乱してしまう。

X　おわりに

事実への接近の意義とその具体的な方法について述べてきた。同時に，そこには接近困難な要因が存在し，面接技法や事実を伝達する技法が伴わなければならないことも論じてきた。それらは特に司法・犯罪心理学の領域の大きな課題であるとともに，連携や協働には何にも増して重要である。

心理職として事実を追究する姿勢は常にもっておかねばならない。そして，事実にはその人の中に存在する心のありようが隠されており，その一方で事実に直面することで傷付いたり困惑することもあることを理解しておくことも大切である。対象者に配慮なく事実を追究してしまうと，職業倫理にも抵触してしまう危険も伴い，その点への心理職の自覚が求められる。

◆学習チェック表

- □　主観的事実と客観的事実の差異について理解した。
- □　事実への接近の面接技法について説明できる。
- □　事実をどのように伝達すべきかを実践できる。

より深めるための推薦図書

飯田邦男（2012）ケースで学ぶ 家事・少年事件の事実をとらえる技術．民事法研究会．

本多勝一（1984）事実とは何か．朝日新聞社出版局．

Miller, W. R. & Rollnick, S.（2002）*Motivational Interviewing*. 2nd Edition. Preparing People for Change.（松島義博・後藤恵訳（2007）動機づけ面接法　基礎・実践編．星和書店.）

仲真紀子編著（2016）子どもへの司法面接―考え方・進め方とトレーニング．有斐閣.

文　　献

藤岡淳子（2006）性暴力の理解と治療教育．誠信書房.

橋本和明（2011）非行臨床の技術―実践としての面接・ケース理解・報告．金剛出版.

新村出編（2018）広辞苑第７版．岩波書店.

下山晴彦（2002）カウンセリング的法律相談の可能性．In：菅原郁夫・下山晴彦編：現代のエスプリ―21 世紀の法律相談．至文堂，pp.50-60.

第5章

犯罪心理学に関する法律と制度

岩井宜子・渡邊一弘

Keywords　刑法，刑事訴訟法，少年法，刑事収容施設及び被収容者等の処遇に関する法律，更生保護法，心神喪失等の状態で重大な他害行為を行った者の医療及び観察等に関する法律（心神喪失者等医療観察法），裁判員の参加する刑事裁判に関する法律（裁判員法），犯罪被害者等基本法，捜査心理学，裁判心理学，情状鑑定，被害者支援

Ⅰ　刑事司法手続の法律と制度

1．日本の刑罰制度

犯罪とは刑法（刑罰が規定されている法）違反の行為であり，罪刑法定主義の原則により，犯罪と刑罰は，あらかじめ法に規定されていなければならない。刑法典（1907［明治 40］年制定）は，その基本原則を定める基本法であり，9条に主刑を死刑，懲役，禁錮，罰金，拘留，科料の6種類，付加刑を没収とすると定めていた。

しかし，2022（令和4）年6月に，懲役と禁錮の別を廃し，「拘禁刑」を創設し，3年以内に施行すると改正された。主要な刑罰であった懲役は「所定の作業を科す」と規定されていたが，「拘禁刑に処せられた者には，改善更生を図るため，必要な作業を行わせ，又は必要な指導を行うことができる」（12条3項）との規定が置かれた。

2．刑事司法手続に関する法律

刑罰法規に規定された犯罪行為を行った者に対して刑罰を科すための具体的な手続を定めた法律として，刑事訴訟法がある。刑事司法手続では，具体的事案をもとに，実際に犯罪が成立するか，成立した場合，どのような刑罰を科すかについて，刑事訴訟法に基づき，検討されていく。なお，実際の刑事司法手続においては，基本法である刑事訴訟法以外にも，裁判所法，検察庁法，弁護士法，少年

法などの法律や刑事訴訟規則などの規則も重要な役割を果たしている。

３．刑事司法手続の流れ

刑事司法手続は，犯罪の捜査，公訴の提起，公判，裁判，刑の執行という順をたどる。

①捜査

捜査とは，証拠の収集・確保と犯人の発見・身柄の確保を主たる目的とする捜査機関の活動である。捜査は，司法警察職員が犯罪があると思料するとき，または検察官が必要と認めるときに開始される。

捜査機関が捜査を開始するきっかけを捜査の端緒という。捜査の端緒としては，法律で定められているものとして職務質問，現行犯逮捕，告訴・告発・請求，自首，検視，通知などがあり，法律に定められていないものとしては他の事件の捜査，新聞記事，風評，聞込，届出，密告，通報，投書などがあるが，圧倒的に被害者等の届出が多い。

捜査機関は，必要があれば捜索・差押え等の強制処分を使って犯罪の証拠を収集するとともに，逮捕・勾留という強制処分によって犯人の身体を確保する。

②公訴

司法警察職員による捜査が終結すると，法律に特別の定めがある場合をのぞいて，速やかに書類および証拠物とともに事件を検察官に送致しなければならない。事件の送致を受けた検察官は，事件を起訴するか，不起訴処分や起訴猶予処分とするかの事件処理を行う。検察官の不起訴決定が妥当か否かについて吟味する制度として，検察審査会と付審判請求手続が設けられている。

検察官による公訴の提起は，起訴状を提出することによりなされる。検察官が公訴を提起する場合も，多くの事件は略式命令請求となっており，重い事件については公判請求がなされている。

③公判・証拠調べ

公訴の提起によって事件が裁判所に継続してから，その事件について審理が行われて裁判が確定するまでの間の手続全体を公判手続という。公判手続では，犯罪事実の存否の確認（事実の確認）と刑の量定（量刑）が行われる。

裁判所は，充実した審理を継続的，計画的かつ迅速に行うため必要があると認

めるときは，当事者の意見を聴いた上で，事件を公判前整理手続に付すことができる。公判前整理手続では，争点の整理，証拠の整理，証拠開示に関する裁定，審理計画の策定が行われる。裁判員が関与する事件では，公判期日が開かれると，事件について特に迅速な審理を遂げる必要が極めて高いので，必ず，公判前整理手続に付さなければならないとされている。

死刑または無期拘禁刑にあたる罪に係る事件などの一定の重大事犯については，裁判員が参加する裁判により審理される。裁判員の参加する合議体は裁判官３人，裁判員６人が原則であるが，公訴事実に争いがなく，当事者に異議がないことなどの要件を満たす場合には，裁判官１人，裁判員４人から成る合議体を構成して審判することができる。

公判手続の中核をなすのは，公判期日における手続である。第１回公判期日においては，冒頭手続として，①被告人に人定質問，②検察官による起訴状朗読，③裁判所による黙秘権の告知，④被告人・弁護人の陳述（罪状認否）が行われる。

冒頭手続が終わると，証拠調べ手続に移る。証拠調べについては，原則的には，当事者の請求に基づいて行われるが，補充的に裁判所の職権による証拠調べも行われる。証拠調べ手続では，まず，検察官が冒頭陳述として，証拠により証明しようとする事実を明らかにしなければならない。証拠調べは，まず検察官による立証が行われ，次いで被告人側の立証により行われる。証拠調べの請求については，まず，検察官が必要と認めるすべての証拠の取調べを請求しなければならない。被告人または弁護人は，その後，同様の請求をすることができる。

証拠調べの最後には，検察官および弁護人・被告人が最後に意見を述べる最終弁論が行われる。検察官の最終弁論のことを論告といい，論告には検察側の科刑意見が付される（求刑）。論告に対しては，弁護人の最終弁論，被告人の最終陳述により，弁護人・被告人から反論する機会が与えられている。被告人，弁護人の最終弁論が終わると結審となる。

④公判の裁判

裁判所の行う意思表示行為を裁判という。裁判では，判決の宣告，有罪・無罪の判決が言い渡される。有罪の場合でも，刑に執行猶予が付される場合と実刑の場合とがある。判決に不服がある場合には，上級裁判所に対して上訴が可能である。

⑤刑の執行・処遇

実刑判決が確定すれば，刑の執行がなされ，拘禁刑などの自由刑であれば刑務所に収容されることになる。受刑者の処遇は,「刑事収容施設及び被収容者等の処遇に関する法律」に基づき，受刑者の人権を尊重しつつ，その者の資質及び環境に応じ，その自覚に訴え，改善更生の意欲の喚起及び社会生活に適応する能力の育成を図ることを目的として行われる。また，更生保護法に規定される保護観察などの方法により，犯罪者に社会内で必要な支援や指導を行う社会内処遇も行われている。

犯罪者の改善更生・社会復帰が犯罪者処遇の目的として重視されるようになるにつれ，犯罪者を閉鎖施設に隔離する自由刑に対する懐疑論や自由刑の改善・教育効果への疑問が意識されるようになり，現在の犯罪者処遇においては社会内処遇への期待が高まっている。2022（令和４）年６月には，刑事施設における受刑者の処遇及び執行猶予制度等のより一層の充実を図ることを目的として，刑罰の懲役及び禁錮を廃止して「拘禁刑」を創設し，その処遇内容等を定めるとともに，執行猶予の言渡しをすることができる対象者の拡大を内容とする刑法などの改正案が成立した。「拘禁刑」では受刑者の特性や刑期に応じ，作業を完全になくすことや薬物・性犯罪等の矯正プログラムを受ける時間を大幅に増やすことが可能になる。条文上も，「懲役は，刑事施設に拘置して所定の作業を行わせる」（改正前の 12 条２項）としているだけの従来の記載を改め，「拘禁刑に処せられた者には，改善更生を図るため，必要な作業を行わせ，又は必要な指導を行うことができる」（改正法 12 条３項）と明記され，再犯防止の目的が明確にされることとなった。これを受け，なるべく自由刑を回避し，早期の社会復帰を実現するための制度である執行猶予制度や仮釈放制度の効果的な活用も，刑事政策の課題とされている。刑の一部執行猶予については，刑法 27 条の２以下および「薬物使用等の罪を犯した者に対する刑の一部の執行猶予に関する法律」に基づき，３年以下の拘禁刑を言い渡すとき判決でその一部の執行を猶予できる仕組みであり，まずは実刑の期間に刑事施設内で処遇を受けさせ，その後保護観察付きの執行猶予期間へ移行することにより，確実に一定の社会内処遇の期間を確保し，社会内でも改善更生と再犯防止のための処遇を行うことができる制度である。

II　少年司法手続の法律と制度

1．少年法の歴史

少年に対して，刑事手続の特例を認める特別法である少年法は，最初 1922（大

正 11）年に世界の少年裁判所運動の影響のもと，制定された。それは，18 歳未満の法に触れる行為をした少年，虞犯少年を対象とし，司法省に属する行政機関たる少年審判所が少年院送致や保護観察，保護団体への委託などの保護処分を言い渡すものとしていた。犯罪少年については，検察官が刑事処分を請求するか，保護処分に付すべきかの先議権をもっていた。

第２次大戦後，GHQ の強力な指導のもとに，アメリカの標準裁判所法をモデルとして少年法改正が推進され，1948（昭和 23）年に成立，1949（昭和 24）年１月１日から施行されたのが，現行少年法である。20 歳未満の犯罪少年，虞犯少年，触法少年を対象とし，家庭裁判所への全件送致主義，非形式的手続，科学的調査の導入等多くの刑事訴訟制度と異なった点を含んでいる。

現行少年法については 2000（平成 12）年に少年審判の事実認定の適正化，被害者への配慮の充実，刑事処分の見直しを内容とする改正法が成立し，その後も 2007（平成 19）年には触法少年に対する調査権限の明確化，少年院収容可能年齢の引き下げを内容とする改正法, 2008（平成 20）年には少年事件に被害者が参加する機会を拡充することを目的として，被害者傍聴制度，被害者等による少年事件記録の閲覧・謄写の範囲拡大，被害者の申し出による意見聴取対象者の拡張等を内容とする改正法，そして 2014（平成 26）年には国選付添人制度および検察官関与制度の対象事件の拡大を内容とする改正法が成立している。2021（令和３）年には，2007（平成 19）年５月に成立した「日本国憲法の改正手続に関する法律」において国民投票年齢が 18 歳と規定されたことを契機とし，2015（平成 27）年の公職選挙法における選挙権年齢の 18 歳への引き下げや 2018（平成 29）年の民法成年年齢の 18 歳への引き下げなどとともに少年法の規定についても検討が求められていることを受けて, 18 歳・19 歳の者を「特定少年」と位置付け，特定少年については少年法の対象として残しつつも原則逆送対象事件の拡大や特定少年のときに犯した罪で起訴された場合には実名報道を解禁するなど，17 歳未満の少年とは異なる取り扱いをすることを内容とする改正法が成立し, 2022 年４月１日から施行されている。

２．少年法の理念

いわゆる国親思想（パレンス・パトリエ：犯罪少年や親や保護者による適切な保護・教育が受けられない少年たちを国家が親に代わって保護・教育するという思想）に基づき，少年の未熟性・可塑性を踏まえ，非行性を早期に発見し早期に治療するという理念により，非行事実のある少年はすべて家庭裁判所に送り，性

格の矯正及び環境の調整に関する保護処分を科し，犯罪少年においても保護処分で賄えず，刑事処分相当とされる者のみ，検察官に逆送するという保護処分優先主義がとられている。

要保護性の概念の内容は，性格・環境から見て一過性ではない「非行反復の危険性」と，保護処分で矯正しうるという「矯正可能性」，社会感情等より保護処分を相当とする「保護相当性」であるとされる。

3．少年法の手続の流れ

①非行少年の発見

非行少年（犯罪・触法・虞犯）を発見した者は家庭裁判所に通告しなければならない。司法警察員は，少年（14 歳以上 20 歳未満）の被疑事件について捜査の結果犯罪の嫌疑があると思うときは，検察官に送致しなければならないが，罰金以下の刑にあたる罪については，直接家庭裁判所に送致しなければならない。しかし，非行が軽微で教育の必要が少ない事件については，検察官・家裁に報告するのみで済ます簡易送致が行われている。

検察官は，少年の被疑事件については，やむをえない場合でなければ，勾留請求をすることができず，勾留に代わる観護措置（少年鑑別所収容）を家裁裁判官に対して求めることができる。

警察官は，触法少年を発見したときは，事件について調査することができ，調査の結果，故意の犯罪行為により被害者を死亡させた罪・死刑・無期・短期２年以上の拘禁刑に当たる罪に当たる事件および家裁の審判に付することが適当と思われるときは，事件を児童相談所に送致しなければならない。これらの少年について，その行動の自由を制限し，又は奪うような強制的措置を必要とするときは，児童相談所長は，これを家裁に送致しなければならない。

虞（ぐ）犯少年とは，法定の事由があって，その性格又は環境に照らして，将来罪を犯し，又は触法行為をする虞（おそれ）のある少年をいう。

②調査・鑑別

通告・報告，送致を受けた事件を家庭裁判所が受理した場合は，裁判官が審判条件・非行事実の蓋然的認識について法的調査を行い，家庭裁判所調査官に本人・家族・参考人について調査を行わせることができる。この過程で，本人や家族と面接し，関係調整がなされ，これが審判の過程においても継続されるため，その結果非行性が解消され，大きなケースワーク機能を発揮することが多い。

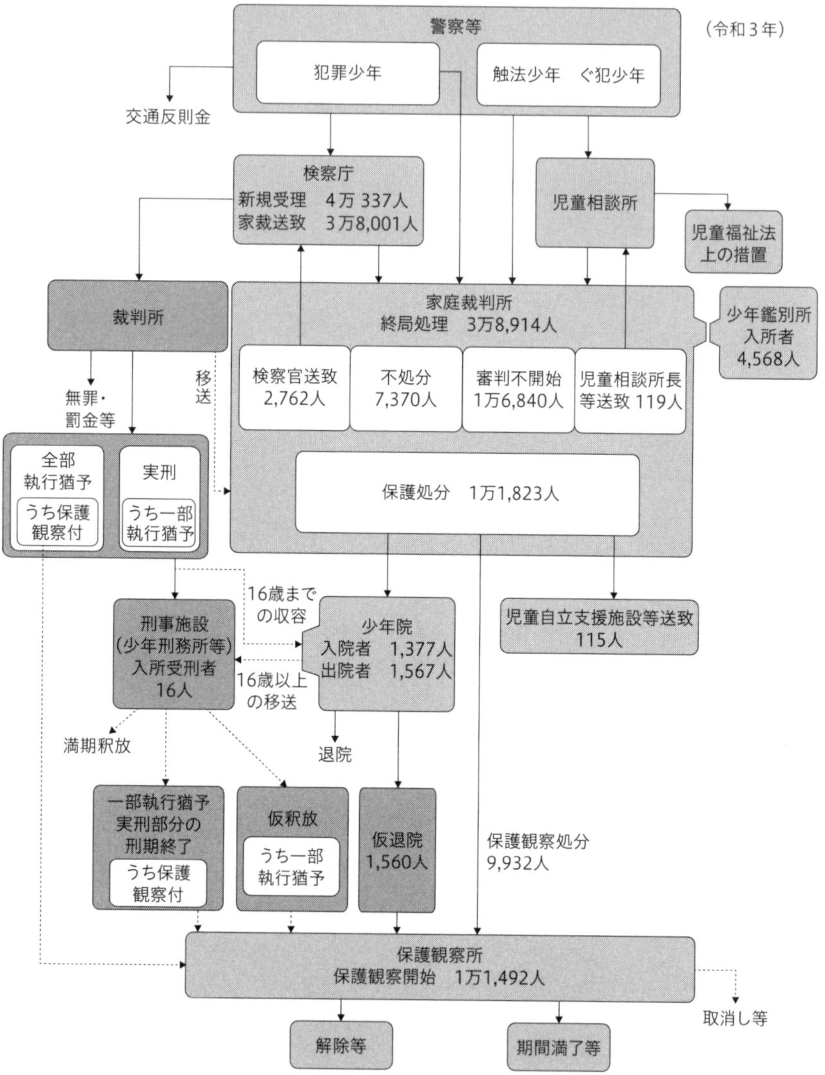

（令和3年）

警察等
犯罪少年
触法少年　ぐ犯少年
交通反則金
検察庁
新規受理　4万 337人
家裁送致　3万8,001人
児童相談所
児童福祉法上の措置
裁判所
家庭裁判所
終局処理　3万8,914人
少年鑑別所入所者
4,568人
移送
検察官送致
2,762人
不処分
7,370人
審判不開始
1万6,840人
児童相談所長等送致 119人
無罪・罰金等
全部執行猶予
うち保護観察付
実刑
うち一部執行猶予
保護処分　1万1,823人
16歳までの収容
刑事施設
(少年刑務所等)
入所受刑者
16人
16歳以上の移送
少年院
入院者　1,377人
出院者　1,567人
児童自立支援施設等送致
115人
満期釈放
退院
一部執行猶予実刑部分の刑期終了
うち保護観察付
仮釈放
うち一部執行猶予
仮退院
1,560人
保護観察処分
9,932人
保護観察所
保護観察開始　1万1,492人
取消し等
解除等
期間満了等

注1）検察統計年報，司法統計年報，矯正統計年報及び保護統計年報による。
注2）「検察庁」の人員は，事件単位の延べ人員である。例えば，1人が2回送致された場合には，2人として計上している。
注3）「児童相談所長等送致」は，知事・児童相談所長送致である。
注4）「児童自立支援施設等送致」は，児童自立支援施設・児童養護施設送致である。
注5）「出院者」の人員は，出院事由が退院又は仮退院の者に限る。
注6）「保護観察開始」の人員は，保護観察処分少年及び少年院仮退院者に限る。
注7）本図及び数値は少年法の一部を改正する法律（令和3年法律第47号）施行前の手続による。

図1　非行少年に対する手続の流れ（令和4年版犯罪白書，p.117）

少年事件の調査・審判にあたって少年の身柄を保全し心身の鑑別をする必要や，緊急に保護する等の必要のため，身柄を確保する措置として，調査官観護（在宅観護）と少年鑑別所送致がある。少年鑑別所に収容する期間は，２週間に制限され，１回の更新がみとめられており，非行事実の認定に関し，さらに必要がある場合は，その更新は２回を限度として行われうるとされているため，最大限８週間まで延ばしうる。少年鑑別所は，家庭裁判所に対応して都道府県に１カ所設置されている法務省所管の施設で，長らく，少年院法に規定されているのみであったが，2014（平成 26）年に少年鑑別所法が制定され，地域社会における非行及び犯罪の防止に関する援助を実施することが明定され，法務少年支援センターとして活動を開始している。収容審判鑑別では，鑑別面接，心理検査，行動観察，医学的検査及び診察の結果に，保護者その他の参考人との面接等により得られた情報を加え，処遇に係る判定を行う。非行初期における収容処遇はいわゆる，3S 効果（short, sharp, shock）も期待しうる。

③審判

家庭裁判所は，調査の結果，審判に付することができず，又は審判に付するのが相当でないと認めるときは，審判不開始の決定をし，相当であると認めるときは，開始決定をし，審判期日を定める。

審判は懇切を旨として和やかに行うとともに，非行のある少年について内省を促すものとしなければならない（少年法 22 条）。審判はこれを公開しない。原則，審判は裁判官１人で行われるが，合議体で審判及び裁判をする旨の決定を合議体でした事件等は３人の裁判官の合議体で行い，裁判長が指揮する（裁定合議制）。家裁は，犯罪の法定刑が長期３年以上の重大事件において，その非行事実を認定するための審判手続に検察官関与の必要があると認めるときは，決定をもって審判に検察官を関与させることができる。

故意の犯罪行為により人を死傷させた罪・交通事故により人を死傷させた罪に係る事件（触法少年の場合は 12 歳未満の場合は除く）の被害者等（被害者又はその法定代理人若しくは被害者が死亡した場合若しくはその心身に重大な故障がある場合におけるその配偶者，直系の親族若しくは兄弟をいう）から審判の傍聴の申出がある場合において，少年の年齢及び心身の状態，事件の性質，審判の状況その他の事情を考慮して，少年の健全な育成を妨げるおそれがなく相当と認めるときは，その申出をした者に対し，傍聴を許すことができる。

家庭裁判所は，保護処分を決定するため必要があると認めるときは，相当の期

間，家庭裁判所調査官の観察に付することができる（試験観察）。

審判の結果,「非行なし」等の理由により保護処分に付することができず，又は教育的措置が十分なされている等のために保護処分に付する必要がないときは,「不処分」の決定をしなければならない。

④保護処分

要保護性の判断に従って，保護観察，児童自立支援施設・児童養護施設送致，少年院送致の保護処分がなされる。

保護処分の決定に対しては，少年の側から重大な事実の誤認又は処分の著しい不当を理由とするときに限り，不服申立て（抗告）をすることができるが，執行を停止する効力は有しない。

少年院は，旧少年法とともに制定された矯正院法により設置されたが，1948（昭和 23）年現行少年法とともに少年院法が定められ, 2014（平成 26）年に新少年院法が成立した。2021（令和３）年の少年法，少年院法等の改正を経て，その種別は, 第１種（心身に著しい障害がないおおむね 12 歳以上 23 歳未満のもの），第２種（心身に著しい障害がない犯罪的傾向が進んだ, おおむね 16 歳以上 23 歳未満のもの），第３種（心身に著しい障害があるおおむね 12 歳以上 26 歳未満のもの），第４種（少年院において刑の執行を受けるもの），第５種（２年の保護観察所の保護観察に付する保護処分を受けた特定少年が，保護観察における遵守事項に対する重大な違反があり，本人の改善及び更生を図るために少年院における処遇が必要とされ，少年院収容決定を受けたもの）の５種類である。家裁が少年院の種別を指定し，少年鑑別所長がその者を収容すべき少年院を指定する。少年院長は，少年が 20 歳に達したときは退院させなければならないが，１年を経過していないときは，１年間に限り収容を継続しうる。少年院長は，仮退院・退院が相当と認めるときはその申請を地方更生保護委員会にしなければならない。仮退院期間中は保護観察に付される。少年院長が犯罪的傾向が矯正されていないために収容継続が相当と認める場合は，家庭裁判所に申請し，家庭裁判所は 23 歳を超えない期間の範囲内で収容期間を定める。その者の精神に著しい障害があり，医療に関する専門的知識を踏まえた矯正教育が必要と認められるときは 26 歳を超えない期間の範囲内で定める。特定少年の少年院収容の保護処分決定については，家庭裁判所は決定と同時に，３年以下の範囲内において犯情の軽重を考慮して少年院に収容する期間を定めなければならない。また，保護観察における遵守事項に対する重大な違反する事由があり，少年院における処遇が必要として少年

院収容決定を受けた特定少年に対しては，家庭裁判所は決定と同時に，１年以下の範囲内において犯情の軽重を考慮して同項の決定により少年院に収容することができる期間を定めなければならないとされている。

保護観察は，少年の住居地の保護観察所が実施し，期間は，20歳に達するまでであるが，決定から２年に満たないときは，２年となる。特定少年については，犯情の軽重を考慮して相当な限度を超えない範囲内において，決定をもって，「６月の保護観察所の保護観察」（少年法64条１項１号）または「２年の保護観察所の保護観察」（同64条１項２号）に付することができる。

⑤検察官送致－逆送

当初，少年法20条但書により，16歳未満の少年の事件は，検察官送致はできないと定められていたが，2000（平成12）年の改正により，その但書が削除され，また，16歳以上の少年が故意の犯罪行為により被害者を死亡させた罪の事件は，原則，逆送をしなければならないとする規定も入れられた。特定少年については，18歳以上の少年のとき犯した死刑，無期又は短期（法定刑の下限）１年以上の拘禁刑に当たる罪の事件が追加される原則逆送の対象に加えられた。これにより，特定少年については，現住建造物等放火罪，不同意性交等罪，強盗罪，組織的詐欺罪などが新たに原則逆送対象事件となった。

検察官は，逆送された事件について，公訴を提起するに足りる犯罪の嫌疑があると思われる場合は，刑事裁判所（通常は地方裁判所）に公訴を提起しなければならない。裁判所は審理の結果，少年の被告人が保護処分に付するのが相当であると認めるときは，少年法55条による決定をもって事件を家庭裁判所に移送しなければならない（55条決定）。

少年の刑事事件の審理は科学主義によらねばならず，懇切を旨とし，且つ事案の真相を明らかにするため，家庭裁判所の取調べた証拠は，つとめてこれを取調べるようにしなければならないとされているが，少年の刑事公判について成人と異なる取り扱いを具体的に定めた規定はなく，重大事件については裁判員裁判が実施され，公開原則の制限もないため，教育的配慮に欠けるのではないかとの懸念が指摘されている。

少年法における刑事処分の特則として，犯罪時18歳未満の者に対しては，死刑を科すべきとされるときは，無期拘禁刑を科し，無期拘禁刑を科すべきときであっても，10年以上20年以下の間で，有期拘禁刑を科することができる。また，少年に対して有期拘禁刑を科すべきときは，処断刑（その犯罪の法定刑から法に

定められた加重・減軽等の処理を行い，はじき出された刑期の範囲――例えば XX 月以上 XX 年以下）の範囲内で不定期刑（刑期に短期と長期を定めた幅のある刑）を科する。少年に対する自由刑は，教育的配慮から，刑期に幅をもたせ，処遇に弾力性をもたせることを意図している。

仮釈放（刑務所収容期限に先立ち条件に違反したら再び収容することを条件に釈放すること）可能時期についても，成人より寛大な形で特例が認められている。なお，特定少年については，逆送されて起訴された場合の刑事裁判では，原則として 20 歳以上と同様に取り扱われることとされており，判決で有期拘禁刑が科される場合においても不定期刑は言い渡されないほか，特定少年のときに犯した罪については，労役場留置の禁止（同 54 条）や資格制限の緩和（同 60 条）といった 17 歳以下の少年のとき犯した罪について刑罰に処せられた場合の特例は適用されず，20 歳以上の場合と同様の制限を受けることになる。また，略式手続による場合を除き，記事等の掲載禁止に関する規定を適用されないこととされた。

III　心神喪失者等医療観察法の概要と運用状況

1．心神喪失等の状態で重大な他害行為を行った者の医療及び観察等に関する法律（心神喪失者等医療観察法）

精神障害者による触法行為への対応策については，刑法改正の論議の過程において，保安処分導入が議論されてきたが成立するに至らず，従来は，「精神保健福祉法」の措置入院制度によって対応がなされてきたが，2001（平成 13）年の池田小学校事件を機に，法務省・厚生労働省の共同責任において，本法案が提案され，2003（平成 15）年に成立するに至った。

①手続

手続としては，心神喪失等（刑事責任無能力・限定責任能力――刑法 39 条）の状態で重大な他害行為（殺人，放火，強盗，強姦，不同意わいせつ，傷害）を行った者（不起訴とされた者および起訴後無罪または限定責任能力による減軽後執行猶予の判決が確定した者）に対し，検察官が対象者の居住地の地方裁判所に対し，処遇の要否について決定を求め，裁判所は，１人の裁判官と１人の精神保健審判員（精神科医）とからなる合議体で審判を行う。対象者には弁護士である付添人を付し，鑑定入院により精神科医に鑑定を求めた上，保護観察所による生活環境の調査を必要に応じて求め，対象行為を行った際の精神障害を改善し，これ

に伴って同様の行為を行うことなく，社会に復帰することを促進するため，入院をさせてこの法律による医療を受けさせる必要があると認める場合は，入院の決定を行う。鑑定入院の期間は，２月を超えることができないが，裁判所は必要に応じて１月を超えない期間延長しうる。

②入院医療

厚生労働大臣は，一定の基準に適合する国公立病院等を指定入院医療機関として指定し，これに委託して医療を実施する。指定入院医療機関の管理者は，６カ月ごとに，入院を継続する必要を認めなくなった場合は退院の申立てを，入院の継続を行う場合は継続の申立てを裁判所に対して行う。保護観察所の長は，退院後の生活環境の調整を行わねばならない。裁判所は，入院を継続すべきことを確認する決定，退院を許可するとともに通院医療を受けさせる旨の決定，この法律による医療を終了する旨の決定のいずれかを行う。

指定入院医療機関の病床数は，フル規格独立型 33 床，または小規模独立型 16 床とし，病床はすべて個室（10㎡以上）とする。病棟の人員配置としては，入院人員８人につき，常勤医師１人，常勤看護師おおむね日中 1.5 人に１人，夜間６人に１人，臨床心理技術者，作業療法士，精神保健福祉士は常勤でおおむね５人が必要とされており，多職種チームで治療にあたるべきものとされている。

③通院医療

通院医療で足ると認める場合及び指定入院医療機関を退院後通院医療を受けさせる旨の決定がなされた場合は，厚生労働大臣は，一定の基準に適合する病院もしくは診療所または薬局を指定通院医療機関として指定し，これに委託して通院医療を受けさせる。通知を受けた保護観察所長は，指定通院医療機関の管理者並びに居住地の都道府県知事および市町村長と協議の上,処遇の実施計画を定める。その間，社会復帰調整官（保護観察所に所属し，対象者の生活環境の調査および調整，精神保健観察の実施，関係機関相互の連携確保等の事務を行うことを任務とする）が精神保健観察（対象者の継続的な医療を確保することを目的としてなされる指導・監督，補導・援助）を行う。

通院医療期間は３年間とされ，裁判所は，２年を超えない範囲でその期間を延長しうる。保護観察所長は，指定通院医療機関の管理者と協議の上，通院医療の必要がなくなったと認める場合は，裁判所にこの法律による医療の終了の申立てを行う。

２．実施状況

2022（令和４）年４月１日現在，指定入院医療機関としては，国立 16 施設 504 床，公立 18 施設 346 床，計 850 床が整備されている。指定通院医療機関は，2022 年４月１日現在，全国で，病院 597，診療所 92，薬局 2,640，政令１条による訪問看護 643 の計 3,972 施設となっている。

2021（令和３）年の検察官申立人員の総数は 310 人（不起訴 290，無罪３，全部執行猶予等 17）で，対象行為は放火 90，不同意性交等 14，殺人 84，傷害 115，強盗７であった。入院決定を受けた者は 237 人，通院決定を受けた者 24 人，医療を行わない旨の決定を受けた者 37 人であった。2021 年の退院許可申立ては 225 件，退院許可決定は 192 件，医療終了決定は 34 件なされているので，おおむね滞留することなく，運用されている模様である。

2021 年における精神保健観察の開始件数は 211 件，終結件数は 231 件，同年末現在の係属件数は 556 件とされている（令和４年版犯罪白書）。

入院処遇の流れとしては，急性期（おおむね 12 週程度），回復期（おおむね 36 週程度），社会復帰期――外泊プログラムを含む（おおむね 24 週程度）の手厚い医療により，社会内処遇に移行することが予定されており，成果を上げているとされる。

Ⅳ　裁判員制度の運用と課題

2009（平成 21）年５月 21 日に「裁判員の参加する刑事裁判に関する法律」が施行され，各地裁で裁判員事件の公判が始まった。裁判員制度については，刑事司法の過程に国民の参加を得ることを通じ，その意思決定過程の透明性を確保することによって，司法に対する国民の理解の向上を図るとともに，国民が刑事裁判の過程に参加し，現実の司法の機能を知ることにより，司法に対する国民の信頼向上に資することを目的とし，制定されたものである。

裁判員裁判の対象となる事件は，①死刑または無期拘禁刑にあたる罪に係る事件，②法定合議事件（裁判所法 26 条②２号）のうち，故意の犯罪行為により被害者を死亡させた罪に係る事件とされている。ただし，裁判員等に危害が加えられるおそれがあり，畏怖して職務の遂行が出来ない等の要件にあたる場合は，裁判官のみの合議体で取り扱うこととされている。

裁判員は，地方裁判所で行われる刑事裁判（第一審）に参加し，被告人が有罪

か無罪かを決める事実認定手続，および有罪の場合の法定の適用および刑の量定手続に関与する。裁判員の参加する裁判体については，原則として裁判員６人と裁判官３人が，一緒に刑事裁判の審理に出席し，証拠調べ手続や弁論手続に立ち会った上で，裁判官との合議による評議を行い，判決の宣告を行う。なお，裁判員は，その資格を失ったときや，やむをえない事由により職務を行うことが困難であるときなど一定の場合に辞任を申立てることができるとされており，審理の途中で裁判員の数が足りなくなった場合に備えて，裁判員数を超えない数の補充裁判員を置くことができることとされている。補充裁判員を加えても法定の裁判員数を構成できなくなったときは，その時点で新たに裁判員を選任して審理を続けることになる。

裁判員には，任期中のみならず任期終了後にも，裁判員が評議の秘密その他職務上知り得た秘密を漏らしてはならないという守秘義務が課される。この守秘義務については，裁判員や事件関係者のプライバシーを保護し，評議で裁判員が後々の報復などを怖れず自由に意見を言うことができるようにするために課されるものである。

最高裁は，裁判員の職務に関与したことによる心理的負担ゆえに，アフターケアの必要性がある裁判員あるいは補充裁判員であった者を対象とした電話およびＥメールによる健康相談およびカウンセリング，希望又は必要に応じた臨床心理士，精神保健福祉士等の資格をもつ者による面接によるカウンセリング，必要に応じた医療機関の紹介を行う「裁判員メンタルヘルスサポート窓口制度」を実施している。この制度については，電話およびＥメールによる看護師や保健師等への健康相談および専門カウンセラーによるメンタルヘルス相談については回数に制限なしに利用できる。面接によるカウンセリングは一人５回まで無料とされている。

Ⅴ　刑事司法システムにおける臨床心理学の知見と技術の活用

１．捜査心理学・裁判心理学

刑事司法システムの適正な運用に貢献するための心理学研究として，捜査心理学や裁判心理学，そして司法面接などという形で研究が積み重ねられてきている。

捜査心理学の領域では，自白の重要性に鑑み，犯罪を実行した当人から，自供も含めた正確な情報を聴取するための心理学的な研究が取り組まれているほか，捜査中の事件について，行動科学の視点から事件関連情報を分析し，可能性の高い犯人像を導き出すことによって，犯罪者の早期検挙の支援を目指す犯罪者プロファイリング研究などが展開されている。

裁判心理学の領域では，誤った目撃証言の予防，目撃証言の信頼性や妥当性についての診断，記憶表象を保持しているが自発的に想起できない目撃証言の復元などについて，研究が重ねられてきている。また，適切な情報収集を確保するという観点から，尋問に脆弱な子どもや発達障害・知的障害をもった人たちから適切な証言を聴取するために，心理学の手法をふまえた面接方法の工夫が図られてきている（第２章参照）。

２．情状鑑定

裁判所は，量刑判断に当たり，犯行の動機や態様が理解困難であったり，被告人の知能や人格，家庭環境などについて，理解が困難に感じたり，処遇上の参考意見を求めたい事案について，心理学的手法および社会学的手法による鑑定である「情状鑑定」の方法で，臨床心理学などの専門家に必要な知識を求め，被告人の資質や経歴・環境について掘り下げた検討を行うことがある。

情状鑑定については，弁護人依頼による私的鑑定（専門家証人）と弁護人の鑑定請求に基づき裁判所が命令する本鑑定に分けられる。本鑑定における情状鑑定では，面接や社会調査，行動観察が主たる方法となる。私的鑑定では，アクリル板越しに被告人と対面せざるを得ない場合や面会時間が短時間しかとれないなど，鑑定方法での制約が見られる（第７章参照）。

３．矯正（施設内処遇）

受刑者の処遇は，「刑事収容施設及び被収容者等の処遇に関する法律」に基づき，受刑者の人権を尊重しつつ，その者の資質及び環境に応じ，その自覚に訴え，改善更生の意欲の喚起及び社会生活に適応する能力の育成を図ることを目的として行われている。矯正処遇においては，個々の受刑者の資質及び環境に応じて適切な内容と方法で実施しなければならない「個別処遇の原則」の考えが採られている。そのため，各刑事施設では，医学，心理学，教育学，社会学その他の専門的知識及び技術を活用し，受刑者の資質及び環境の調査（処遇調査）が行われている。また，新たに刑が確定した受刑者で，26 歳未満の者及び特別改善指導の受講に当たり特に調査を必要とする者等には，調査センターとして指定されている特定の刑事施設で精密な処遇調査が行われている。

刑事施設では，刑の執行開始時に行われる処遇調査の結果を踏まえ，受刑者に処

遇指標を指定する。処遇指標は，矯正処遇の種類・内容，受刑者の属性及び犯罪傾向の進度から構成され，矯正処遇はこの処遇指標に基づき，行われている（第８章参照）。

４．更生保護（社会内処遇）

犯罪者の社会内処遇については，法務省保護局が所管し，実際の処遇は法務省保護局及び地方更生保護委員会に置かれた専門の公務員である保護観察官と民間の篤志家である保護司により実践される。保護観察官は，医学，心理学，教育学，社会学その他の更生保護に関する専門的知識に基づき，保護観察，調査，生活環境の調整その他犯罪をした者及び非行のある少年の更生保護並びに犯罪の予防に関する事務に従事している（第 11 章参照）。

５．少年司法

少年の犯罪・非行に関わる臨床心理の専門家としては，まず各都道府県警察本部の少年警察センターや少年課等に，名称はさまざまであるが，少年相談や被害者相談を行う心理職が置かれている。

また，法務省では，人間科学の知識が必要な官職に従事する職員を採用するため，①心理学の専門的な知識・技術等をいかし，科学的で冷静な視点と人間的な温かい視点とをもちながら，非行や犯罪の原因を分析し，対象者の立ち直りに向けた処遇指針の提示や，刑務所の改善指導プログラムの実施に携わる矯正心理職区分，②少年院や少年鑑別所などに勤務し，幅広い視野と専門的な知識をもって，少年たちの個性や能力を伸ばし，健全な社会人として社会復帰させるために，きめ細かい指導・教育を行う法務教官区分，③成人同様，少年司法においても社会内処遇を担当する保護観察官区分，という採用区分を設け，行動科学の知見と技術を活用した犯罪者処遇が実践されている。

さらに，家庭裁判所には，心理学や社会学，教育学など人間行動科学の手法を用いて，少年が非行に至った動機，生育歴，生活環境等の調査を行い，少年に必要な処遇決定を実現するために，家庭裁判所調査官が置かれている（第６章参照）。

６．被害者支援制度

我が国では 2004（平成 16）年には犯罪被害者等のための施策に関し，基本理念を定め，並びに国，地方公共団体及び国民の責務を明らかにするとともに，犯罪被害者等のための施策の基本となる事項を定めること等により，犯罪被害者等

のための施策を総合的かつ計画的に推進し，もって犯罪被害者等の権利利益の保護を図ることを目的として「犯罪被害者等基本法」が制定された。基本法では犯罪被害者等のための施策の総合的かつ計画的な推進を図るため，犯罪被害者等のための施策に関する基本的な計画（犯罪被害者等基本計画）を定めることが求められており，2023（令和５）年２月現在，2021（令和３）年３月に策定された第４次犯罪被害者等基本計画をふまえながら，犯罪被害者等のための各種の施策・取組が展開されている。

被害者支援制度への心理学の関わりとしては，公判段階での被害者支援として，証人への付添いが認められている。この制度は，性犯罪の被害者の方や幼い子ども等が刑事事件の証人として法廷で証言する場合においては，大きな不安や緊張を覚えることがあることを考慮し，不安や緊張を和らげるため，証人が証言している間，家族や心理カウンセラーなどが，証人のそばに付き添うことができるようにするものである（第 10 章参照）。

◆学習チェック表

□　刑事司法の基本構造と基本的な流れを理解した。
□　少年法の歴史的発展および基本理念を理解し，少年司法手続の基本構造を理解した。
□　心神喪失者等医療観察法の手続を理解し，この法律による医療の性格を理解した。
□　裁判員制度の基本構造について理解した。
□　刑事司法において臨床心理学の専門的知見の活用が期待される領域について理解した。

より深めるための推薦図書

池田修・合田悦三・安東章（2016）解説裁判員法［第３版］．弘文堂．
岩井宜子（2018）刑事政策（第７版）．尚学社．
三井誠・曽根威彦・瀬川晃編（2022）入門刑事法［第８版］．有斐閣．
田宮裕・廣瀬健二編（2017）注釈少年法［第４版］．有斐閣．
日本精神神経学会編（2017）臨床医のための司法精神医学入門（改訂版）．新興医学出版社．
川出敏裕（2022）少年法［第２版］．有斐閣．

第2部
犯罪心理学における心理支援

第６章

少年法制における非行少年への心理支援

坂野剛崇

Keywords　非行，更生，立ち直り，少年警察，家庭裁判所，少年鑑別所，少年院，保護観察所，児童自立支援施設，処遇

Ⅰ　はじめに

非行のある少年は，人格が発達途上にあって可塑性に富み，環境の影響を受けやすく，良くも悪くも変化が生じやすい。少年非行の基本法である少年法は，少年の健全育成を目的にし，非行のある少年に対して，保護的，教育的方法によって性格を矯正するとともに，生活環境を調整するなどして非行性を除去し，非行のない社会生活を送れるようにすることを基本理念としている（少年法第１条）。この理念のもと，少年非行に関連する諸機関では，さまざまな方法で再非行防止，すなわち，非行少年への更生支援を実施している。

しかし，非行少年の検挙人数の減少傾向が続いている中，検挙された少年に占める再非行少年（過去に非行で一度でも検挙されたことのある者）の比率はなかなか減らない状況にある。これは，初犯の者が減っているとともに，一度非行をした少年の更生が困難になっているためといえ，非行をした少年の再非行の防止と立ち直りに向けた支援は重要な課題となっていることを示している。

この再非行防止は，国の重点課題の一つになっており，再犯の防止等に関する施策を総合的かつ計画的に推進し，もって国民が犯罪による被害を受けることを防止し，安全で安心して暮らせる社会の実現に寄与することを目的とする「再犯の防止等の推進に関する法律」（2016［平成 28］年 12 月施行）にも定められている（第 13 条）。この法律では，「再犯防止に向けた教育・職業訓練の充実等」，「社会における職業・住居の確保等」，「再犯防止推進の人的・物的基盤の整備」，情報の共有，検証，調査研究の推進等や，社会内における適切な指導及び支援，国民の理解の増進，民間の団体等に対する援助といった「情報の共有，検証，調

査研究の推進等」の４つを基本的施策に挙げており，非行少年の支援に関してもこれらの施策の展開が期待されている。

この章では，少年非行に係る諸機関が実施している非行少年への具体的な支援について概説する。

Ⅱ　非行少年への心理支援の意義

非行の要因には，本人の精神疾患や障害といった生物的なものや，物の見方（認知）やパーソナリティ，価値観など心理的なものといった本人の内的なものがある。また，それに留まらず，少年を取り巻く周囲（社会）といった外的なものの影響もある。非行は，こうした生物的要因，心理的要因，社会的要因が複雑に絡み合い，これらの要因の単なる総和を超えたところで惹起される。特に，非行少年は，発達の途上にあることから，生物的にも心理的にも未成熟な状態にある。そして，そのために社会的要因の影響を受けやすいところがある。しかし，これは，同時に今後，大きく成長し，変化する可能性（可塑性）があるということでもあり，非行少年への支援は，少年本人の内的な成長や変化を促すことが大切になる。また，それに留まらず，家族をはじめとして，少年に影響をもたらす周囲（社会的要因）を変化させることも大切になる。なかでも，心理的要因は，自身の生物的要因や社会的要因の受け止め方（認知・感情）に関わること，本人が直接変化を促しやすいことから重要である。非行少年の場合，現状に対する問題意識や変化を自らが希求する気持ちが低い場合が少なくなく，支援にあたっては，その動機づけが肝要となり，心理支援の重要性は高い。

Ⅲ　各機関における心理支援

１．警　　察

警察は，犯人に対してふさわしい刑罰を科すこと，被害者の被害を回復すること等による社会正義を実現するために，被疑者の検挙活動を行うのが主な役割である。非行少年に対しても，この役割は成人に対するのと同様である。しかし，対象が少年の場合，「少年警察活動規則」に「少年の非行の防止及び保護を通じて少年の健全な育成を図るため」と定められており，健全育成の実現を中心にすえて行うものとされている。また，捜査及び調査とともに，非行防止が対象になっている。そして，その具体的な活動として，①街頭補導，②少年の規範意識向上

等に資する活動，③少年相談が挙げられている。

「街頭補導」とは，公園など非行が行われやすい場所で，少年から事情を聴取し，注意・助言・指導等を行ったり，保護者と連絡を取ったりする活動である。また，「少年の規範意識向上等に資する活動」とは，少年の参加を得て行う社会奉仕活動やスポーツ活動など，体験を通して規範意識の向上を目指す活動である。三つ目の「少年相談」とは，問題行動等に関して，少年やその保護者等から相談を受け，指導・助言，より適切な関係機関の紹介（リファー）を行う活動である。

この「少年相談」は，非行やいじめなどで悩んでいる少年や保護者等からの任意の申し出によるもので，相談があった場合，警察は相談内容に応じて助言・指導を行う。また，継続的に相談を受けたり（継続補導），病院等の他機関へのリファーなどを行ったりもする。

継続補導は，「少年相談に係る少年について，その非行の防止を図るため特に必要と認められる場合には，保護者の同意を得た上で，家庭，学校，交友その他の環境について相当の改善が認められるまでの間，本人に対する助言又は指導その他の補導を継続的に実施する」とされている（少年警察活動規則第８条第２項)。これは，自ら申し出た少年やその保護者に加え，警察が非行少年として取り扱った少年も対象とするということであり，警察が少年の資質や環境を総合的に検討して非行の懸念があると判断し，かつ保護者の同意が得られた場合には継続補導を行う。また，同様の相談・補導は，少年への間接的支援として，保護者に対しても実施する。さらに，犯罪被害に遭った少年には，再被害防止のために必要な助言・指導や関係機関の紹介，保護者や学校関係系者への継続的な助言，被害少年本人へのカウンセリングを実施する。

これら非行少年等に対する心理支援は，各都道府県に設置されている少年サポートセンターで，少年補導職員や少年相談専門職員（公認心理師・臨床心理士有資格者も含む心理学や教育学の専門知識を有する職員や少年非行問題を取り扱った経験の豊富な職員）が中心となって行い，学校，児童相談所その他の関係機関・団体と緊密に連携しながら取り組んでいる。

２．家庭裁判所

家庭裁判所は，少年事件について，検察庁（警察）から送致を受け，非行事実の存否を審理した上で，非行事実の認定に関する法的調査と，少年の要保護性（再非行の危険性，矯正の可能性，保護の相当性）に関する調査の結果に基づいて，少年の更生・再非行防止のための適正な処分を決定する機関である。すなわち，

非行を端緒に，少年本人に関する心理的社会的アセスメントを行い，それに基づいて必要かつ適切な支援（指導，教育）の方針を立てるのが主な業務である。

ただし，非行の中には，事件の内容（事案）や，一過性であるなど要保護性からして保護処分（少年院送致や，保護観察等）が適正ではないものも少なくない。このような場合であっても適切な機会に適切な支援をすることが再非行防止，健全育成に重要な意味をもつ。そのため，家庭裁判所では，「教育的措置」と呼んでさまざまな支援活動を実施している。この活動のねらいは，主に次の4点である。

①非行が社会に与えた影響や被害の重大さ等への責任感や内省を深めさせる
②非行の背景にある問題の改善を図る
③自己理解を深めさせ，問題解決能力を高める
④保護者に監督責任を自覚させ，少年の改善更生に取り組めるようにする

これらのねらいを実現するために，面接で個別に対応する中で，事件の重大性や社会的責任の大きさについて反省を促すよう訓戒したり，生活習慣や態度，学業・職業への取り組み，家族関係の改善に向けた助言をしたりする。また，違法・脱法の薬物の害や，性に関わる問題に対する正確な知識を付与することも行っている。

また，体験的に理解させることを目的に，ロールレタリング，ロールプレイ（役割交換）によって被害者の心情の理解を図ったり，心理検査のフィードバックを通じて自己理解を深めさせたりしている。また，「教育キャンプ（合宿）」を実施し，生活リズムの修復を図るとともに，少年の課題に合わせたさまざまなプログラムを実施している。

さらには，社会資源を活用した措置も実施している。例えば，地域のボラティア団体と協働して，公園等の「美化活動」や，街中の壁の落書きを消す作業を行ったりして，規範意識を涵養するとともに，地域の一員であることの自覚を促している。また，自尊感情や自己有用感の回復や共感性の涵養を目的に，高齢者・障害者（児）福祉施設での「ボランティア活動（社会奉仕活動）」に参加させることや，就労に向けた支援活動として「就労体験」，「就労支援プログラム」に参加させることもしている。

これら少年に対する指導に加えて，少年の保護者に対する指導や教育も行っている。保護者は，非行少年の最も身近な支援者となりうる。しかし，自分の子どもに非行があった場合，自分の無力さに対峙させられ，監護への意欲を乏しくす

ることが少なくない。また，他の問題と違い，周囲に相談しにくいところもある。家庭裁判所では，親のあり方や子どもへの理解を深めてもらうことを目的に，保護者同士のピアグループ活動（保護者会）の場を用意することもしている。なお，先述した教育キャンプに親子で参加させ，親子関係の改善の契機となるようなプログラムを実施している。

これらの活動（教育的措置）については，臨床心理学等をはじめとする行動科学に関する素養を身につけ，技能を習得した裁判所内の専門職である家庭裁判所調査官がマネジメントと実施を担当することが多い。

3．少年鑑別所

少年鑑別所は，家庭裁判所が心身の鑑別が必要と判断し，観護措置決定した少年を収容し，必要な「観護処遇」を行うとともに，家庭裁判所が行う審判に資するため，「鑑別」を行う施設である。

観護処遇とは，「在所者の情操の保護に配慮するとともに，その者の特性に応じた適切な働き掛けを行うことによりその健全な育成に努めるもの」のことである（少年鑑別所法第 20 条）。具体的には，日常的な生活態度や言葉遣いに対する指導や助言，食事，入浴，読書や運動等の機会の付与，学習支援などである。さらには，七夕やクリスマスなどの季節の行事を体験させることも含まれる。

また，鑑別とは，少年の「非行又は犯罪に影響を及ぼした資質上及び環境上問題となる事情を明らかにした上，その事情の改善に寄与するため，その者の処遇に資する適切な指針を示す」（少年鑑別所法第 16 条１項）ことである。これは，鑑別対象者である少年の性格，能力や生育歴，家庭環境，交友関係等を調査し，非行に至った原因や，再非行を起こさないための手立てを明らかにする手続きであり，面接や各種心理検査，行動観察等の方法によって実施される。

これらの観護処遇及び鑑別にあたっては，医学，心理学，教育学，社会学その他の専門的知識及び技術に基づいて行うことが規定されており（少年鑑別法第 16 条１項，第 20 条２項），観護処遇や鑑別は，少年の心情の安定や，自分が起こした非行や自分の課題への内省と気づきを促進する心理的な支援の機会となっている。

また，少年鑑別所の業務には「地域社会における非行及び犯罪の防止に関する援助」（少年鑑別所法第 131 条），通称「地域援助」がある。これは，少年鑑別所がもっている非行等に関する専門的知識を活用して地域社会における非行及び犯罪の防止に寄与する活動であり，「法務少年支援センター」として実施している。

活動には，①子どもの能力や性格の査定，問題行動の分析や指導方法の提案，子どもや保護者に対する心理相談（カウンセリング）を行う「個人に対する援助」，②司法，教育，福祉，雇用等の分野の関係機関における事例検討会への参加とコンサルテーション，青少年の健全育成や非行防止に資する研修，法教育授業等の実施，地域の関係機関とのネットワーク構築下での支援といった「関係機関に対する援助」がある。また，外来の相談者を対象にするとともに，児童自立支援施設や児童養護施設と児童福祉機関からの依頼に基づいて入所児童に対する鑑別を行っている。さらには，検察庁等の関係機関からの依頼を受けて，保護観察付きの執行猶予の者や，被疑者・刑事被告人に対する心理社会的アセスメントを行い，釈放後の生活につながる支援方針策定の援助等，犯罪を起こした成人に対する援助も担当している。

なお，観護処遇は法務教官が，鑑別は法務省の心理専門職である法務技官が，それぞれ担当し，地域援助は，双方が担当している。

４．少年院

少年院は，家庭裁判所の決定により，少年院送致に付された者（在院者）及び，少年院において懲役又は禁固の刑の執行を受ける者（在所者）を収容し，これらの者に対して矯正教育やその他の必要な処遇を行う施設である。少年院の処遇は，人権を尊重しつつ，在院者・在所者の特性に応じた適切な矯正教育と，健全な育成に資する処遇を実施することで，在院者・在所者の改善更生及び円滑な社会復帰を図ることを目的としている（少年院法第１条，第 23 条参照）。また，矯正教育は，在院者等の犯罪的傾向を矯正するとともに，健全な心身を培わせ，適応的な社会生活を送るのに必要な知識や能力の涵養を目的に行われる。そして，これらの処遇は「医学，心理学，教育学，社会学その他の専門的知識及び技術を活用するとともに，個々の在院者の性格，年齢，経歴，心身の状況及び発達の程度，非行の状況，家庭環境，交友関係その他の事情を踏まえ，その者の最善の利益を考慮して，その者に対する処遇がその特性に応じたものとなるようにしなければならない」（少年院法第 15 条第２項）とされている。

具体的な指導として「生活指導」，「職業指導」，「教科指導」，「体育指導」，「特別活動指導」の５つがある（少年院法第 24 ～ 29 条参照）。これらの指導のうち「生活指導」は，善良な市民の一員として自立した生活を営むための基礎となる知識及び生活態度の習得が目的である。また，「職業指導」は，勤労意欲を高め，職業上有用な知識及び技能の習得を，「教科指導」は，社会生活の基礎となる学力

の付与と向上を，「体育指導」は，健全な心身を培うことを，「特別活動指導」は，情操を豊かにし，自主，自律及び協同の精神を養うことを目的としている。そして，これらの指導は，在院者等個々の特性や問題性，必要性に応じて，個別に作成された教育計画に基づいて体系的に行われる。また，出院後を見据えて，住居，就業先など社会復帰に向けた支援と社会内処遇への円滑な移行を目的にした「社会復帰支援」（少年院法第 44 条）も行っている。

さらには，特定の事情のある在院者等に対しては，その事情の改善に資するよう特に配慮する必要があるため，「特定生活指導」として，在院者個々人の事情に対応した矯正教育プログラムを実施している。具体的なプログラムとして，「薬物乱用防止指導」「性非行防止指導」「被害者の視点を取り入れた教育」「暴力防止教育」「家族関係指導」「交友関係指導」がある。

例えば「薬物乱用防止指導」の具体的な内容等は次のとおりであり，一定の期間内に計画的，体系的に実施される。

「薬物乱用防止指導」は，薬物乱用の防止を目的に，認知行動療法を基礎とするワークブックを用いたグループワークや個別指導が必須である中核プログラムとして実施される。また，選択的に周辺プログラムとして，①問題の背景に焦点を当てた，対人スキル指導，家族問題指導，アサーションを中心とした対人トレーニング，②薬物使用に焦点を当てた，自律訓練法や呼吸法，アンガーマネジメント，マインドフルネス，③職業指導や生活指導など生活設計に焦点を合わせた指導，④進路指導，余暇の過ごし方などに関する指導が実施される。最後には，フォローアップ指導として，個別指導により，中核プログラムの復習・確認が行われる。

なお，このプログラムでは，保護者への指導が実施されることもある。内容は，薬物依存に対する正確な知識の付与や子どもとの良好なコミュニケーションの取り方，社会復帰後の子どもへの対応などであり，グループワーク，個別指導によって行われる。

他のプログラムにおいても各問題に対応した中核，周辺プログラムが整備され体系的に実施されている。また，少年院は，カウンセリング等の技法を活用した面接指導を行っているほか，個々の少年の問題性や課題，指導方法と適合性を考慮し，サイコドラマ，ロールレタリング，内観法，箱庭療法，ブリーフ・セラピー，SST（Social Skills Traning）などさまざまな心理的介入法を活用した指導と教育を行っている。

なお，これらの指導や教育は，少年鑑別所と同様，法務教官や法務技官が担当する。

５．保護観察所

保護観察所とは，犯罪をした人や非行のあった少年を社会内において通常の生活をさせながら処遇する保護観察を担当する機関である。保護観察の目的は，「犯罪をした者及び非行のある少年に対し，社会内において適切な処遇を行うことにより，再び犯罪をすることを防ぎ，又はその非行をなくし，これらの者が善良な社会の一員として自立し，改善更生することを助ける」（更生保護法第１条）ことである。非行少年の場合，主に家庭裁判所の決定による場合（１号観察）と，少年院を仮退院した場合（２号観察）にこの処遇がなされる。

保護観察の内容は，主に「指導監督」と「補導援護」である。指導監督とは，面接その他の方法により保護観察対象者と接触を保ち，その行状を把握し，対象者が遵守事項を遵守し，生活行動指針に即して生活し，行動するよう，必要な指示するなどの措置をとることである。また，特定の犯罪的傾向を改善するための専門的処遇も実施する。

また，補導援護とは，保護観察対象者が自立した生活を営めるようにするために，その自助の責任を踏まえつつ行われる援助等のことであり，住居や医療，職業補導，就労支援，教養訓練の援助，生活環境の改善，生活指導などが含まれる。さらに，緊急事態により適切な医療，食事，住居等，健全な生活を営む手段を得られないことで改善更生が阻害されないよう，必要な救護を得られるように援護する「応急の援護」という措置もある。

保護観察は，「その者にふさわしい方法により行う」という個別処遇の原則に基づき，個別に行われ，実際には，対象者が居住する地域をもとに決められた担当の保護観察官と保護司による面接によって行われる。また，犯罪や非行の態様や属性等が共通する者には，類似した問題性が認められ，より高い効果が得られるものを効率的に行うために，問題性等の類型ごとに焦点化した処遇─「類型別処遇」─を実施している。これには，成人対象のものも含めて「シンナー等乱用」，「覚醒剤事犯」，「問題飲酒」，「暴力団関係」，「暴走族」，「性犯罪等」，「精神障害等」，「中学生」，「校内暴力」，「高齢」，「無職等」，「家庭内暴力」，「ギャンブル等依存」の 13 類型あり，非行少年（１号観察，２号観察）には，「高齢」を除く 12 類型の処遇が実施されている。

例えば，「性犯罪等」の内容等は次のとおりである。

「性犯罪等」の類型処遇の対象は，不同意性交等や不同意わいせつなど非行名

に性犯罪が含まれる者と，盗撮，下着盗，痴漢など非行の動機が性的欲求に基づく者で，さらに対象者の特性・問題性から，内向的性向，不良集団，攻撃性の発露，快楽追求，性倒錯の５つのタイプに分けられ，それらに合わせた処遇が実施される。処遇は，認知行動療法に基づいて行われ，その内容は，自己の非行のプロセスの振り返り，認知の歪み，自己の感情のコントロール，対人関係のスキルの学習，被害者の理解，再発防止計画の策定などである。また，家族に対しても必要な助言指導や，グループワークによる働き掛けを行っている。

また，更生保護施設（保護観察に付された少年に頼れる人がいなかったり，生活環境に恵まれなかったりなどの理由ですぐに自立更生ができない場合に，一定の期間保護して，円滑な社会復帰を助け，再犯を防止する施設）でも，薬物乱用防止に関する指導等が実施されている。

この他，保護観察所では，特定の犯罪的傾向を有する保護観察対象者の犯罪的傾向の改善を目的に，認知行動療法を理論的基盤として開発された４つのプログラム（専門的処遇プログラム：性犯罪者処遇，薬物再乱用防止，暴力防止，飲酒運転防止）も実施している。ただし，現在これらの対象は成人のみであり，今後，少年を対象にすることが期待されている。

なお，これらの処遇，プログラムは，保護観察官を中心に実施されており，実施にあたっては，「医学，心理学，教育学，社会学その他の更生保護に関する専門的知識に基づ」くものとされている（更生保護法第 31 条２項）。

６．児童自立支援施設

児童自立支援施設とは，「不良行為をなし，又はなすおそれのある児童及び家庭環境その他の環境上の理由により生活指導等を要する児童を入所させ，又は保護者の下から通わせて，個々の児童の状況に応じて必要な指導を行い，その自立を支援し，あわせて退所した者について相談その他の援助を行うことを目的とする施設」である（児童福祉法第 44 条）。

この施設の支援は，①鍵のない寮での生活をはじめとする原則開放的な支援，②少年院のような分類をせず，さまざまな課題のある児童による混成グループを単位にした支援，③小舎夫婦制に代表される家庭的な形態のもとでの支援，④個々の児童の発達課題に合わせた育ち・育てなおしの支援，の４つが特徴であり，児童の心身の健やかな成長と自立を支援するための安定した生活環境を整備している。そしてその中で，個々の児童の適性・能力，家庭状況等を勘案して，自立支援計画を策定し，児童の主体性を尊重して，生活指導，学習指導，職業指導，家

庭環境の調整を行いつつ，児童への養育や総合的な心理的ケアを行っている。

また，児童がした非行行為については，窃盗や性加害などいくつかの類型に分けた上で，自分が非行行為に至るまでの生活の振り返りや加害時の心理の理解，自分の非行行為の問題性の認識，被害者感情，被害結果および影響の理解，児童自身の被害体験の振り返りなどを通して，自分の非行行為と向き合い，再犯防止の方法の発見・自覚ができるようになる取り組みを実施している。

なお，これらの支援は，児童自立支援相談員，児童生活支援員に加え，心理療法担当職員など，たくさんの職種が協働して行われている。

Ⅳ　おわりに

Ⅱで述べたように，非行は，少年のパーソナリティや行動傾向上の課題はもちろん，それらの基礎にある発達上の課題，さらには，関係の程度の差はあっても誘因となった環境の問題が複合された帰結の一つであり，非行の解明には，生物・心理・社会モデルによる多次元的な視点が必要とされる。また，少年が非行に至った経緯や背景はさまざまで一つとして同じものはなく，支援（処遇）は，個別化が原則となる。この個別処遇を実現するためには，対象である個々の少年について，再犯のリスク要因や更生に活かせる長所なども含めて的確にアセスメントし，変化のしやすさを考慮して，どこにどう働き掛けるのがより効果的なのかを見極め，その方針に基づいた適切なアプローチやプログラムの方針と計画を策定し，効果的に実行することが不可欠である。そして，このためには，相応の知識と技能が求められ，そうした知識と技能を蓄積している心理学等の活用が重要となる。

また，ここまで取り上げてきた内容からもわかるように，少年非行に関わる機関は複数あり，少年には，これらの機関が同時に，あるいは，引き継ぐような形で関わることになる。そのため，シームレスに一貫性のある適切な支援がなされるためには，支援する機関同士の連携と協働が肝要になる。

このように非行のある少年に対する処遇をはじめとする心理支援の内容や対象は，多岐にわたり，多角的な視点を要する。また，冒頭で触れたように再非行少年の比率は高い状況が続いている。この分野での実践では，創意と工夫の余地がまだまだ大きく，公認心理師の活躍が大いに期待される。

◆学習チェック表

□　非行少年に対する心理支援の必要性と意義を理解した。

□　少年非行に関連する機関で実施されている具体的な支援活動（処遇）を理解した。

□　少年非行に関連する処遇を担当する主な専門職の職種と役割を理解した。

より深めるための推薦図書

日本犯罪心理学会編（2016）犯罪心理学事典．丸善出版．

法務省法務総合研究所編．犯罪白書［各年版］．（常に最新年版を参照のこと）

法務省矯正研修所編（2020）．矯正心理学［増補改訂版］．矯正協会．

藤岡淳子編（2020）司法・犯罪心理学．有斐閣．

文　　献

相澤仁・野田正人編（2014）施設における子どもの非行臨床―児童自立支援事業概論．明石書店．

藤本哲也・生島浩・辰野文理編著（2016）よくわかる更生保護．ミネルヴァ書房．

法務省矯正局編（2014）新しい少年院法と少年鑑別所法．矯正協会．

今福章二（2015）少年保護観察の現状と課題．家庭の法と裁判，3; 32-41.

角田亮（2017）更生保護と心理学．罪と罰，54(4); 76-86.

國吉真弥（2017）矯正における心理学の活用．罪と罰，54(4); 57-75.

坂野剛崇（2012）家庭裁判所調査官の調査の特質について―家事事件・少年事件における専門的機能の担い手として．家庭裁判月報，64(3); 1-70.

少年非行問題研究会編（2016）わかりやすい少年警察活動［３訂版］．東京法令出版．

丹治純子・柳下哲矢（2016）少年審判における家庭裁判所調査官の社会調査の実情について―少年の更生に向けた教育的措置を中心にして．家庭の法と裁判，7; 23-30.

外川江美（2009）処遇技法―動機付け面接法（後）矯正実務における実践．刑政，120(7); 114-119.

コラム

少年非行の変遷

坂野剛崇

少年の刑法犯等の検挙人員は，最近では2003（平成15）年をピークに減少し，2022（令和4）年は29,802人と，2003年の約7分の1になっている。人口比をみても減少は顕著で，少年非行は，若者のトレンドでなくなっている。少年非行について戦後からの長いスパンでみると，その件数は増減を繰り返し，4つのピークがある。一つめは1951（昭和26）年頃で戦災孤児たちが生き延びるために窃盗等をした「生活型」の非行が主であった。二つめは1964（昭和39）年頃で高度経済成長による物質的な豊かさと価値観の多様化を背景に刹那的・快楽志向的に非行を起こす「遊び型」が主であった。三つめは1983（昭和58）年頃でつめこみ教育，受験戦争の過熱など社会への反抗，いわゆる「落ちこぼれ」を背景とした「反抗型」の非行を主とした。四つめは1998（平成10）年頃で，この

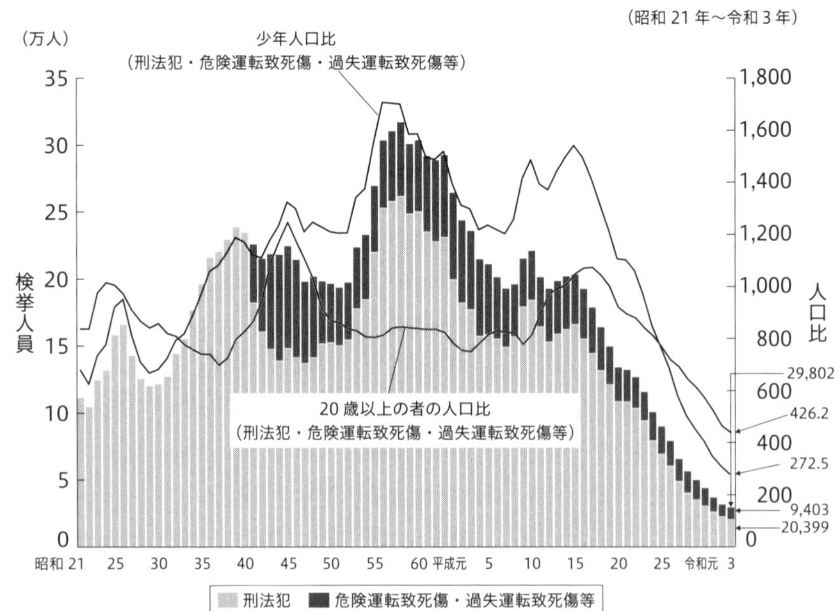

図1　刑法犯・危険運転致死傷・過失運転致傷等による検挙人員・人口比の推移
（令和4年版犯罪白書，p.104）

時期は万引き，自転車盗といった比較的軽微なものが多かったが，他方，殺人等の重大事件も散見され，少年事件の質的な変化が指摘された。このように少年非行の数と質の変化は時代の風潮を反映した特徴を示す。少年非行はいつの時代も社会を映す鑑なのである。

第7章

司法機関における犯罪加害者への心理アセスメントの実際

情状鑑定を中心に

須藤　明

Keywords　正式鑑定と私的鑑定，犯情と一般情状，総合的なアプローチ，情状鑑定の効果，証人尋問，インフォームド・コンセント，中立性

I　刑事裁判における鑑定

1．刑事裁判と人間行動科学

刑事事件の量刑は，罪刑法定主義に基づく応報刑が基本的な考え方であるが，高齢者犯罪の増加と再犯率の高さ，犯罪加害者の中に少なからずの知的障害者が含まれていることから，必ずしも応報刑だけでは犯罪の抑止につながらないことが認識されてきている。そのため，検察庁に社会福祉士が配置され，また，地域定着支援事業における高齢者や知的障害者の社会復帰支援が行われるなど司法と福祉との連携が模索されるようになった。ただし，これらは始まったばかりであり，理論と実践の両面で整理していかねばならない課題は多い。

また，2009年5月21日から始まった裁判員裁判では，対象となる事件が，殺人，強盗致傷，放火など重大事件であり，その背景にある発達上もしくは精神医学上のさまざまな問題を把握しないと犯罪に至った動機の理解や量刑の判断が難しい事例が少なからずある。

こういった状況に鑑みると，刑事裁判においては，法律的な判断だけでなく，医学，心理学，社会福祉学等の人間行動科学の知見が必要になってくると思われる。諸外国に目を転じても，犯罪事実の認定だけでなく，犯罪に至った人の心理的・社会的次元に関わる多用な問題そのものを解決する必要があるといった認識は，治療的法学（Therapeutic Jurisprudence）の理論として基礎付けられ，世界的な広がりを見せている（Winick & Wexler, 2003）。そのために，心理学者やソーシャルワーカーなどの専門職の関与が求められ，米国ではドラッグ・コートや

メンタルヘルス・コートといった専門裁判所において実践が積み重ねられている。

日本の現状として，刑事裁判に心理学の専門家が関与する局面はまだまだ少ないが，本章で取り上げる情状鑑定その他で貢献する余地は広がりつつある。

2．刑事事件と鑑定

刑事事件における鑑定手続とは，裁判官の判断能力の不足を補うために学識経験者から専門的知識そのものもしくは専門的知識を応用した結果を裁判所に報告させる証拠手続である（庭山，1977）。鑑定といっても，法医学鑑定，精神鑑定，DNA 鑑定，情状鑑定，等，多くの種類があるが，主に心理学が寄与するのは精神鑑定と情状鑑定となる。

精神鑑定は，刑事責任能力と訴訟能力が問えるかを判断するための鑑定で，刑事訴訟法第 223 条に基づいて行われる起訴前鑑定と，同法 165 条に基づいて起訴後に裁判所からの命令で行われる鑑定に大別される。精神鑑定は，犯罪行為と精神医学上の問題との関連について説明を求めるものであり，その結果を踏まえて，裁判官や裁判員は，責任能力なし（心神喪失），一部責任能力あり（心神耗弱），責任能力ありといった判断をしていくことになる。このため，鑑定人となるのは精神科の医師であり，心理学の専門家は鑑定チームの一員として，心理テストの実施や鑑定面接の一部を請け負うことになる。

一方で，情状鑑定は，ときに心理鑑定ともいわれるように，鑑定人の多くは心理学の専門家である。ただし，これまでは，裁判という馴染みの薄い分野であったため，元家庭裁判所調査官の大学教員といった一部の人たちに限られる傾向があった。

II　情状鑑定とはなにか

1．情状鑑定の定義

情状鑑定は，「訴因事実以外の情状を対象とし，裁判所が刑の量定，すなわち被告人に対する処遇方法を決定するために必要な智識の提供を目的とする鑑定」（兼頭，1977）とされている。「情状」というと「同情すべき点」といったイメージをもつ人がいるかもしれないが，量刑判断では，犯行の動機・目的，手段や方法，計画性の有無といった「犯情」と，被告人の家庭環境，生活歴，性格・行動傾向，処遇可能性，被害弁済などの「一般情状」に照らして考えるのが現行の枠組みであり，これらを総称して情状という。そして，これら情状において，被告

人に対する責任非難の程度を減じるような特段の事情があれば，刑の減軽がなされることになる[注1)]。例えば，ある傷害事件を起こした被告人について，「被害者の言動に対して恐怖を感じて暴力による反撃をした背景には，幼少時からの過酷な体罰とそれに伴って形成された被害的な認知傾向との関連が認められる」といった情状鑑定の結果は，傷害事件のメカニズムの解明に寄与するとともに，責任非難の程度を検討する上で専門的な知見の提供となるのである。このため，情状鑑定の鑑定人は，その結果がどのように理解され，活用されるのかといった法の思考も知っておく必要がある。

情状鑑定は，裁判所からの命令による「正式鑑定」と弁護人からの依頼による「私的鑑定」に大別される。正式鑑定は，弁護人からの鑑定請求に基づいて裁判所が認めたときになされるが，必ずしもそうなるとは限らず，その場合に弁護人は別途鑑定人に依頼するしかない。私的鑑定は正式鑑定よりも面接場所や面接時間で制限を受けることが多く，また，鑑定の信頼性という点でも正式鑑定よりも低く見られがちな傾向はあるようだ。しかしながら，的確で説得力のある鑑定であれば，証拠として採用されるから，いずれにおいても鑑定人は専門性に基づく誠実な鑑定を心掛けるに尽きるであろう。

2．情状鑑定が求められる場合

情状鑑定が求められるのは，実務上，以下のような場合が考えられる。

①動機あるいは犯罪行為そのものの理解が困難である。
②知能やパーソナリティ上の問題がうかがわれる。
③虐待，発達障害と犯罪の関連を知りたい。
④犯行態様の悪質性と被告人像が結びつかない。
⑤同種犯罪が止まらない（放火等）。
⑥処遇上の留意点や社会的予後について知りたい。
⑦少年法 55 条の家裁移送が争点となっている。

前記⑦は，家庭裁判所で検察官送致となった少年の刑事裁判において，家庭裁判所の手続に戻すのか，成人と同様に刑罰に付すのか，といった点が争点となっている場合であり，鑑定人にはどのような処遇が有効なのか具体性のある所見が

注 1）法律論なので立ち入らないが，量刑判断において，犯罪事実に関わる狭義の「犯情」で量刑の大枠を決め，「一般情状」は，微調整要素として考慮されるというのが実務の趨勢となっている（司法研修所編（2012）裁判員裁判における量刑評議の在り方．法曹会を参照）。

期待される。

なお，裁判所からの典型的な鑑定命令は，以下のとおりである。

○被告人の資質（知能等）および性格
○犯行に至る心理過程
○処遇上の参考となる事項

当然ながら，事例に応じて力点は異なってくるし，新たな鑑定項目が追加される場合もある。例えば，筆者が担当した疑似家族集団による連続殺人事件では，「家族内の関係性及び力動」が鑑定項目に加えられていた。

３．情状鑑定の効果

情状鑑定を“量刑結果”という狭い視点でとらえると,「鑑定項目の一部もしくは全部が判決文に引用され，結果として刑の減軽となった」というのが直接的で分かりやすい貢献である。しかしながら,仮に量刑への反映がなかったにしても,犯行動機やその背景事情，処遇上の留意点等を考えていく上での寄与するところは多い。

また，鑑定人との面接を通じて，被告人が事件にまつわるさまざまな感情を整理し，その結果として内省が深まるという付随的効果も見られる。この点は，情状鑑定の臨床的な側面として後述する。

Ⅲ　情状鑑定のプロセス

情状鑑定の多くが裁判員裁判でなされている現状を踏まえて，裁判員裁判を前提にしてそのプロセスを説明する。裁判員裁判では，情状鑑定が行われるのは公判前整理手続の段階である（図１）。正式鑑定と私的鑑定では,若干の進行手続及び力点に違いがあるため，分けて述べることとする。

１．正式鑑定の場合

正式鑑定のプロセスは，図２に示したとおりである。

①宣誓手続

通常は，裁判所書記官から鑑定人候補者に対して電話等で鑑定の依頼があり，それを受諾すると召喚状が送られ宣誓手続のために裁判所へ行くことになる。鑑

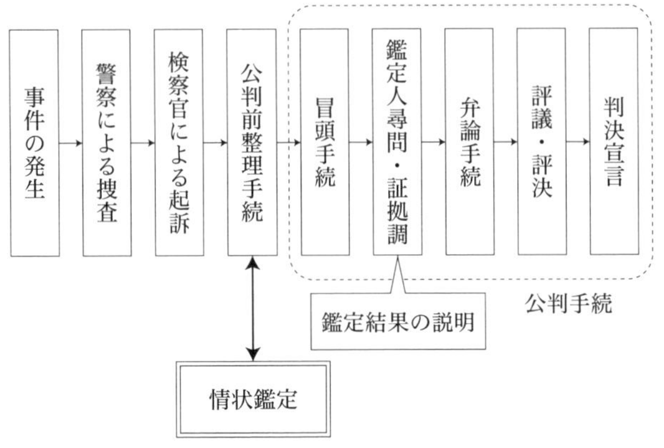

図1　裁判員裁判における手続きの流れ

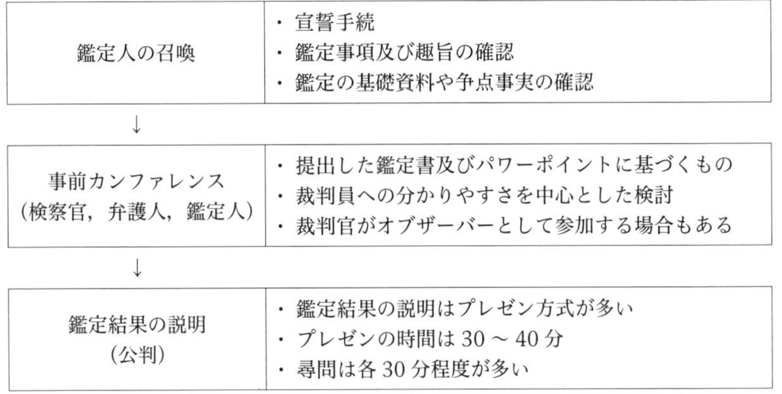

鑑定人の召喚	・宣誓手続 ・鑑定事項及び趣旨の確認 ・鑑定の基礎資料や争点事実の確認
↓	
事前カンファレンス （検察官，弁護人，鑑定人）	・提出した鑑定書及びパワーポイントに基づくもの ・裁判員への分かりやすさを中心とした検討 ・裁判官がオブザーバーとして参加する場合もある
↓	
鑑定結果の説明 （公判）	・鑑定結果の説明はプレゼン方式が多い ・プレゼンの時間は 30 ～ 40 分 ・尋問は各 30 分程度が多い

図2　正式鑑定における情状鑑定の流れ

定人は，裁判官，弁護人，検察官立ち合いのもとに，「誠実な鑑定を行い，虚偽の証言を行わない」とする宣誓をする。鑑定に必要な基礎資料は，弁護人と検察官で合意している起訴状，供述調書などであり，少年の刑事事件の場合には，裁判所内で社会記録（少年調査票や鑑別結果通知書などが綴られたファイル）の閲覧も可能である。

②鑑定面接

鑑定面接では，通常，拘置所内の検察官や警察官が使用する取調室を使い，時間的な制限は特にない。筆者の経験では，初回の面接日時は書記官を通じて拘置所に連絡を取り，次回以降は面接後に拘置所の職員と日程の調整をしていた。ま

た，被告人の家族その他に面接する際には，弁護人に連絡調整を依頼するが，面接場所については，適宜協議して決めているのが実情かと思う。裁判所の一室を提供してもらうこともあった。

鑑定中は，弁護人や検察官から連絡が入ることはほとんどないが，仮に一方から鑑定内容への要望その他があった場合には，裁判所書記官に連絡しておくなどして，できるだけ透明性を担保するように努める。

③弁護人，検察官との事前カンファレンス及び④鑑定結果の説明

鑑定結果は，裁判員裁判の場合には，公判廷で鑑定結果を口頭で説明することになる。プレゼンテーションソフトを使って 30 ～ 40 分説明し，その後，弁護人，検察官，裁判官及び裁判員という順で質問（尋問）を受ける。鑑定結果の説明は，できる限り平易な言葉を使って，裁判員でも理解できるような内容にしなければならないため，公判の数週間前に弁護人，検察官と事前カンファレンスの場が設定され，鑑定の分かりやすさを中心に検討がなされる。その場に裁判官が出席する場合もあるが，飽くまでもオブザーバーの位置付けになる。

2．私的鑑定の場合

私的鑑定では，弁護人からコンサルテーション依頼という形で始まることが多く，筆者は，これを含めて私的鑑定を図３のような４段階に分けて考えている（須藤，2018）。

①コンサルテーション

弁護人がコンサルテーションを求めてくるのは，①情状鑑定の依頼を前提にした相談，②情状鑑定に馴染む事例なのか否か等，事例の見立てに関する相談，③その他（裁判所への鑑定請求に関する参考意見等）に大別される。したがって，必ずしもすべてが鑑定への依頼となるわけではない。

コンサルテーションでは，被告人に関する資料，例えば起訴事実や供述調書，少年事件であれば少年調査票や鑑別結果通知書などの抜粋メモなどの提供を受け，そこから読み取れる見立てを伝えるが，必要に応じて被告人への面会も行う。ある事例では，鑑定までは至らなかったが，被告人に複数回会ったうえで，被告人の特性と本件犯行の関連などについて書面を作成し，カンファレンス限りで終了した。また，コンサルテーションを経て裁判所に鑑定請求をした結果，正式鑑定が認められたという事例もある。このような実践例はまだまだ少ないが，複雑化

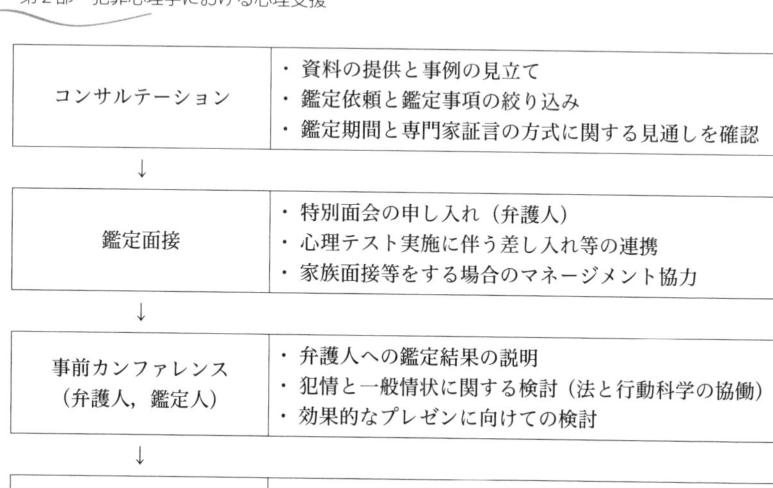

図３　私的鑑定における手続きの流れ

する事件が増え，単に刑の減軽だけではなく，被告人の立ち直りや支援という観点からも，初期段階でのコンサルテーションはとても重要な意義をもっている。

②鑑定面接

私的鑑定の面接は，正式鑑定と異なりアクリル板で仕切られた一般の面会室で行う。また，時間も制限されており，拘置所によって 30 分から２時間までとまちまちである。アクリル板の存在は，心理テストの実施を妨げることを意味し，例えば，WAIS などの知能テストを実施したくてもできない。自己記入式の質問紙や描画法によるパーソナリティ・テストであれば，実施方法を事前に説明した上で，「心理テストの差し入れ⇒被告人の記入⇒心理テストの宅下げ[注2)] ⇒面会時に心理テストのフィードバック」という手順で実施は可能である。心理テストの差し入れは，鑑定人が直接行えないので，弁護人を通じて差し入れる。

なお，被告人の家族等と面接する場合は，弁護人の事務所，鑑定人が利用できる部屋（大学の研究室など）が考えられる。

③弁護人とのカンファレンス

注２）被告人の所持している物を受け取る手続き。

鑑定結果は，鑑定書にして弁護人を通じ裁判所，検察官に提出される。鑑定書の作成に当たっては，一度完成した段階で弁護人とカンファレンスを行うことが望ましい。量刑の枠組みとなっている「犯情」と「一般情状」との関連，特に，犯行に至る心理過程，動機，犯行態様などの犯情に関して，被告人の生育歴やパーソナリティ特性その他の背景事情との関連に関して，人間行動科学，法律の両面から検討をしておくことは，鑑定人，弁護人双方にとって，今後の弁論を組み立てていく上で有意義な作業になる。

④鑑定結果の説明（専門家証言）

私的鑑定の場合には，厳密に言うと正式鑑定のように鑑定人として法廷に立つのではない。刑事訴訟法 174 条に基づく鑑定証人と呼ばれており，実務上，「専門家証人」と言われている。ただし，これは法的な位置付けの違いであり，鑑定人として法廷に立って証言するという意味では正式鑑定と何ら変わりはない。異なるのは，「中立的な鑑定人」と「弁護側応援団の鑑定人」という“見え方の違い”である。

Ⅳ　情状鑑定の方法論

裁判員裁判における鑑定人は，専門性に基づいた的確な分析だけではなく，結果を分かりやすく説明するプレゼン能力も求められる。ここでは，正式鑑定と私的鑑定を問わず，鑑定面接から法廷における証言に至るまでの基本的な方法論及び留意点を述べておきたい。

1．鑑定資料

起訴状，供述調書，実況見分調書などの捜査資料のほか被告人が未成年の場合には，社会記録が，精神鑑定が先行して行われた場合には精神鑑定書が参考となる資料である。

その他，若年者では家族面接をする機会に，生育歴を把握する上での資料，例えば，母子手帳，小中学校時代の通知書などを持参してもらう。

2．鑑定方法

鑑定の主たる方法は面接であるが，必要に応じて心理テストも実施する。標準的なテスト・バッテリーはないが，投映法や質問紙を組み合わせていくことが多い。

ロールシャッハ•テスト，TAT，描画法（バウム，家族画），PF スタディ，エゴグラム，MMPI，SCT などはよく用いられるが，要は鑑定の必要性に応じて妥当な心理テストを選択することである。その際に学会レベルで認知されているテストを使用し，特異なテストは避ける。米国では，反対尋問に耐えられるよう，心理テストの活用に際して，「目的に応じたテストの選択」，「許容される解釈」，「読みやすさ」等の基準を定めている（American Education Research Association, American Psychologist Association, & National Council on Measurement in Education, 1985）。

鑑定面接を開始する際に重要なのは，インフォームド・コンセントである。鑑定人から何のために鑑定が行われるのかを説明し，おおよその面接回数や心理テストを実施する予定があることなどを一通り説明する。また，鑑定結果は公開の法廷で明らかにされることから，「正直に話をしてほしいが，質問に答えたくなければ無理に答える必要はない」，「公判で言ってほしくないことがあれば，申し出てほしい」といった言葉も添えるようにしている。被告人は，これから裁判を受けるという“弱い立場”であるから，最初の説明はできるだけ丁寧に行うことが必要と考えている。

鑑定面接は，心理臨床でいうアセスメント面接であるから，鑑定人が主導する形で質問していく半構造化面接となる。ただし，できる限り自由に語ってもらえるような雰囲気づくりや関係性の構築も必要であり，そうした中での被告人の主体的な“語り”が生まれ，被告人のこれまで歩んできた人生ストーリーや内的な世界が浮かび上がるし，犯行に至る心理過程の微妙な動きも見えてくる。その際，注意しておかなければならないのは，外形的な事実との整合性である。これは必ずしもすべて整合する必要はないのだが，被告人の主観的世界ばかりに焦点を当ててしまうと，裁判の対象となる外形的な事実と齟齬が生じ，結果として，信頼性や妥当性を減じさせる一因となる。この点は，外形的事実を重んじる法の考え方をよく知っておく必要がある。

例えば，刑法学では，“人は理性をもち，思考し，そして行動する”といった人間観を前提としているが，心理学から見れば，フロイト Freud をもち出すまでもなく，人は必ずしも理性的ではなく，不合理な行動をとるのである。つまり，法の視点で評価される動機は，客観主義的刑法理論に基づく外形的な事実が重視され，動機形成のプロセスは「原因－結果」の直線的な因果論であり，あいまいさは排除されやすい。一方，人間行動科学から見た動機もしくは動機形成は，必ずしも直線的ではなく，犯行に至る文脈全体（context）を見ていく。そのため，そ

こに至るアプローチとして，面接によって被告人の主観的な流れを追いつつ，外形的な事実との照合を通して，最も妥当でかつ了解可能なストーリーを再構成するのである。さらには，そこに見られたパーソナリティ特性その他と生育歴や家庭環境その他の関連の有無と程度について吟味する作業を加えていく。

なお，軽度の知的障害を疑われる被告人の場合には，鑑定人の誘導的な質問がなかったか否かが証人尋問で問われることがある。そういったときに，どのような配慮や留意をして面接を行ってきたのかを説明できる方法論をもっておくことも重要になる。また，虚偽の発言が疑われる場合は，鑑定面接を重ねていく中で類似の質問を投げかけ，発言にぶれがないかを確認していく作業も必要になる。

3．鑑定書，プレゼン資料の作成

裁判員裁判では，“口頭鑑定”となる場合が多いため，従来の鑑定書は“鑑定メモ”の扱いになる。とはいえ，鑑定人からすると，鑑定メモも鑑定書も実質的な労力としては変わらない。

鑑定書は，鑑定事項に沿った記載をするが，筆者は鑑定の基礎となる事項として，被告人の生育史や家族関係などを最初に記載して，その後に，鑑定事項に沿った記述をしている。内容的に優れていても，専門的過ぎて理解されなければ意味がないので，できる限り平易な表現に努め，必要に応じて用語の解説も入れる。

4．公判廷における証言と尋問

公判の場で鑑定結果の説明後に行われるのが証人尋問であり，弁護人，検察官，裁判官・裁判員という順で行われる。証人尋問は，鑑定結果の補足説明を求めるもの，鑑定内容の信頼性を問うものなどさまざまである。法律的には，「立証すべき事項及びこれに関連する事項」（刑事訴訟法規則 199 条の３第１項），「証人の供述の証明力を争うために必要な事項」（同条２項）ということになる。このような尋問の法的枠組みを理解した上で，以下の点に留意することが重要と考えている。

①あくまでも平易な言葉で応答，説明を行う。
②質問に対しては，簡潔に応答する（質問の趣旨が分からない場合には，必要最低限の範囲で確認する）。
③ときには失礼と感じる質問があっても，感情的にはならず，終始冷静な気持ちを保つ。
④説明で用いる心理学の理論や概念は，学会その他に照らして現在の学問水準におい

て一般的に受け入れられているものとする。
⑤心理テストの効用と限界を意識し，必要に応じて具体的に説明する。

刑事裁判は対審構造であるから，鑑定人は弁護人と検察官の狭間に身を置くことになる。鑑定結果の具体的な内容をめぐって，双方が自分たちの主張を維持するためにさまざまな質問を投げかけてくる。そのような尋問構造の中で肝心なのは，「質問に対して簡潔明瞭に答える」ことであり，質問してくる相手を納得させようとして，言葉を足したり，理屈を重ねたりはしない。以前傍聴した事件で，検察官が鑑定人の意見の妥当性に関する挑発的な質問をしたところ，鑑定人が「検察官は被告人が幼少時に受けた虐待を認めないということなのか」と感情的に応じ，その後も発言が続いてしまったため，裁判官に制止されたことがあった。その姿は，鑑定人が過度に被告人に肩入れしている印象を与え，鑑定の信頼性を低下させてしまっているように思われたのである。

なお，米国では，専門家証言の許容性に関する連邦規則（Expert Witness Admissibility—Federal Rules of Evidence, 1993）で，専門家の証言がどのような場合に許容されるのかを定め，と同時に専門家が法廷で意見を述べる権利を認めているが，その場合に，妥当性のあるデータ収集か，依拠する学問水準に適合しているのか等がとても重要になるとしている。

V　情状鑑定事例

1．軽度知的障害，発達障害が疑われた事例（正式鑑定）

被告人は20代男性で，双子の兄に対する殺人未遂で起訴された。先行した精神鑑定では，自閉スペクトラム症の疑いはあるが，責任能力には問題ないという所見が示された。親族内での殺人未遂であり，動機の形成と自閉スペクトラム症との関連，将来，社会復帰させるに際しての留意点が主たる鑑定事項であった。

公判では，軽度の知的障害，自閉スペクトラム症によるコミュニケーションの課題や自閉傾向が被告人の社会的適応を困難にさせているとともに犯行動機や態様に大きく影響していることを説明した。そのうえで，これまで福祉的支援を受けていなかった現状にも着目し，社会復帰に当たっては社会福祉の専門家による援助を仰ぐことが不可欠であり，知的障害者の療育手帳もしくは精神障害者保健福祉手帳の取得を検討すべきとした。事前のカンファレンスで鑑定結果を聞いていた弁護人は，公判までに療育手帳の取得や社会復帰後の支援体制を整えた。そのようなこともあって，判決は相当部分を鑑定結果から引用した上で，保護観察

付きの執行猶予判決となった。

2．過酷な生育歴を背負った事例（私的鑑定）

被告人は20代男性で，親族への殺人で起訴された。公判では，被告人の過酷な生育環境とパーソナリティとの関連，さらには犯行動機に与えた影響の強さについて証言し，弁護人も鑑定人の鑑定結果を踏まえた弁論を組み立てていった。その結果，検察官の求刑は18年であったが，7年減軽され懲役11年の判決になった。

この事例で，より重要と思えたのは，被告人が自分のこれまでの思いも含めて十分裁判の中で取り扱ってもらえたと実感し，裁判そのものに納得したということである。弁護人によると，この裁判を通して自分の気持ちが整理できた，前向きな気持ちになれたと話していたという。その後，被告人から筆者に届いた手紙にも同様の趣旨と感謝の気持ちが綴られていた。

3．少年の刑事事件（私的鑑定）

被告人は19歳（犯行時18歳）の男性で傷害及び殺人で起訴された。

弁護人は，社会記録から家庭状況，少年の特徴はある程度分かっているが，少年がなぜ犯行をここまでエスカレートさせていったのか明らかでないこと，少年が自分の行為を十分受け止めきれずにいること，などの理由から筆者にコンサルテーションを求めてきた。関係作りが難しい少年であるため，弁護人は正式鑑定の請求はせずに私的鑑定となった。公判では，生育環境上その他におけるトラウマやパーソナリティ特性との関連で，犯行がエスカレートしていったメカニズムや今後の更生可能性について説明した。その結果，判決では，「殺意の形成に生育環境に由来した未熟さが影響している」といった形で鑑定結果が引用され，求刑10年～15年のところ懲役9年～13年となった[注3)]。

Ⅵ　情状鑑定の臨床的側面

1．情緒的交流の場としての面接

鑑定人と被告人という立場の違いはあるにしても，人と人が対峙するのであり，そこにはさまざまな情緒的な交流が生まれる。筆者は，司法領域における少年事

注3）未成年者の場合には，年数に幅をもたせた不定期刑となる。

件の調査面接や情状鑑定の面接は，医療機関や相談機関のようにクライエントが自主的に訪れるのとは異なり，「面接をしなければならない」,「面接を受けなければならない」という面接者と被面接者の非対称性から出発し，その関係性の変容というところに特徴があると考えている（須藤，2012)。

被告人との初回面接では，鑑定に対する被告人の受け止め方はさまざまだが，経験上，ほとんどの被告人は受身的であり，面接を拒否はしないが，聞かれたことには答えるといった程度である。しかしながら，面接を重ねていく中で，被告人の語りやそれに対する鑑定人の応答という交流を通じて無味乾燥な関係性から情緒的交流が生まれ，被告人の願望，不安，怒りなどこれまで語りきれなかった部分が露わになっていくのである。

２．動的アセスメント

情状鑑定は，心理テストを含む被告人面接で得られた言動に依拠するところが多いので，被告人の言動がどのような文脈（context）で発せられたのか，つまり，鑑定人と被告人とのやりとりの流れを踏まえておくことが重要になる。また，鑑定面接は，単純な「問いと応答」ではなく，村松（2001）が「問い」そのものに臨床的な工夫が必要であると指摘しているように，問いかけが被告人に事件や人生を振り返らせる契機となる。

また，鑑定面接では，初期段階から終結段階にかけて被告人にどのような変化が生じているのかという経時的な評価も行う。つまり，情状鑑定では，現時点で把握できる情報をもとにした「静的アセスメント」と鑑定人との関わりを通じて変化したものを評価する「動的アセスメント」の双方がある。これは，リスクアセスメントにおける可変的リスクのアセスメントとほぼ同義である。例えば,「犯罪に対する認識の程度」という可変的リスク要因を例に挙げると，事件を一緒に振り返る，被害者もしくは遺族に与えた影響を考える，などの作業を通じて被告人の認識がどのように変化していくのか，変化しうるのかをアセスメントする。

３．被告人にとって“理解される”という体験

「被告人を理解する」というのは，ややおこがましい表現であるが，被告人の多くは，これまでの生活の中でさまざまな躓きを経験し，これまでの苦難について理解してもらいたいという顕在的・潜在的なニーズをもっている。先のⅤ－２の事例のように過酷な生育歴の中で形成された被害者意識をもっている人も珍しくはない。これまで語ることのできなかった自分の生い立ちや苦しみが受け止めら

れ，全人格的な存在として丁寧に審理されるといったプロセスそのものが重要なのである。

Ⅶ　刑事裁判で心理職に期待されるもの

刑事裁判に携わった経験がないと，情状鑑定を引き受けるというのは，かなりハードルが高いかもしれない。ましてや，法廷の場で尋問を受けるとなればさらに腰が引けるだろう。しかしながら，刑事司法においては，単なる厳罰だけでは，被害者や国民の応報感情は満たされても，それが必ずしも再犯率の低下，つまり，国民の安心には結びつかないことも分かってきており，厳罰だけではなく，立ち直りに向けた支援という視点も求められてきている。再犯の防止は，犯罪に至るにはその人の心理的・社会的次元に関わる多様な問題も含めて考えていかねばならない。そこには，社会福祉的な支援が必要な場合もあるし，クレプトマニア（Kleptomania）のような病的に万引きを繰り返す人には，精神医療の関与が必要になってくる。

我が国の少年事件では，家庭裁判所調査官による社会調査と少年鑑別所の心身鑑別という科学的な分析に基づいて適切な処遇が選択されるシステムとなっているが，成人の刑事事件では，そのようなシステムはない。諸外国では，判決前調査（Pre-Sentence Investigation）という制度があり，日本の保護観察官に相当する Probation Officer が社会調査を行っている。また，米国では弁護人がソーシャルワーカーなどとチームを組んで，逮捕直後から裁判に至るさまざまな段階で犯罪加害者を支援している。かつて筆者が訪問したニューヨークの公設弁護人事務所 Bronx Defenders では，多職種チームによる総合的なアプローチ（Holistic Approach）という理念の下で犯罪加害者への支援が行われていた。

刑事司法は，法の思考に心理学や精神医学等の人間行動科学の視点が必要とされる時代を迎えつつある。本章では重大事件に関わる情状鑑定を取り上げたが，情状鑑定ができる鑑定人の育成，正式鑑定と私的鑑定の諸条件の不平等さなど課題も残されている。

重大事件が起こるとどうしても国民感情は厳罰に傾きがちだが，犯罪加害者の更生については冷静な視点も必要であり，その点でも情状鑑定の果たしうる役割は大きい。また，複雑化する事件においては，精神科医，ソーシャルワーカー，精神保健福祉士等の関連専門職との協働・連携なども視野に入れた鑑定も考えていかねばならない。

◆学習チェック表

□　刑事裁判の手続を理解した。
□　刑事裁判における量刑判断の基本的な考えを理解した。
□　情状鑑定の流れを理解した。
□　情状鑑定の鑑定人に求められる資質を理解した。
□　情状鑑定の主たる目的，付随的効果などを理解した。

より深めるための推薦図書

橋本和明編著（2016）犯罪心理鑑定の技術．金剛出版．

白取祐司編著（2013）刑事裁判における心理学・心理鑑定の可能性．日本評論社．

須藤明・岡本吉生・村尾泰弘・丸山泰弘編著（2018）刑事裁判における人間行動科学の寄与．日本評論社．

武内謙治編著（2014）少年事件の裁判員裁判．現代人文社．

文　献

American Education Research Association, American Psychologist Association, & National Council on Measurement in Education（1985）*Standards for Educational and Psychological Testing.*

兼頭吉市（1977）刑の量定と鑑定．In：上野正吉・兼頭吉市・庭山英雄編：刑事鑑定の理論と実務．成文堂，pp.114-128.

村松励（2001）非行臨床における面接技法の工夫―少年の援助のために．ケース研究，3; 67-91.

庭山英雄（1977）鑑定の意義と機能．In：上野正吉・兼頭吉市・庭山英雄編：刑事鑑定の理論と実務．成文堂，pp.1-6.

須藤明（2012）犯罪・非行領域における臨床的面接の本質．駒沢女子大学研究紀要，19; 207-214.

須藤明（2018）私的鑑定（弁護人依頼の鑑定）の事例．In：須藤明・岡本吉生・村尾泰弘・丸山泰弘編：刑事裁判おける人間行動科学の寄与．日本評論社，pp.65-77.

Winick, B. J. & Wexler, D. B.（2003）*Judging in a Therapeutic Key: Therapeutic Jurisprudence and the Courts.* Carolina Academic Press.

第8章

矯正施設における加害者臨床

刑事施設における心理支援

木髙暢之・門本　泉

Keywords　刑事施設，加害者，改善指導，更生支援，グループワーク，認知行動療法，被害者，効果検証，多職種連携

Ⅰ　矯正と加害者臨床

1．刑事施設とは

刑務所（少年刑務所を含む），拘置所，少年院，少年鑑別所，婦人補導院——これらは全て，矯正施設と呼ばれる国の施設である。表1に示したとおり，その対象や役割は異なるが，いずれも法を逸脱した（一部，その疑いがある）者を収容し，収容された人々（被収容者）が適切に一連の司法手続きの過程を進み，改善・更生し，再び社会の中で他者を害さずに生活していくことを目指している。つまり，矯正施設は，個人の社会適応，ひいては対象者の人生に関わりうる施設であり，加害者への心理支援の実践の場である。

矯正施設のうち，刑務所，拘置所を刑事施設と呼ぶ。平成4年版犯罪白書（法務省，2022a）によれば，全国の刑事施設における全被収容者の中で受刑者が占

表1　矯正施設

刑務所	受刑者を収容し，刑の執行を行う。一部に拘置所としての役割をもつこともある。
拘置所	主として未決拘禁（被疑者・被告人の勾留）を行う。ただし，一部受刑者も収容している。
少年院	主として少年審判の結果，保護処分として送致された少年の健全育成を目指し，矯正教育，社会復帰支援等を行う。
少年鑑別所	主として少年審判前の少年，その他の対象者の心身の鑑別を行うと同時に，彼らの健全育成を促す。また，地域の犯罪・非行防止に関わる業務を行う。
婦人補導院	売春等で保護処分に付された20歳以上の女子に対する生活指導，職業補導，医療を行う。

める割合は約86.1％であり，そのほとんどが懲役刑であった。本章では，刑事施設における受刑者への心理支援について概観し，その展開において，刑事施設がもつ課題について整理していく。

2．刑事施設の目的と心理的援助の概要

2005（平成17）年からの十数年で，日本の刑事施設は大きく変化した。以前の刑事施設は，監獄と呼ばれ，監獄法という法律に基づいて管理・運営されていたのだが，この監獄法が2005（平成17）年に全面的に改められ，監獄は刑事施設と名前を変えた。その後さらなる改正を経て，現在，「刑事収容施設及び被収容者等の処遇に関する法律」（以下，「刑収法」という）が施行されている。この法改正は，刑事施設の役割に大きなパラダイムシフトをもたらした。すなわち，刑罰モデルからリハビリテーションモデルへの転換である。その後，2012（平成24）年の「再犯防止に向けた総合対策」，2013（平成25）年の「『世界一安全な日本』創造戦略」，2014（平成26）年の「宣言：犯罪に戻らない・戻さない～立ち直りをみんなで支える明るい社会へ～」，2017（平成29）年の「再犯防止推進計画」，そして2022（令和4）年の「刑法等の一部を改正する法律案」の成立と続き，再犯防止に向けた施策が次々と展開されている。

刑事施設は，4つの機能をもっていると考えられる（Jewkes & Bennett, 2008）。報復（retribution），阻止（deterrence），無力化（incapacitation），そして更生支援（rehabilitation）である。このうち，更生支援の領域では，上記の法改正によって受刑者が刑事施設における教育やプログラムを受講することが義務化された。刑事施設では法改正以前も，改善更生のための処遇が存在したが（中村，2017），2006（平成18）年，刑収法の施行以来，急ピッチでさまざまな心理・教育・治療的なプログラムや援助が整備されている。これらを担う最前線には，法務教官，法務技官（心理技官），刑務官，医師や医療スタッフ，処遇カウンセラーなどがおり，彼らが互いに，または他の職種とも連携しながら，心理支援を行っている。

刑事施設における受刑者の変化を促す関わりは，矯正処遇と呼び，「作業」，「改善指導」，「教科指導」の3つが義務づけられている（図1）。1つ目の作業は，懲役刑として科された苦痛の付与という刑罰であるのと同時に，受刑者の社会復帰に役立つ重要な処遇手段である。2つ目の改善指導は，受刑者が犯罪の責任を自覚し，心身共に健康になり，社会生活に適応するのに必要な知識や生活態度を身に付けるための心理・教育的な関わりである。心理支援の多くは，この改善指導に含まれることになる。3つ目の教科指導は，義務教育を修了していない受刑者

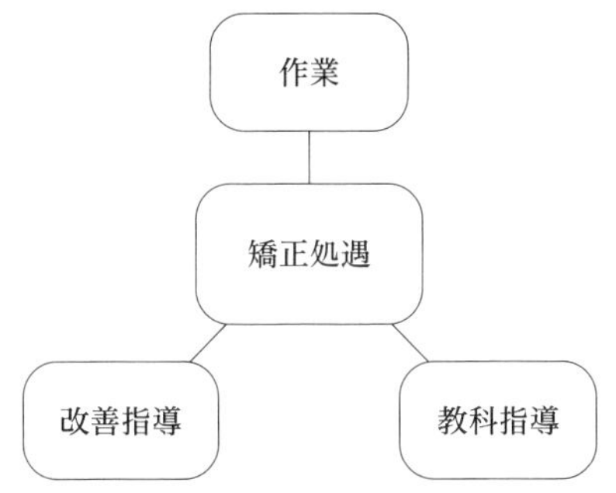

図１　刑事施設における矯正処遇

や，学歴はあっても学力の程度の低い受刑者に対して，学力の向上を目論んで学校教育に準ずる教科教育を行うものである。社会生活の基礎となる学力の向上を図ることで，円滑な社会復帰につなげることを目的としている。

II　心理支援を支える環境

心理職が，刑事施設においてその専門性を発揮するために，最初に認識しなければならないことが２つある。第一に，すべての心理支援は，刑事施設に必要な規律秩序が保たれた中で展開されなければならないということである。受刑者たちは，厳しい規律を守り，集団生活を維持する中で心理支援を受ける。これは受刑者の責任であると同時に，施設側の責任でもある。刑事施設は，受刑者たちの変化に必要な安全な環境を準備・提供する一方，そこで働く心理職は，改善指導が行われる背景にどのようなもの（社会，制度，システム，資源，倫理，理論，文化，価値観など）があるのかを理解しなければならないといえよう。

第二に，矯正処遇はトータルで進むということである。単一の指導プログラムが，それ単独で効果を発揮するということはまずない。心理・教育的な要素，心理支援的な要素は，作業や教科指導のほか，日頃の生活を見守り親身になって関わる刑務官との関係性，受刑者同士の相互作用，家族からの手紙や面会，引受人や雇用主などの働きかけが相互に影響し合いながら実効を生むのが通常である。

図２は，刑事施設における受刑者への関わりを，時間的な流れを加味して概観したものである。まず，矯正処遇は，入所後すぐに行われる査定（アセスメント）の結果を踏まえて作られる「処遇要領」という処遇計画に基づいて展開され，処遇期間や内容は，受刑者の刑期などによって決定される。図には描ききれていないが，これらの中に，受刑生活上の一般的なアドバイスや医療的な関与，余暇活

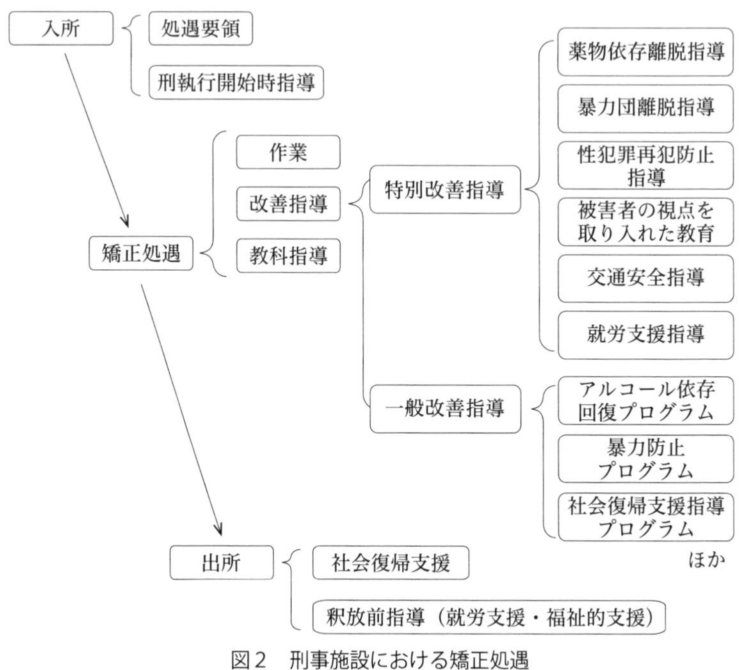

図２　刑事施設における矯正処遇

動などが含まれ，また，就労先が決まっていない受刑者には就労支援や，帰る場所のない受刑者にはさまざまな福祉的な支援が提供されることになる。

Ⅲ　改善指導

改善指導は，受刑者に犯罪の責任を自覚させ，健康な心身を培わせ，社会生活に適応するのに必要な知識および生活態度を習得させるために，必要な指導を行うものである。特別改善指導と一般改善指導の２種類が定められている（図２）。

１．特別改善指導

特別改善指導は，受刑者のもつ特定の問題性に焦点を当てて行うプログラムである。通常はグループワーク方式を採用し，セラピスト・ファシリテーター役の職員により実施される（刑事施設では，法との整合性から「指導者」と分類・呼称される）。2022年現在，特別改善指導は全部で６種類ある。

①薬物依存離脱指導

覚醒剤や大麻などの薬物に依存していた受刑者が，自らの依存の問題を自覚して，薬物に頼らない人生を送れるようになることを目指すプログラムである。個々の受刑者の依存の程度や再使用リスクの高さ，さらには刑期やモチベーションなどに合わせて，必修プログラム，専門プログラム，選択プログラムといったモジュールを組み合わせることで実施される。犯罪防止という側面のみならず，依存の治療の重要性が強調され，刑罰モデルに付加して治療モデルが取り入れられている。プログラムは，民間協力者が指導者となることもある。

②暴力団離脱指導

暴力団に所属している受刑者が，暴力団の反社会性を認識し，これに加入することになった自分の問題点に目を向け，組織から絶縁するためのプログラムである。もちろん，組織からの離脱は，内面の問題を扱うだけでは達成されず，具体的・現実的な離脱手続きを踏むときには，警察や暴力追放運動推進センターの協力を得ることが必須となる。

③性犯罪再犯防止指導

性犯罪者が，犯罪につながる自らの認知の偏りや犯罪に至るプロセスを理解し，自分の欲求をコントロールして社会適応的な行動を選択できるようになることを目指すプログラムである。全国にある調査センターと呼ばれる重点的アセスメント施設において「性犯罪者調査」というリスク・ニーズ調査をプログラムに先んじて行い（リスク原則，ニーズ原則を包括するRNRモデルについては，第３章参照)，そこから判定される再犯リスクなどに応じて，数種類あるプログラムから一つが選択される。プログラムを受講した受刑者には，その効果を低下させないため，残りの刑期の中で必要に応じてメンテナンス・プログラムが実施される。

④被害者の視点を取り入れた教育

この指導の対象者は，殺人などのいわゆる生命犯の受刑者や被害者に重大な怪我や障害を負わせた受刑者（交通犯を含む）である。彼らが，自分の犯罪やその罪の大きさに向き合い，被害者やその家族の心情を今よりも深く理解することや，被害者やその家族に誠意ある態度をもてるようになること，そして再犯に至らない方策を獲得することを援助する。

⑤交通安全指導

主に交通規範の軽視が犯罪に結びついた受刑者を対象に，受講者が自分の問題性を理解し，人命尊重の精神を身に付けることを目指すプログラムである。交通犯罪受刑者の中には，自分の犯罪を「不運な事故だった」と認識している人が少なくなく，彼らはプログラムを受講する中で，自分の特性や価値観や生き方がどのように事件を引き起こしたのかを振り返るように促される。交通犯罪による受刑者は，刑期が短い者も含まれるため，限られた受刑期間内で指導を展開する必要がある。

⑥就労支援指導

社会復帰において，仕事を見つける力や仕事を続ける力は，再犯防止に欠かせないものである。したがって，就労面での安定を目指し，職業人として必要な知識や心構え，さらには行動様式を身に付けることはとても大切である。就労支援指導では，こうした課題に応えるべく，労働の意義に係る指導以外にも，SSTなどの具体的な社会的スキル学習，履歴書の書き方，ビジネスマナー講座なども用意されている。

２．一般改善指導

一般改善指導は，改善指導のうち，特別改善指導以外のものを指す。受刑者はその特性に応じて，以下のいずれか（複数のこともある）の指導を受けることになる。被害者やその遺族等の感情を理解し，罪障感を養うための指導（被害者感情理解指導），犯罪に対する意識，態度及び行動面の問題に対する指導（行動適正化指導），体力づくり，健康維持のための指導（体育），資格取得，職業意識・知識の付与，生活設計及び社会復帰への心構えに関する指導（社会復帰支援指導）などである。方法は，講話，運動，行事，面接，相談助言（カウンセリング含む）など，多くの手法，教材が用いられ，心理支援とは言えない要素も含まれる。

心理・教育的プログラムとして，標準化されたものを３つ紹介する。

①アルコール依存回復プログラム

飲酒の問題が本人の心身の健康をむしばみ，また犯罪につながるおそれがある受刑者を対象に，飲酒の問題性を理解させ，再飲酒しないための具体的な方法を習得させるプログラムである。なお，アルコールが関係している交通犯の受刑者については，特別改善指導の交通安全指導の中に，この内容が組み込まれている

ことが多い。

②暴力防止プログラム

児童虐待，家庭内暴力，その他の暴力犯の受刑者が，暴力に至るパターンに目を向け，暴力に頼らない問題解決方策を手に入れるためのプログラムである。自分の暴力につながりやすい認知の癖やこれまでの対人行動パターンなどについて振り返り，今まで使えなかったより適応的な対人関係の在り方を学ぶ。

③社会復帰支援指導プログラム

精神障害を有する受刑者や高齢の受刑者は，加害者であると同時に，社会では弱者の立場に置かれやすい。働けず，福祉や医療の援助が必要なことも多い。こうした受刑者は，このプログラムを通して，福祉的援助を始めとするさまざまなサポートを得る知識を増やし，地域やサポート提供者との交流が円滑に進むためのスキルを身に付ける。社会復帰支援指導プログラムは，刑事施設の職員のほか，地方公共団体職員や福祉機関職員などの協力も得て実施される。

３．改善指導の共通点

刑事施設における改善指導は，その対象者，期間や回数，単元の構成は異なる一方で，共通点もある。

①グループワーク

改善指導の多くは，グループワークを用いる。これは限られた人的・財政的資源で多くの効果を得るための工夫であるだけでなく，個人面接では得られないグループワークの効用（Yalom & Vinogradov, 1989／邦訳，1997）を最大限に活用するためでもある。例えば，受刑者はグループのメンバーとなることにより，自分以外のメンバー（受刑者）の考え方，振る舞い方，ひいては生き方を目の当たりにし，自分と比較し，それらを自分の中に取り入れる機会をもてる。自分の内面を思い切って表現し，それを受容されたり，グループで起こっていることを共有したりする機会を得ることもできる。また，対人関係のもち方に問題を抱えている受刑者は非常に多く，彼らの多くは，対人スキルのレパートリーを十分に持っていない（それが犯罪に至る要因の一つになっている）。グループでは，一対一での面接よりも，「こんな時どう対応するか」に関する選択肢を多く見聞し，実際に練習し，フィードバックを受けることができる。グループのファシリテー

ターから何度言われても受け入れられなかった言葉を，同じ立場のメンバーに言われて初めて合点するといった受刑者もいる。互いに「先生」となる経験は，犯罪によって社会から一時的に隔離された受刑者たちが，人の役に立てる喜びを思い出し，自分の力を感じることにも作用する。

②認知行動療法的アプローチ

改善指導の中で，標準化されているプログラムの多くは，認知行動療法的アプローチを採用している。犯罪とは，「行動」の問題である。したがって，指導の目的は，同様の違法行為に再び至らないようになることであり，少なくともその傾向を減じることにある。認知行動療法では，患者やクライエントの生活環境下で従前の不適応的反応が減り，習慣的反応のレベルで定着することを目指すため（嶋田，2017），犯罪という問題行動に焦点を当てる刑事施設の心理支援には適しているといえよう。また，認知行動療法は，集団単位の治療に優れた効果を発揮しうる（岩本，1997；嶋田，2017）とされている。

犯罪に繰り返し至る人の中には，自分を知ること，自分の内面の変化に気づくことが苦手な人が多い。例えば，自分の感情に触れることを恐れたり，感情と思考をごちゃまぜにして区別できなかったり，また，自分の内にある感情の強度を同定できなかったりする。これらに対しても，認知的アプローチは機能する（Beck, 1995）。そして，認知行動療法に基づくグループワークは，不適応行動に関係のある感情を扱えるように支援するだけでなく，自分の思い込みや世の中をとらえる時の癖を知り，事件がそうした「自分の癖」とどう関係しているのか探索し，ストレス場面での対処行動パターンの是非を検討することができるよう受刑者を促すことが期待される。

③受刑者の不安を和らげ，動機づけを高める工夫

受刑者の中には，心理・教育的な関わりに，自分の内面の好ましくない部分が思わぬ形で露呈するのではないか，自分のありのままを出したら軽蔑されるのではないか，犯した罪を強く非難されるのではないかと考える一群がいる。また，プログラムなど受けても，どうせ中身は叱責や説教だけだと考えている場合も多い。それまでの人生の中で，自分の努力ではどうにもならないことが多すぎるという事実に曝されてきた人も少なくない。

こうした受刑者たちは，自分の不安に対処するため，グループの中でしばしば激しい抵抗を示す。改善指導では，こうした受刑者たちの抵抗を緩和するために，

動機づけ面接法（Miller & Rollnick, 2002）を取り入れながら，受刑者たちに変化への第一歩を踏み出すよう誘う。特に反社会的であるなど人格的な偏りが小さくない受刑者の示す抵抗への対処は，心理支援において大きな挑戦となりうる。他の心理支援領域にはあまりない困難さと言えるが，同時にここが「やりがい」でもある。森田（2017）は，性犯罪者のグループの中で，こうした抵抗を扱うことについて事例を通して詳説し，彼らと協働することの醍醐味と困難について描写している。

また，性犯罪再犯防止指導では，グループワークに本格的に導入する前に「準備プログラム」を行うことになっている。グループワークに参加する受刑者たちの両価的な思いを聴き，くみ取り，新たな一歩を踏み出そうと促すセッションが展開される。

④常に今ここを意識する

受刑者として心理支援を受けるとき，犯した罪はすでに過去の出来事である。したがって，それを改めて取り上げて考えても回顧にすぎず，今の自分には直接関係がなく，未来の自分にも結び付かないなどと考えてしまう受刑者は少なくない。しかし，彼らの失敗に結び付いた問題は，受刑生活においてもしばしば繰り返し現れることになる。受刑生活は決して安楽なものではないから，受刑者は受刑中に新たなストレス源を多かれ少なかれ抱えることになる。それは，居室の同室者との関係であったり，離れて暮らす家族との不仲や離別であったり，仮釈放の申請が棄却されるといった事態であるかもしれないし，また，参加しているグループへの適応に苦労していることかもしれない。

改善指導で学ぶことは，受刑者が「今ここ」で抱える問題の解決にも役立てることができる。受刑者たちは，単に過去を回顧するのではなく，今の自分の不安や苦悩が，自分のおなじみの好ましくない考え方の癖や行動パターンから生じていることを，グループワークの中で発見できる可能性がある。そして，新しく学んだスキルを，実際にグループ内で，受刑生活の中で試してみようとするかもしれない。例えば，「どうせ自分は，いつものけ者だ」という認識とともに人生を過ごしてきた受刑者は，グループの中で自分の意見が無視されたと感じたとき，その場で再体験される不安や悲嘆について思い切って話すことで，他のメンバーから「自分も同じように感じることがある」といったフィードバックをもらい，自己理解がさらに深まるかもしれない。また，些細なことにいらいらしては身近な人に当たり散らしてきた別の受刑者は，グループの中で似たような展開になった

際，上を見て深呼吸するというスキルを練習することで，その動作を自然に取れるようになっていくかもしれない。このようにして受刑者たちは,「今」の自分の問題に挑むとともに，過去の自分たちの過ちの原因を知り，将来同じ失敗をしない方策を学んでいくことになる。

⑤アセスメントの重要性

アセスメントのない心理支援は,本来ありえない。改善指導に導入する際にも,受刑者の生い立ち，家族歴，能力や人格特性，受刑の原因となった犯罪の性質,統計的・臨床的に判断された再犯リスク，そして更生支援で当てにできる資源等についてアセスメントを行い，それに基づき，処遇の計画が策定される。ここで間違ってしまえば，改善指導は狙った効果が十分得られない可能性がある。

また，受刑者にとってアセスメント面接は，面接者と一緒に自分自身を振り返る時間でもある。今自分が何を求めているのかを内省していく作業になり，変化に向かう準備期間となりうる。実際の矯正処遇が始まる前の段階で，すでに心理支援は始まっていると言えるだろう。

Ⅳ　課題と展望

刑事施設における加害者臨床は，この十数年で大きく発展してきたと言えるものの，再犯防止を目指す心理支援には課題もある。

１．プログラムの等質性

刑事施設は，罪を犯した受刑者に更生支援を促す国の施設であるため，処遇の基本的な部分は法規で定められている。プログラムを担当する職員は，定期的に研修を受ける。しかし，それは全ての施設が全く同じ心理支援を展開することを保障しない。施設の収容人数や規模，物的・人的資源により，支援の実際が異なるなら，場合によっては，個々の受刑者に最適なプログラムを展開できないのではないかという疑義もあるだろう。ただし，全てを等質化することがいつでもよいとも限らない。現実的な制約の中にあって，むしろ，その状況，そのメンバー，その出会いに即して最善を尽くしていくことが肝要である。

いわゆる医療刑務所には，重篤な身体疾患，精神疾患を有する受刑者がいる。他の健康な受刑者と同じプログラムを提供したくてもできない一群もある。まずは，専門的な医療行為を受け，生活上の自律性を少しでも回復すること，また精

神的な安定を回復することが，プログラム受講の前提条件となる。医療と心理支援は，今後協力できる体制を一層強化していくことが望まれる。

2．倫理：特に加害者臨床の正当性の視点から

更生支援モデルに従えば，受刑者自身が事件を反省し，精神的に成長し，社会復帰を果たした後に再び罪を起こさない人になることが重要である。しかし，加害者への支援を行う臨床現場には，これにまつわるある特有のジレンマがある。受刑者は，罪を犯したからこそ刑事施設で働く心理職の前に現れ，心理支援を受ける。つまり，そこで結ばれる関係は，受刑者－心理職という二者関係のみでとらえきれず，目の前の受刑者の後ろには，刑事施設の心理職がまだ会ったことのない被害者の存在がある。この事実をないがしろにして心理支援を行うことは，本当の意味での社会的貢献にならない可能性がある。

被害者やその家族は，自分たちを恐怖や不幸に陥れた「犯人」が，刑事施設でどのような処遇を受けているのか気にして当然である。仮に受刑者への心理支援が，受刑者自身の罪や責任について扱わず，単に明るい未来（社会復帰）の実現についてのみ行われたり，事件をないがしろにして過去のトラウマ治療ばかりに割かれていたりしたら，被害者やその家族はその心理支援を支持するだろうか。加害者臨床における心理職は，共感的に関わり，将来の不安や夢に寄り添うとしても，援助は，受刑者が自分の罪を自覚したり，悔悟の念を抱いたりすることに寄与する一面を有するべきである。言うまでもなく，自分自身や受刑者たちの自己愛や万能感を助長することだけで終わらぬよう留意しなければならない。

また，人生を台無しにされた被害者や家族は，悲嘆反応に苦しむだけでなく，家族関係が悪化したり，働けなくなったり，体調が悪化したり，さまざまな困難と苦悩の中に生きているかもしれない。加害者である受刑者は，刑事施設で受ける心理支援に対して対価の支払いは求められていない。しかし，もし被害者やその家族が医療やカウンセリングに掛かるとしたら，その多くは有料である。

無論，これは，心理職が刑事施設において応報的な措置を講じるべきという意味ではない。加害者には加害者なりの苦悩がある。心理支援はその苦悩がさらなる犯罪を生まないように提供されていくことが必要であり，これに関わる心理職にはその責任がある。

なお，2022（令和４）年，「刑法等の一部を改正する法律」が成立したことにより，今後，刑事施設は，受刑者の反省や悔悟の情を深めさせるという目的で，被害者の声を直接聴取する仕組みを設け，それを受刑者に伝達することが決まっ

ている。

3．効果検証

心理支援の効果が科学的に検証されていく必要性については，ここで改めて論じるまでもない。さらに，刑事施設が国の機関であることを考えれば，そこでの心理支援が行政評価の対象となりうることも，当然のことである。

あるプロジェクトや施策が真に有効かを判じるためには，そのプロジェクトなどのロジックモデル，対象者の選定，プログラム実施後の受講者の変化，さらには本来プログラムが狙った効果の有無（例えば，再犯率の低下など）について精査していくことになる（Rossi et al., 2004）。刑事施設の改善指導に関しては，リスク評価を客観的，科学的に行う試みが設けられ，実際に効果検証も行われている（野村ら，2016）。性犯罪再犯防止指導については，検察庁などの協力を得て行われ（法務省，2020），薬物依存離脱指導については，保護観察所と連携してプログラム受講前後の検証を行っている（法務省，2022b）。

ただし，これらが実際の受刑者を対象にした現場の研究である限り，改善指導の「効果」は，実験データのようには抽出できない。例えば，ランダム化比較試験（Randomized Controlled Trial: RCT）を，刑事施設で完全な形で実施することは，倫理的，法的な制約上，大変難しい（Marshall, 2006）。実証研究のために，有望視される処遇を行わないで受刑者の半数を出所させるわけにはいかないだろう。また，心理・社会的な変数を扱う研究では，生物学や医療の研究に匹敵する効果量や有意差を得るために，交絡変数[注1)]を完全に統制することも難しい。さらに，現場の環境は日々変化し，受刑者の気分や考え方も，矯正処遇の中のさまざまな要素の影響を受ける。データはそれらの影響から無関係になれず，欠損値も生じれば，研究者が当初想定しなかった変数の存在が明らかになるといった事態も生じうる。

4．多職種連携

刑事施設における心理支援は，多職種連携なくして成立しない。作業や毎日の生

注1）交絡変数とは，独立変数，従属変数いずれにも影響を与えている変数である。研究結果の解釈を誤らせるおそれがあるため，この変数の影響を取り除くこと，少なくとも把握しておくことが求められる。人間は社会の中で，さまざまな人と関わり合いながら生きているため，心理学的な研究ではさまざまな交絡変数が存在しうる。本シリーズ第5巻『心理学統計法』などを参照のこと。

活の中で受刑者の処遇を行う刑務官，教育の専門家である法務教官，心理学の専門家である法務技官，社会福祉領域で受刑者の出所後の生活を支援する福祉専門官，医療スタッフや就労支援スタッフなどが，情報を共有し合い，お互いの動きを尊重し，個々の受刑者への支援を展開することになる。篤志面接委員，宗教教誨師，外部アドバイザー，職業訓練を担当する作業技官や外部講師といった人々も，矯正処遇を構成する。また，出所後の再犯防止のためには，社会福祉士や心理職，キャリアコンサルタントなどの外部の専門家の協力に加え，保護観察所，ハローワーク，地域生活定着支援センター，医療・福祉機関などの関係機関とも連携し，支援を行っていくことが求められる。

もちろん，多職種連携は，実際には口で言うほど簡単ではない。それぞれの専門性や機関等のもつ法規も「常識」も異なるためである。しかし，多職種連携が，今よりももっと求められるようになるのは確実であり，加害者への心理支援の中で心理職がどのような専門性を発揮できるか，これからが正念場である。

5．拘禁刑の導入

2022（令和４）年，「刑法等の一部を改正する法律」が成立・公布され，侮辱刑の法定刑の引き上げとともに，より一層改善更生・再犯防止を図る観点から，懲役刑および禁錮刑を廃止し，これらに代えて「拘禁刑」が創設されることが決まった。具体的には，矯正処遇の一環に位置付けられてきた作業に，刑罰・報復（retribution）ではなく，更生（rehabilitation）としての意味合いを強め，それを改善指導や教科指導と並ぶ位置付けにすること，受刑者に対する社会復帰支援が刑収法に明確化されることや，被害者等の心情等の聴取・伝達制度が導入されることなど，既存の在り方が大きく見直され，新たな枠組みが示された。

冒頭で述べたように，2005（平成17）年の法改正によってもたらされたリハビリテーションモデルは，2022（令和４）年の一部法改正によってより一層加速し，それに伴い，心理支援の比重もますます増加していくものと考えられる。

Ⅴ　まとめ

本章では，刑事施設の心理支援について概要を説明し，加害者臨床がもっているさまざまな特徴と課題について扱った。日本の刑事施設における心理支援の本格的展開はまだ端緒について間もないが，法改正とともに確実に心理支援の重要性が大きくなっている。閉鎖的というレッテルを貼られてきた「塀の中」の臨床

現場は,「開かれた運営」に姿を変えつつある。今後，さまざまな形で心理支援が発展していく中，多くの心理職を育成する場としても注目が高まっていく可能性を秘めている。

◆学習チェック表
- □　矯正施設と刑事施設のあらましについて理解した。
- □　受刑者への改善指導について説明できる。
- □　加害者への心理支援の困難性や課題について理解した。

より深めるための推薦図書

刑事施設（刑務所・少年刑務所・拘置所）法務省ウェブサイト（www. moj. go. jp/kyousei1/kyousei_kyouse03. html)（2023 年 1 月 10 日閲覧）

門本泉・嶋田洋徳編（2017）性犯罪者への治療的・教育的アプローチ．金剛出版.

野村俊明・奥村雄介編（2007）非行と犯罪の精神科臨床．星和書店.

朝比奈牧子（2018）集団認知行動療法はいかにして性犯罪加害者の再犯を防止するのか．こころの科学，199; 51-57.

文　　献

Beck, J. S.（1995）*Cognitive Therapy: Basics and Beyond.* Guilford Press.（伊藤絵美・神村栄一・藤澤大介訳（2004）認知療法実践ガイド　基礎から応用まで―ジュディス・ベックの認知療法テキスト．星和書店.）

法務省（2020）刑事施設における性犯罪者処遇プログラム受講者の再犯等に関する分析　研究報告書．https://www.moj.go.jp/content/001317462.pdf

法務省（2022a）令和 4 年版　犯罪白書.

法務省（2022b）刑事施設及び保護観察所における薬物事犯者に対するプログラムの効果検証調査報告書．https://www.moj.go.jp/content/001382494.pdf

岩本隆茂（1997）学習理論と認知行動療法．In：岩本隆茂・大野裕・坂野雄二編：認知行動療法の理論と実際．培風館，pp.6-20.

Jewkes, Y. & Bennett, J.（2008）*Dictionary of Prisons and Punishment.* Willan.

栗木傑・中野浩一（2022）「刑法等の一部を改正する法律」の概要．法律のひろば，75; 51-58.

Marshall, W. L.（2006）*Appraising Treatment Outcome with Sexual Offenders.* In: Marshall, W. L., Fernandez, Y. M., Marshall, L. E. & Serran, G. (Eds.): *Sexual Offender Treatment: Controversial Issues.* John Wiley & Sons Inc, 255-274.（小林万洋・門本泉監訳（2010）性犯罪者の治療と処遇―その評価と争点．日本評論社.）

Miller, W. R. & Rollnick, S.（2002）*Motivational Interviewing: Preparing people for change.* 2nd Edition. Guilford Press.

森田陽子（2017）性犯罪者のグループワーク②―グループの停滞（拒否と抵抗）．In：門本泉・嶋田洋徳編：性犯罪者への治療的・教育的アプローチ．金剛出版，pp.149-168.

中村修（2017）日本における性犯罪者処遇の今・昔・未来．In：門本泉・嶋田洋徳編：性犯罪者への治療的・教育的アプローチ．金剛出版，pp.259-268.

野村和孝・安部尚子・嶋田洋徳（2016）累犯刑務所におけるマインドフルネス方略と目標設定

に焦点をあてた集団認知行動療法プログラムが覚せい剤再使用リスクの高い累犯受刑者に及ぼす影響．犯罪心理学研究，54, 13-29.

Rossi, P. H., Lipsey, M. W. & Freeman, H. E.（2004）*Evaluation: A Systematic Approach.* Sage Publication.（大島巌・平岡公一・森俊夫・元永拓郎監訳（2005）プログラム評価の理論と方法―システマティックな対人サービス・政策評価の実践ガイド．日本評論社.）

嶋田洋徳（2017）性犯罪者の治療理論―認知行動療法．In：門本泉・嶋田洋徳編：性犯罪者への治療的・教育的アプローチ．金剛出版，pp.81-93.

高岸百合子・堀越勝・勝田浩章・至極睦（2014）反犯罪性思考プログラムの受講が受刑者の怒りの統制と問題解決法に与える影響―認知行動モデルによる一般改善指導の効果の検討. 犯罪心理学研究，52; 31-45.

Yalom, I. D. & Vinogradov, S.（1989）Concise Guide to Group Psychotherapy. APA.（川室優訳（1997）グループサイコセラピー―ヤーロムの集団精神療法の手引き．金剛出版.）

コラム

日本の受刑者

木高暢之，門本　泉

日本の受刑者は，1948（昭和23）年には7万人を超えていた。それから約75年の間で受刑者は5分の1になり，2021（令和3）年には16,152人となっている。人口比も低下している。ごく最近を見ても，2006（平成18）年には3万人を超える小さな山があったがそれ以降減少し続け，15年余りで半減したことになる。時代とともに刑事政策も変化し，安心安全の定義自体がそもそも変化しているので，この統計値だけをもって日本が平和になったと言うのは早計だろう（図1）。

受刑者減少の要因は複合的である。国の経済発展のほか，防犯対策の効果は大きい。警察活動はもちろんのこと，国内のインフラの発展も目を見張るものがある。そして刑事政策のダイバージョンの効果もある。図にあるとおり，刑の一部執行猶予受刑者も千人程度おり，「犯罪人は刑務所へ」という時代から，「社会内で再犯を防止する」という時代に入っていることを如実に示している。

では日本の刑務所は「暇」になったか，と言えばそうではない。本章で述べたとおり，2005（平成17）年の法改正以後，矯正処遇の内容は大きく変化・発展してきた。今後，拘禁刑が導入されることにより，この傾向はさらに勢いが増すだろう。また，男女比に注目しても大きな変化があることが分かる。女子受刑者数は漸増し，ここ2年ではついに全受刑者の10％を超えた。女性受刑者の更生要因は，男性のそれとは異なっており，近年，女性受刑者に特有のニーズに合わせた処遇・教育プログラムの重要性が叫ばれている。

加えて，日本の刑務所は高齢化が急ピッチで進んでいる。令和3年における全受刑者に占める65歳以上の受刑者率は，男性で13.2％，女性では19.7％であった（図2）。犯罪という行為は一般に，一定程度の健康度と活動性があり，経済活動を担う世代群が関わるものと認識されてきた。高齢受刑者の増加は，現代日本の一つの社会問題である。刑務所においては，身体機能の衰え，重篤な疾病，認知機能の低下といった問題を持つ受刑者に対する処遇も必要となっている。

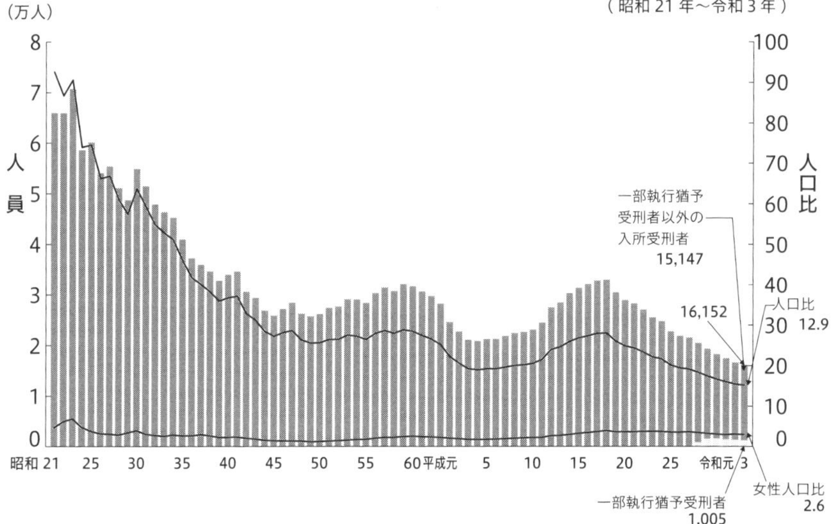

図１　入所受刑者の人員・人口比の推移（令和４年版犯罪白書，p.53）

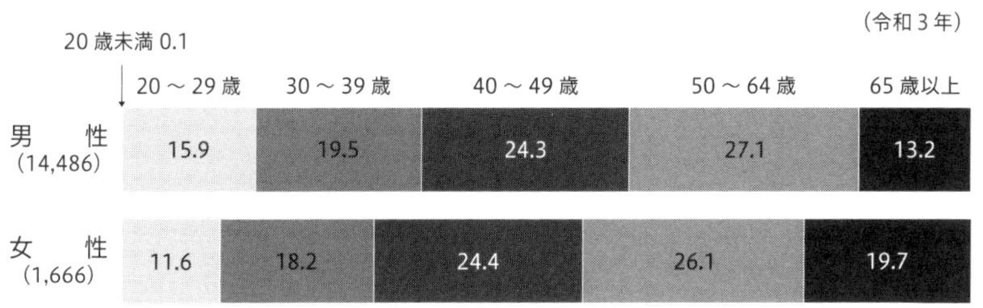

注１　矯正統計年報による。
　２　入所時の年齢による。ただし，不定期刑の受刑者については，入所時に 20 歳以上であっても，判決時に 19 歳であった者を，20 歳未満に計上している。
　３　（　）内は，実人員である。

図２　入所受刑者の年齢層別構成比（男女別）（令和４年版犯罪白書，p.54）

第9章

各種犯罪類型の特徴と心理支援

パーソナリティ要因を中心に

川島ゆか

Keywords　犯罪類型，クレプトマニア，パーソナリティ障害，精神病質，反社会性パーソナリティ障害，素行症／素行障害，反抗挑発症／反抗挑戦性障害，サイコパシー

I　はじめに

一般に，犯罪者と呼ばれる人と，そうでない人は明確に隔たり，容易に区別できると思いがちであるが，それほど明確ではない。また，犯罪行為は，「こころ」の要因が関わるとはいえ，要因に占める比重や程度はさまざまである。多くは，「こころ」の問題だけではなく，生物学的，社会的な要因が双方向に複合的にからみあい，時間の経過とともに変化している。犯罪に至るリスク要因として，または立ち直りを阻む要因として，パーソナリティに相当に問題を抱えているとみられる人であっても，四六時中，犯罪をしているわけではなく，一般に善行と言われる行為も行うのであり，環境要因を含め他の要因抜きには理解できないことが多い。

効果的に心理支援をする上では，支援の必要の有無を含め，具体的内容や方法について，個々のケースごとに検討することが重要であり，そのためには犯罪行為に至った要因についても個々に分析，解明し，そのメカニズムを理解しておくことが不可欠である。その際，ステレオタイプや思い込みにより，単純に型にはめ，固定的に理解することは弊害が大きい。

一方で，専門家として目安がないことも，また無謀である。類型的理解をしておくことは，個々のケースを，全体的・直感的に把握し，アセスメントの方向性を得たり，問題の可能性について漏れなく点検したり，仮説の優先順位を決めたり，各情報を整理したり統合したりする上で有益である。

また，犯罪・非行臨床の実際の場面では，司法や行政の公的文書から情報を得ることが多い上，多領域・多職種が関わることがほとんどであり（川島，2015），

情報共有をしたり連携したりする上で，類型化された概念を，共通言語として使用することも多い（同様に，他領域においては同じ言葉で異なるものを表している可能性にも留意する）。

さらに，犯罪・非行臨床では，対象者に社会的逸脱傾向があることが前提であり，かつ衝動性や攻撃性に関わる問題がある可能性がある。嘘，自傷他害行為など，一般の人が恐れるよりはかなり低いリスクながら，トラブルへの予防・対応のため，類型的理解等に基づく，リスクアセスメント及びリスクマネジメントは必須である。

そして援助者が，対象者からの否定的感情，批難，攻撃，操作的言動を受けた際に，無自覚に過度に自己，スタッフ，対象者を責めたり，孤独になったり，繰り返される失敗（裏切り）に疲弊し，無力感に打ちひしがれたりすることなく，意欲を失わず，懇切かつ冷静（客観的）な態度で心理的支援を続けるためにも重要なことである。

II　各種犯罪類型

1．犯罪類型とは

犯罪行為は，研究・調査等の目的や立場によって類型の仕方が異なり，定まったものはない。よく使用されるものとしては，犯罪行為に至った人の属性（年齢，性別，職業領域，不良集団所属の有無，初犯・累犯，人格特性など）や，犯罪の態様（罪種，悪質性，犯行者数（単独，共犯），手口，犯行意図，被害者，行為結果，犯行反復など）による分類がある。

また，犯罪に関する統計は公的機関で作成されており，主なものに「犯罪統計」（警察庁）及び「犯罪白書」（法務省）がある。こうした統計では，犯罪態様や被害法益を基準として罪名をまとめて類型化し，その特徴や傾向を分析することがよくある。

ここでは，犯罪行為等の基本的な事項について概観するため，犯罪態様・被害法益を主な基準にした類型のうち，窃盗犯，粗暴犯，薬物犯，性犯罪，重大事犯を取り上げて説明する。

2．窃盗犯

他に属する所有物を勝手に自分のものにする犯罪行為であり，いわゆる「盗み」である。罪名は，窃盗に代表される。

窃盗は，普段の生活で，被害に遭うかもしれないという不安を最も感じる犯罪である。刑法犯の大半を占め（2020［令和2］年は認知件数において刑法犯の約7割［令和3年版犯罪白書］），内容は多種多様である。手口については，自転車盗，万引き，車上・部品ねらいが多く，空き巣，出店荒らしなど侵入窃盗は1割程度である（令和3年版犯罪白書）。非行・犯罪の初期段階で生じるものから，繰り返され固着し，犯罪性が非常に進んだ段階で生じているものまで幅は広い。

「警察白書」で「窃盗犯」は窃盗をいうが，包括罪種の「財産犯」では，窃盗のほか強盗，恐喝，詐欺，横領，占有離脱物横領を含む。令和2年の「財産犯」の被害額の罪種別状況を見ると，詐欺が5割を超え，窃盗の約4割を上回っている（令和3年版警察白書）。

なお，詐欺[注1)]のうち「特殊詐欺」は，例えば，親族や公的機関の職員などになりすまし，被害者に電話をかけるなどして対面することなく信じさせ，指定した預貯金口座へ振り込ませるなどの方法により，不特定多数の者から現金等をだまし取る，詐欺のほか恐喝や窃盗にも該当する犯罪の総称である。犯行グループにより，役割分担の上，組織的に敢行されており，2003（平成15）年夏頃から，いわゆるオレオレ詐欺によるものが目立つようになり，次第に手口の巧妙化・多様化が進んで深刻化し，社会問題となっている（令和3年版犯罪白書）。

窃盗について，安香（2008）は，数や種類の膨大さのあまり系統的に考察することが難しいとしながらも，未成年者の盗みを中心に，その要因・機制から次の①～③のように分類し，考察を試みている。

①生活上の必要から
貧困（相対的貧困感を含む），怠惰で安易な生き方（快楽志向）に由来，家出・放浪中，反社会的集団に所属しての生業

②無規律（社会における統制のゆるみ，けじめのなさ）による
機会犯的（でき心，魔がさす），遊びや享楽への肥大してゆく欲望による，所有関係が不明確な中で生じる，遊び・ゲーム型（スリルを求める）

③情緒的問題性に根ざしたもの
友人関係を有利にする，親や教師などの関心を引く，敵意や反抗の表明，不適応感を解消する，充実感や緊張感を味わう，性的なもの（下着盗など），無意識の受罰願望

未成年者に限定せず窃盗犯に目を向けると，このほか経済的貧困・社会的孤立・

注1）詐欺は，横領（占有離脱物横領を除く）と共に「知能犯」に分類されることもある（犯罪統計）。

認知機能の低下（認知症を含む）を背景にした高齢者に特徴的な万引き等の盗み，物質依存（薬物依存，アルコール依存），嗜癖（ギャンブル依存等）などによる社会生活の破たんを背景にしているもの，発達障害（知的障害を含む）や精神疾患等へのサポートが不十分であるといった社会的不適応が背景にあるもの，摂食障害と関連して生じる万引きなどが見られる。

窃盗等の行動を変化させるための介入としては，これら背景要因も含めた要因を踏まえ，福祉的・経済的支援，就労支援，環境調整（家族・婚姻問題，犯罪許容的仲間関係等），治療教育的支援，医療的支援，精神医学的アプローチなどが必要となる。繰り返すが，複数のリスク要因が影響を与えあい時間の経過とともに複雑化していることが多く，表面的には経済的要因が問題と見えても，それだけにとどまらないことも多い。

犯罪・非行は，ごく初期段階で生じているときには，毅然として行為そのものに歯止めをかけつつも，さまざまな観点から行為の主観的意味を検討して適切な対応を取れば一過性の行為として成長の糧となるものも認められる。例えば，青少年の成長や自立に関わって出現する「盗み」があり（河合，1997），彼ら彼女らの心理的な欠落は何か，「盗んだ物」の背後にある本質的な欠乏は何か，「盗む」という行為の意味を共感的に理解することで，適切な対応が明確化するとともに，少年自身の自己理解が進んで窃盗許容的であった認知が変容し，成長に結びつく場合も多い。逆に，罰を与え，非行少年，犯罪者としてレッテルを貼るのみでは，社会適応においても有益ではないこともあることに注意したい。

クレプトマニア（Kleptomania）

DSM-5 では，窃盗症と訳され，行動（物を盗むこと）に関係した衝動の制御が乏しいことで特徴付けられる障害として，秩序破壊的・衝動制御・素行症群に含まれている。

通常の窃盗と異なる点は，物質的に用いるとか金銭的価値のためではなく，物を盗もうとする衝動に抵抗できずに窃盗を繰り返すことである。行為そのものに意義があり，窃盗直前に緊張が高まり，窃盗に及ぶときの快感，満足，開放感を経験することなどにより診断される。

DSM-5 によれば，万引きで逮捕された者のおよそ４～24％に見られ，女性は男性より多く，比較的まれに用いられる診断とされる。

窃盗の動機のほとんどは，何らかの物質的・金銭的価値が含まれていることが多いが，中には了解が不可解な窃盗もあり，そのような場合には，刑罰のほか，嗜

癖としてアプローチ・治療することを検討することが望ましいとする指摘もある。

３．粗暴犯

身体的，精神的な暴力にうったえる犯罪行為であり，罪名としては，傷害，暴行，脅迫，恐喝，凶器準備集合などに代表される。

傷害，暴行いずれも，男性がほとんどを占めている（検挙人員の約９割)。加害者・被害者の関係については，街頭の喧嘩等のほか，対人関係の中で生じるものが相当ある。例えば，2021（令和３）年における傷害の検挙件数のうち，「面識なし」は約 27％，知人友人，職場関係者など「面識あり」が約 47％，「親族(配偶者，親，子含む)」が約 26％である（令和３年犯罪統計)。態様には，いじめ，体罰，高齢者や子どもへの虐待，家庭内・配偶者間暴力（DV）も含まれ，トラブル状況のほか関係性について検討する必要が生じる。特に家庭内の暴力では，関係性やその認知が，発生やダメージに大きな影響をもっているものが相当ある(森田，2016)。

粗暴犯については，犯罪行為に至るパーソナリティ要因のうち攻撃性についての検討が必要となるが，攻撃的な衝動性の強さに加えて，暴力についてどのように本人がとらえているかという認知傾向も問題となる。大渕（2006）は，暴力犯罪に至った動機を４つに分けて，それらに関連したパーソナリティ傾向について，次の①～④のように分析している（パーソナリティ傾向は［　］の中にまとめた)。

①回避・防衛動機

暴力の動機は，主観的に知覚された危険に対して，怒りや恐怖など強い情動である。［人の言うことの裏を考えるなど猜疑心が強かったり，差別されたり損な扱いを受けるとの被差別感が強かったりして，情緒が不安定で，些細なことに危害を感じやすい。］

②影響・強制動機

暴力の動機は，自分の要求等を果たすため，相手に影響を与えたり，強制的に何かを無理矢理させたりするものである。情動的要素は少ない。［主に対人葛藤場面の解決に暴力を用いる。これには，競争心・自己主張・支配性が非常に強い一方で，他の人に愛されるとか受容されることへの関心が低くて積極的に暴力を選ぶタイプと，自分の気持ちを表現するのが苦手（低言語スキル）またはもめごと

を穏やかに解決することが苦手（低対処スキル）で，暴力を選ばざるをえないタイプとがある。］

③制裁・報復動機

暴力の動機は，ルールなどに違反した人への罰したい気持ちや，いわゆる仕返しである。［信念自体に偏りがあるか，または偏りは少なくとも頑固で融通がきかず，懲罰の気持ちが起きやすい傾向や，主観的な思い込みが強く，些細なことで恨みを持続させ，やりかえさないと気が済まない傾向が強い。］

④同一性・自己呈示動機

暴力の動機は，自分の印象を周りに示すためであり，いわゆる面子，プライドを保つために暴力を用いる。［肉体的に強い，腕力が強いといったかたちで，強さや勇気があるとする「男らしさ」にこだわる傾向，あえて悪ぶったり不良ぶったりすることで自己主張する傾向，悪い意味でもいいから目立ちたい，一目置かれたいとする傾向が関連している。］

なお，粗暴行為に至る要因としては，アルコールや薬物の摂取による意識状態の変容により攻撃行動が促進されることなどが指摘されており，依存・嗜癖アプローチの検討も必要になる。

アンガーマネジメント（anger management）

認知行動療法を背景に発展してきた心理教育的なアプローチであり，怒りなど衝動的な感情と適切に付き合うための心理支援の一つである。

感情自体は自然なものであるので，怒りや苛立ちそのものを抑制するというのではなく，それを不必要に増大させたり衝動的に暴走させたりすることなく，適切に表現したり，解消するための社会的スキルを学ぶことなどにより，自らの攻撃的な感情に対して適切に対処することを促すことを目的とする。

アンガーマネジメントのプログラムはさまざまにあり，学校教育，犯罪非行臨床分野，医療分野などに導入されている。

ポッターエフロンとポッターエフロン Potter-Efron & Potter-Efron（2016）は，怒るときのスタイル（怒りパターン）を，11に分類し，それぞれの特徴や問題の分析を通じて自己認識をさせ，怒りを適切に解消する方法を学習させる。例えば，怒りを誇張して思いどおりにしようとする「意図的な怒り」スタイル（先の粗暴犯の動機別分類のうち②「影響・強制」に該当すると考えられる）については，意図的な怒りの効果的側面と人間関係を破壊するデメリットについて考えさせ，自らの要望や欲求を満たす別の方法，「お願い」，「説明する」，「本当の感情を話すこと」などを提示し，学習させる。

そのほか，ストレスマネジメント，認知行動療法，SST を複合的に組み合わせたプログラムによる実践例などもある（高野・本田，2013）。

4．性犯罪

性加害による犯罪行為をいい，性加害は広義には，同意のない相手に対して，性的目的をもった行為を行うことをいう（朝比奈，2017）。

罪名としては，不同意性交等[注2]，不同意わいせつ，公然わいせつ等に代表される。その他，いわゆる痴漢行為やスカート内等の盗撮で迷惑防止条例違反，下着等の窃取のための住居侵入や窃盗も，性犯罪として扱うことが多く，児童ポルノやいわゆるリベンジポルノも含むことがある。

性犯罪の下位類型として，被害者と身体接触がある接触型と，のぞき，盗撮，露出などの非接触型に分けられることがある。非接触型であっても被害者に不安や恐怖を与える加害行為であることには変わらず，非接触型から接触型にエスカレートすることがあり，軽視できない。

なお，性犯罪は，暗数（公的機関が把握していない数）が多く，実態がとらえにくい犯罪と言われている。

性犯罪は性的な価値判断が容易に入りこみやすいため，性犯罪者について，一般に，過度に偏ったイメージがあると言われる。主なものは，性犯罪は，一見してすぐ分かる変質者で，性快楽を求めて犯罪を繰り返すというイメージである。しかし例えば，強姦の同種再犯率は，他の犯罪と比べて低い傾向がある（平成 19 年版犯罪白書）。また，性犯罪者は，受刑者全体よりも有職率が高く，高卒以上の学歴を有する割合も高いとされるなど（平成 27 年版犯罪白書），一般的な生活を送っている場合も多い。

もう一つの誤解は，性犯罪は「性的欲求」から衝動的に行われるというものである。藤岡（2006）は，性犯罪の本質は，被害者をモノとして扱った「暴力」とし，性暴力者のほとんどが，被害者と加害状況を，意図的に選んでいることを指

注 2）刑法等の改正により，2017（平成 29）年，従来の強姦が強制性交等に改められ，2023（令和 5）年，強制性交等が不同意性交等に，強制わいせつが不同意わいせつに改められた。また，2023 年，ひそかに性的な部位や身に着けている下着等を撮影する行為について，性的姿態等撮影罪が新設された。

摘する。そして，性暴力は，性的欲求によってのみ衝動的に行われるのではなく，攻撃，支配，優越，男性性の誇示，接触，依存など，さまざまな欲求を，性加害という手段，行動を通じて自己中心的に充足させようとするものであるとする。

性犯罪を変化させるための治療教育的介入については，法務省が刑事施設において実施する「性犯罪再犯防止指導」がある。これは，認知行動療法を基盤とし，性犯罪等の問題行動に至った要因及びその行動に至るパターンを検討して，自らが早期にそのパターンに介入することによって問題の再発（リラプス）を防止するスキルを学ぶ，リラプス・プリベンションの技法を用いている（平成27年版犯罪白書）。

西田・元木（2017）は，刑務所における実践経験を踏まえ，性犯罪者は一般的にある「モンスター」のようなイメージとは異なり，パーソナリティは多様であるという。そして効果的な治療教育的介入に当たって犯罪者一人ひとりの内面の理解が欠かせないとする。介入の際に踏まえるべき事項については，①自己評価が低く，自尊感情レベルが低い，②表面的に「普通」に生活を送っていても主観的苦悩を抱えている，③ストレス耐性が乏しく手詰まりになりがちである，④怒り・攻撃性を鬱屈しやすく適切に対処していない，⑤親密さの問題など対人関係の多様な問題がある，⑥共感性に特有な問題がある，⑦認知的な歪み・偏りがあるが修正には慎重な態度が必要になること，などを挙げている。

パラフィリア障害群（Paraphilic Disorders）

DSM-5では，パラフィリアは性嗜好異常と訳され，パラフィリア障害は，その人に苦痛や障害を現在引き起こしているものや，その人が満足を得るために他者に個人的危害を及ぼす，またはその危険のあるパラフィリアであるとする。窃視障害（他者の私的な行動を密かにのぞき見ること），露出障害（性器を露出すること），接触障害（同意していない人に触ったり体をこすり付けたりすること），性的マゾヒズム障害（屈辱，隷属，または苦痛を受けること），性的サディズム障害（屈辱，隷属，または苦痛を与えること），小児性愛障害（子どもを性的な対象とすること），フェティシズム障害（生命のない対象物を使用すること，または身体の性器以外の部位にきわめて特異な関心をもつこと），および異性装障害（異性の衣類を身につけることで性的に興奮すること）などが列挙されている。

5．重大事犯（凶悪犯）

被害者に極めて重大な危害を及ぼす犯罪を指し，罪名としては，殺人，傷害致死，強盗，不同意性交等，放火などに代表される。警察白書では，殺人，強盗，放火及び不同意性交等を凶悪犯としている。性犯罪のうち不同意性交等は特に被害が重大であるとされ，重大事犯として類型化されることが多い。

殺人及び傷害致死は，加害者と被害者の面識率が８割～９割程度であり，特に殺人の被害者は，家族・親族が５割前後を占めるなど，人間関係が密接に関係していることが多い。親族関係では，いわゆる嬰児殺し，虐待，折かん，家庭内暴力，介護・養育疲れ，夫婦関係のもつれ，生活苦等からの心中等などがあり，親しい関係では，痴情・異性関係トラブルが典型的である（平成 22 年版，令和３年版犯罪白書）。

また，殺人は，暴力団構成員等の勢力争いによるものが一定数ある。そのほか，世間の耳目を集めるものとして，通り魔殺人（人の自由に出入りできる場所において，確たる動機がなく通りすがりに不特定の者に対し，凶器を使用するなどして，殺傷等の危害を加える事件）がある。2016 年までの 10 年間では，認知件数，検挙件数ともに，2008 年の 14 件を除き９件以下で推移し，2016 年は４件であった（平成 28 年犯罪統計）。

放火は，住居，車，公園，空き地などに火をつける犯罪である。被害については，放火した者もコントロールできず，ときに放火した者の想像を超えるほど甚大である。

我が国では，放火が火災の主な原因（疑いを含むと 20 年以上連続出火原因の第１位）であり，そのほとんどがライターやマッチ，たばこによる（令和３年版消防白書）。他の犯罪に比して単独で実行されることが多いが，特別な道具も腕力も必要ではなく，容易に実行できることから，「弱者の犯罪」と呼ばれる。主な動機としては，①怨恨（復讐），②不満・ストレス発散（憂さ晴らし，愉快犯を含む），③利得を得る（保険金目的，等），④隠ぺい（不正・犯行の隠ぺい）⑤自殺企図などがある（平成 22 年版犯罪白書）。他の犯罪に比して，精神障害者等（疑いを含む）の比率が高い（令和２年の放火の検挙人員のうち約 15％［令和３年版犯罪白書］）のが特徴である。薬物やアルコールの影響も認められることがあり，精神医学的アプローチや福祉的支援が必要な場合が少なからず認められる。

ピロマニア（Pyromania）

DSM-5 では，放火症と訳され，行動（火をつけること）に関係した衝動の制御が乏しいことで特徴付けられる障害とされ，秩序破壊的・衝動制御・素行症群に含まれている。放火の行為の前の緊張感または感情的興奮，火災とそれに伴う状

況（消火設備，その使用法，結果）に魅了され，興味をもち，惹きつけられることなどにより定義されるとされ，女性よりも男性に多くみられるとするが，実際に診断されることは極めてまれである。

６．薬物犯

覚醒剤，大麻，危険ドラッグなどを違法に扱ったり使用したりする行為を指し，覚醒剤取締法違反，大麻取締法違反，麻薬及び向精神薬取締法違反，あへん法違反，毒劇及び劇物取締法違反，薬事法違反等に代表される。市販薬や処方薬の目的外使用等も含んでいる。

2021（令和３）年で検挙人員をみると，覚醒剤（8,654 人），大麻（5,206 人）（令和３年度版犯罪白書）が多いが，近年，覚醒剤などの規制薬物等に化学構造を似せて作られ同様の薬理作用を有する，いわゆる危険ドラッグが問題になっている。

薬物犯については，主に，①不良集団または反社会的集団との関わり，②薬物依存・嗜癖の両側面への検討が必要である。薬物使用の目的ではなく，主に不法利益を目的とした薬物の密造，密輸，譲渡等の犯罪行為の場合には，①の検討が中心である。

一方，薬物犯罪の多数を占める自己使用目的の所持・使用については，入手先をめぐって，反社会的集団や薬物仲間との関係を断つことが課題になると同時に，薬物への物質依存・嗜癖に係るアプローチが必要になる。

司法・矯正領域では，矯正施設において，認知行動療法の手法を取り入れた薬物依存回復プログラムや，官民協働の刑務所における治療共同体モデルによる介入が行われている。さらに，社会内処遇を実施する保護観察所においては，認知行動療法の手法を取り入れた専門的処遇プログラムに併せて簡易薬物検出検査が取り入れられている。また，保護観察対象者の引受人・家族等関係者に対する講習会や座談会等を内容とした家族会の実施や，薬物依存リハビリテーション施設等に対して薬物依存回復訓練を委託して実施している（平成 29 年版犯罪白書，令和２年版犯罪白書）。

松本（2017）によれば，薬物依存症は，再発と寛解を繰り返す慢性疾患としての特徴があり，長期にわたる日常的なケアが必要であるとする。そして薬物依存症からの回復については，「止め続けること」が大切であり，「『いかなる治療プログラムを提供するのか』といった問題以上に，いかに長く地域で支援やケアを受け続けさせるかが重要」であるとして，地域社会においてダルク（Drug Addiction

Rehabilitation Center: DARC）やNA（Narcotics Anonymous）などの民間リハビリ施設や自助グループ活動のほか，精神科医療機関や精神保健福祉センターで実施しているSMARPP（Serigaya Methamphetamine Relapse Prevention Program）の実施につなげる重要性を説いている。

2016（平成28）年からは，刑の一部執行猶予制度が開始され，薬物事犯者のうち，再犯を防ぐためには規制薬物等の依存の改善のために社会内で処遇を受けることが重要であるなどの一定の条件を有する場合には，刑の一部を猶予して刑事施設における処遇に引き続き社会内で保護観察に付されることとなった。平成28年度から，法務省と厚生労働省が共同で策定した，関係機関・民間支援団体との連携体制をより緊密にするための対策である「薬物依存のある刑務所出所者等の支援に関する地域連携ガイドライン」が運用され，関係機関・民間支援団体との連携体制の緊密化や地域支援の充実が進められている（令和2年版犯罪白書）。

Ⅲ　パーソナリティ障害

パーソナリティ障害とは，精神疾患や脳器質性病態ではないものの，パーソナリティ傾向が著しく偏り，認知，感情，行動などが，非適応的になった場合を指すが，今なお，議論の多い概念である（鈴木，2012）。

パーソナリティ障害は，歴史的に類型化されて理解されている。類型的理解は，臨床場面において，対象像を直観的に把握することに役立つのと同時に，極端で非適応的なパーソナリティパターンを概観する上で役立つ。しかし一方で，現実の臨床場面では，一つの典型的な類型に当てはまるケースはむしろあまりなく，いくつかの傾向を併せもっていることが多い。

林（2016）は，パーソナリティ障害の特徴である非適応的・病的なパーソナリティ特性は，一般のパーソナリティ特性の極端なものとして連続的に把握できるという。そうであれば，該当のパーソナリティ障害か否かといった診断以上に，パーソナリティ障害の傾向をもつ対象者として程度や特徴を把握することが実際上は有用かと思われる。

犯罪・非行臨床においては，反社会的なパーソナリティは，直接的あるいは間接的に犯罪誘発性要因の一つとみなされているばかりでなく，直接的な犯罪行為の誘発的な要因とみなされない場合でも，再犯防止または社会復帰のために，教育治療，支援する上で問題となる概念である。また逆に，「犯罪行為をした人はすべて反社会的パーソナリティ障害である」といった誤解を生まないためにも理解

を深めておきたい。

1．精神病質

パーソナリティ障害は，過去には，シュナイダー Schneider が「精神病質」と名付け,「人格の著しい偏りのために，自分自身が悩むか，社会が悩むもの」と定義したものである（1949)。彼は，精神病質を人格異常（平均的範囲のパーソナリティからの変異）の下位概念として規定し，類型化した。

シュナイダーの精神病質の類型は，現在使用されていないが，犯罪者について検討された概念であり，日常的・臨床的に見られるタイプを網羅していて実用的価値が高く（安香，2008),「優れて実際的な」類型である（藤岡，2007)。一般的な社会生活において，こうしたパーソナリティ傾向をもつ人に遭遇することは多くはなく，存在することさえ想像できない読者もいるだろう。そのためパーソナリティに問題があるとみなされる対象者像の直観的理解の一助として，以下にシュナイダーによる類型を紹介する。

①**発揚情性型**；朗らかで楽天的，活動的であるが，それが度を越し，深刻さを欠き，無分別，軽率で激しやすい。好訴性が強いタイプ，軽ちょうで落ち着きのない不安定なタイプ，自慢や虚言の多いタイプが見られる。
②**抑うつ型**；沈うつな感情が持続的に強い調子をもっており，厭世的，懐疑的な人生観をもつ。気重で臆しやすいタイプ，不機嫌で苦情が多く陰険なタイプ，偏執的なタイプが見られる。
③**自己不確実型**；自信のなさ，不十全感を特徴としており，過敏で自責的，無力なタイプ，強迫的なタイプが見られる。
④**狂信型**；一定の思想について過剰な価値付けをし，独善的，頑固に主張する。闘争的なタイプ，穏やかだが奇矯の傾向があるタイプが見られる。
⑤**自己顕示欲型**；実際以上に自分をよく見せようとする傾向が常軌を逸しており，自惚れが強く空想的な嘘を言う。詐欺，無銭飲食に及ぶこともある。
⑥**気分易変者**；気分が不安定で，何の理由もなく突然変わる。主に不機嫌になって飲酒や浪費に走り，ときに窃盗，放火に及ぶ。
⑦**爆発型**；興奮しやすく，些細なことで激昂し，少しもちゅうちょなく暴力をふるったりする。
⑧**情性欠如型**；他人に対する情が欠けており，同情，羞恥心，後悔，良心がなく，冷酷・残酷で，残忍な行動を取り，犯罪を繰り返す。
⑨**意志欠如型**；環境の影響を受けやすく，意志力や持続力に欠けている。環境次第で良くも悪くもなるが長続きしない。
⑩**無力型**；神経質で自分の心身の状態に過度に注意が向いており，些細な不調にとらわれ，疲弊しやすく，不充足感が強い。

２．反社会性パーソナリティ障害

DSMは，シュナイダーの考え方を受け継いでいる。具体的には，パーソナリティ障害について，奇妙で風変りに見える群（A群），演技的･感情的で気まぐれに見える群（B群），不安や恐怖を感じやすい群（C群）に分類し，サブタイプは10種類ある。このうち，もっとも犯罪行為と関連があるのは，反社会性パーソナリティ障害（Antisocial Personality Disorder）である。

反社会性パーソナリティ障害は，他者の権利を無視，侵害する反社会的行動パターンを持続的に示すことが大きな特徴である。傷害や殺人などの攻撃的行動，窃盗や暴行などの社会的規範からの著しい逸脱，社会的義務の不履行などの行動に走る。彼らは，衝動的で向こう見ずで思慮に欠けており，容易に暴力などの攻撃的行動を爆発させる傾向を見せる（林，2002）。

反社会性パーソナリティ障害の中心的な特徴としては，人を欺くこと，操作することなどがあり，自らの行為に対して，虚言や自己弁護に終始することも多い。アセスメントに当たっても，複数の情報源や系統的な臨床評価から得られた情報を統合することが特に求められる。

DSM-5では，この診断を与えるためには18歳以上でなければならず，15歳以前に素行症のいくつかの症状が出現していなければならないとしている。

３．素行症／素行障害（Conduct Disorder）

少年非行の問題は，精神医学領域で素行症として扱われることが多い。

DSM-5は，素行症の本質的な特徴について，他者の基本的人権，年齢相応の主要な社会的規範，規則を侵害することが反復し持続する行動パターンとする。

具体的な行動パターンとしては，「しばしば他人をいじめ，脅迫し，または威嚇する」「バットやナイフなど，他人に重大な身体的危害を与えるような凶器を使用した」「動物に対して身体的に残酷」など人や動物に対するいじめや残酷な攻撃的行為や，故意による他人の所有物の破壊行為，「他人の住居，建造物，または車に侵入したことがある」「物や好意を得たり，義務を逃れたりするため，しばしば嘘をつく」などのだまし行為，窃盗，13歳未満には禁止されている夜間外出や怠学行為，などが挙げられる。

素行症は，行動の制御の問題に重きが置かれているが，情動の制御の問題とも関連しており，例えば，攻撃という行動上の症状の多くは，怒りなどの情動の制御が乏しいことによる結果である。

また，関連する特徴として，素行症をもつ攻撃的な人は，あいまいな状況において，他者の意図を，実際よりも敵意があり驚異のあるものとして捉え，攻撃的に反応する傾向があることや，そのことを理にかなった正当なものと感じていることなども挙げられる。

通常小児期中期から青年期中期にかけて現れ，16 歳以降の発症はまれであり，反抗挑発症は，前駆症の一つとされている。

反抗挑発症／反抗挑戦性障害（Oppositional Defiant Disorder）

DSM-5 では，その本質的な特徴は，怒りっぽく／易怒的な気分，口論好き／挑発的な行動，または執念深さなどの様式がしばしば持続することとする。

４．サイコパシー（Psychopathy）

ヘア Hare（1993）によると，その特徴は，自己中心的で驕慢，良心の呵責・罪悪感の欠如，共感能力の欠如，ずるくごまかしがうまい，浅い感情，衝動的，責任感の欠如などである。これらは，ヘアらの作成したサイコパシーチェックリスト（PCL-R）を使い，専門家によって評価される。

サイコパシーは，前述したシュナイダーの精神病質の情性欠如型や DSM の反社会的人格障害と特徴が共通している部分があり，しばしば冷酷で残忍な犯行を繰り返す者の人格特徴とされる。ただし，サイコパシーは，ときに表面的な魅力をもっていて成功を収め，人々からの尊敬を得ている者もいるという点で概念が異なる。

５．パーソナリティ障害を抱える者への心理支援に係る留意点

パーソナリティ障害の心理支援では，対象となる人が支援環境自体を破壊する可能性があるため，明確で強固な枠組みの設定が必要である。林（2002）は，治療の基礎には，契約的関係が必要であるとし，契約には，治療内容と患者の守るべきルールの説明のほか，治療状況における患者と治療者の責任の範囲が加えられるべき場合があるとする。さらに，衝動性や社会的逸脱傾向が全面に出る場合には，治療で守られるべき制限を設定すること自体が重要な課題となり，この制限設定の折に，可能な限り患者自体の考えも考慮に入れつつ，十分に説明すること自体が，後に患者によって内面化され，衝動的行為をコントロールすることに通じて治療的であるとしている。また，パーソナリティ障害については，併存する他の精神障害が認められ，その程度に応じた現実的常識的な対応が求められる

ことにも留意したい。

中井・山口（2004）らは，パーソナリティ障害を抱える者に接する場合のヒントとして，「見下さず」，「あなどらず」むろん「バカにせず」，といっていたずらに恐れて委縮しないことであるとする。「なめられず」，「つけこまれぬように」毅然としたところがあってよい，折り合えぬことは多いが最小限度の折り合える部分を発見するとお互いに楽であり，「さらりと接する」，「行動を信じて期待しない」ことだとしている。

藤岡（2016）は，自身が毅然として限界設定を行う態度とスキルがある前提においてとしつつも，犯罪行為は行動の問題，もしくはそうした行動の背景にある考え方，価値観，生活態度といったライフスタイルの問題であって，人格の問題ではないと考えたほうが「変化」をもたらすことができるとしており，これもまた，心理支援に当たって念頭に置いておきたい重要な心構えであろう。

◆学習チェック表

- □　犯罪類型的理解の意義が分かり，よく使用される犯罪類型別にそれらの特徴について概要を説明できる。
- □　パーソナリティ障害について概要を説明できる。
- □　精神病質，反社会性パーソナリティ障害，サイコパシーの概念について説明できる。

より深めるための推薦図書

林直樹（2002）人格障害の臨床評価と治療．金剛出版．

法務省総合研究所編　犯罪白書．

藤岡淳子編（2007）犯罪・非行の心理学．有斐閣．

日本犯罪心理学会編（2016）犯罪心理学辞典．丸善出版．

大渕憲一（2006）犯罪心理学―犯罪の原因をどこに求めるのか．培風館．

文　献

安香宏（2008）犯罪心理学への招待―犯罪・非行を通して人間を考える．サイエンス社．

American Psychiatric Association（2013）*Diagnostic and Statistical Manual of Mental Disorders.* 5th Edition.（髙橋三郎・大野裕監訳（2014）DSM-5 精神疾患の診断・統計マニュアル．医学書院．）

朝比奈牧子（2017）性犯罪者と心理療法．In：門本泉・嶋田洋徳編：性犯罪者への治療的・教育的アプローチ．金剛出版．

林直樹（2002）人格障害の臨床評価と治療．金剛出版．

林直樹（2016）パーソナリティ障害の現実．In：青木省三・宮岡等・福田正人監修：こころの科学，185; 9-23.

法務省矯正研修所編（2013）矯正心理学（全訂版）．矯正協会．

法務省総合研究所編　犯罪白書．

藤岡淳子編（2007）犯罪・非行の心理学．有斐閣．
藤岡淳子（2006）性暴力の理解と治療教育．誠信書房．
藤岡淳子（2016）パーソナリティ障害を以ってパーソナリティ障害を制す？．In：青木省三・宮岡等・福田正人監修：こころの科学，185; 80-81.
河合隼雄（1997）子どもと悪．岩波書店．
川島ゆか（2015）矯正領域に求められる心理職の役割と展望．In：村瀬嘉代子・下山晴彦・熊野宏昭・伊藤直文編：臨床心理学，15; 450-454.
犯罪統計．https://www.npa.go.jp/publications/statistics/sousa/statistics.html（2023 年３月 23 日閲覧）
松本俊彦（2017）司法機関から地域の支援資源にどうつなげるべきか．In：川島ゆか編：臨床心理学，17; 814-817.
森田展彰（2016）家庭内の暴力における関係性．In：藤岡淳子編：こころの科学，188; 65-72.
中井久夫・山口直彦（2004）看護のための精神医学［第２版］．医学書院．
西田篤史・元木良洋（2017）性犯罪者の横顔．In：門本泉・嶋田洋徳編：性犯罪者への治療的・教育的アプローチ．金剛出版．
大渕憲一（2006）犯罪心理学─犯罪の原因をどこに求めるのか．培風館．
Hare, R. D.（1993）*Without Conscience.* The Guilford Press.（小林宏明訳（1995）診断名サイコパス．早川書房．）
Potter-Efron, R. T. & Potter-Efron, P. S.（2006）*Letting Go of Anger: The Eleven Most Common Anger Styles and What to Do About Them.* 2nd Edition. New Harbinger.（藤野京子監訳（2016）アンガーマネジメント 11 の方法．金剛出版．）
消防白書．https://www.fdma.go.jp/publicat（2023 年１月 22 日閲覧）
Schneider, K.（1949）*Die Psychopathischen PersÖnlichkeiten.* Springer.（懸田克躬・鰭崎轍訳（1954）精神病質人格．みすず書房．）
鈴木公啓編（2012）パーソナリティ心理学概論．ナカニシヤ出版．
高野光司・本田恵子（2013）刑事施設におけるアンガーマネジメント．In：早稲田大学社会安全政策研究所紀要，5; 21-37.

コラム

刑法犯の罪名別構成比

川島ゆか

図は，令和 4 年版犯罪白書掲載の「刑法犯　認知件数の罪名別構成比」である（図 1 ）。

認知件数とは，警察が発生を認知した事件の数をいう。また，犯罪白書では，「刑法犯」と「特別法犯」別に統計を取っており，「刑法犯」には刑法の規定する主な罪のほか特別法の規定するいくつかの罪も含んでいる。統計資料の各用語の定義は，各統計資料によって異なる部分があり，また継続的な統計資料であっても法の改正や統計上の必要などに応じて変更が伴うので，正確には，凡例などにある定義や説明を確認することが必要である。

2021（令和 3 ）年の刑法犯の認知件数の 7 割近くを占めるのは窃盗で，次いで器物損壊，詐欺，暴行，傷害の順であった。

窃盗は，刑法犯の認知件数の大半を占めており，平成期の刑法犯の認知件数の増減は，窃盗の認知件数の大幅な増減に伴うものである。2003（平成 15）年以降，刑法犯は，窃盗犯の減少とともに減少の一途をたどっている。

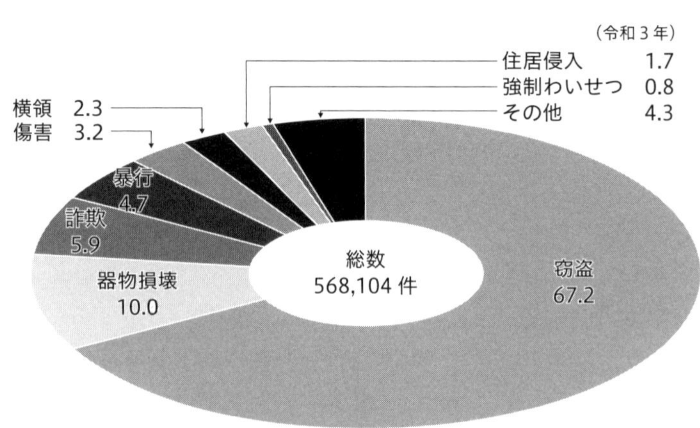

図 1　刑法犯　認知件数の罪名別構成比（令和 4 年版犯罪白書，p.5）

第 10 章

犯罪被害者への心理支援

藤田悟郎

Keywords　犯罪被害者等基本法，心的外傷後ストレス障害，悲嘆，二次被害，代理受傷，犯罪被害者等早期援助団体，HPA 系，認知行動療法

Ⅰ　犯罪被害者等基本法と犯罪被害者等基本計画

1．犯罪被害者等基本法

我が国の犯罪被害者への支援は，「犯罪被害者等基本法」（2004［平成 16］年 12 月 1 日成立, 2005［平成 17］年 4 月 1 日施行。以下「基本法」という）に基づき実施されている。基本法第 1 条は,「犯罪被害者等のための施策に関し，基本理念を定め，並びに国，地方公共団体及び国民の責務を明らかにするとともに，犯罪被害者等のための施策の基本となる事項を定めること等により，犯罪被害者等のための施策を総合的かつ計画的に推進し，もって犯罪被害者等の権利利益の保護を図ることを目的とする」，としている。この条文から，犯罪被害者支援は，政府を挙げて取り組まれている重要施策であると同時に，国や地方公共団体などの公的な機関だけでなく，一般の国民もまた，犯罪被害者を理解し支援する責務があることがわかる。

基本法第 2 条は,「犯罪被害者等」とは,「犯罪及びこれに準ずる心身に有害な影響を及ぼす行為」により,「害を被った者及びその家族又は遺族をいう」，と定めている。犯罪により直接の被害を受けた本人だけでなく，その家族も支援の対象である。

2．犯罪被害者等基本計画

基本法に基づき，犯罪被害者の支援に関する具体的な施策を定めているのが,「犯罪被害者等基本計画」（以下,「基本計画」という）である。基本計画は，おおむね 5 年毎に策定され，施策の実施状況などに応じて見直されている。基本計

画では，重点課題として，４つの基本方針（①尊厳にふさわしい処遇を権利として保障すること，②個々の事情に応じて適切に行われること，③途切れることなく行われること，④国民の総意を形成しながら展開されること）と，５つの重点課題（①損害回復・経済的支援等への取組，②精神的・身体的被害の回復・防止への取組，③刑事手続への関与拡充への取組，④支援等のための体制整備への取組，⑤国民の理解の増進と配慮・協力の確保への取組）が示されている。詳しくは後述するが，基本計画により，これまでに実現されてきた具体的施策として，犯罪被害給付制度の拡充，損害賠償命令制度の創設，被害者参加制度の創設・拡充，カウンセリング費用の公費負担制度の整備，性犯罪・性暴力被害者のためのワンストップ支援センターの全ての都道府県への設置，適切な情報提供等を行う総合的対応窓口の全ての地方公共団体への設置などが挙げられている。2021年４月から2026年３月までを期間とする第４次基本計画では，継続して実施するものも含めて，279の施策が掲げられており，新たな施策としては，性犯罪・性暴力被害者のためのワンストップ支援センターの体制強化，SNSを含むインターネットでの誹謗中傷に関する相談体制の充実，条例の制定など地方公共団体による取り組み強化などがある。地方公共団体の総合対応窓口における公認心理師等の専門職の活用も掲げられている。基本法で掲げられているこれらの施策を担当する国の機関は，警察庁，法務省といった刑事手続に関わる機関だけでなく，内閣府，金融庁，総務省，外務省，財務省，文部科学省，厚生労働省，国土交通省と幅広い。犯罪被害者支援は，捜査や裁判などの刑事手続における支援，犯罪被害者へのカウンセリングといった心理支援だけではく，医療，福祉，教育などを含む分野で，さまざまな機関や団体の連携のもとに実施されている。犯罪被害者への心理支援は，幅広い施策と連動して実施されるものであることに注意が必要である。以下，本章では，犯罪被害者への心理支援を中心に解説していく。

II　犯罪被害者の心理的苦痛

1．心的外傷後ストレス障害

犯罪被害者には，犯罪を体験したことによるさまざまな心理的苦痛の症状がみられるが，最も重要なのは，PTSD（Posttraumatic Stress Disorder：心的外傷後ストレス障害）であろう。米国精神医学会が定める精神疾患の診断基準であるDSM-5-TR（*Diagnostic and Statistical Manual of Mental Disorders*, 5th edition text revision,『DSM-5-TR 精神疾患の診断・統計マニュアル』）によると，PTSDは，危

うく死ぬ，重傷を負う，性的暴力を受ける出来事を直接体験する，あるいは直接目撃した人にみられるとされている。また，家族または友人との暴力的または偶発的な死別の体験も，PTSD の原因となりうる（American Psychiatric Association, 2013）。

犯罪被害者の PTSD で最も特徴のある症状は，犯罪の被害に遭ったときの感情と感覚を伴う，記憶の侵入的な想起である。恐怖，苦痛，無力感などの不快な感情と，被害を体験したときの鮮明な光景，物音や声，身体の痛みなどの感覚を伴って，被害者は，あたかも犯罪被害の体験が再び起こったかのように感じる。動悸や発汗などの生理的な反応も生じる。このような想起を，再体験，フラッシュバックなどとも言う。以下は，目の前で発生した交通事故により小学生の子どもを亡くした母親の事例である。

事故のとき，子どもの足が揃った瞬間にバイクに吸い込まれるようにぶつかり，体が浮き上がって頭を打つ光景が，時々ふっと頭に浮かぶ。車のブレーキ音を聞くと，その場に座り込むくらい怖くなる。子ども（事故で亡くなった子どもの妹）を連れて外を歩くことができない。

侵入的な想起は，コントロール不能で苦痛な症状を伴うため，犯罪被害者は，被害を思い出すきっかけになること，被害についての話題，被害に遭った場所を避けようとすることがある。このような症状を回避という。また，事件について思い出せない，人と話していても実感がない，普通の人のように喜んだり悲しんだりができないなどの，感覚や感情が麻痺した状態を体験することもある。このような症状を解離という。反対に，ちょっとした物音に驚く，神経が高ぶって眠れない，イライラや怒りが爆発するなど，感情の制御が困難になることもある。その結果，仕事や家事に集中できず，社会的な生活に障害が発生する。以下は，交通事故で配偶者を亡くした男性の事例と，交通事故で実母を亡くした女性の事例である。

病院にかけつけたとき，事故に居合わせた近所の人が付き添ってきてくれているのに全く気付かなかった。もう助からないと言われて動転していたと思う。葬儀のことも覚えていないが，その時は一切を自分でやらなくちゃいけなかった。事故直後の２，３日は眠れなかった。空腹も感じない。半月位は戻るのにかかった。会社は１，２週間休んだ。その間は全く駄目で，ぼーっとしていた。

何だか事故直後のことはすっ飛んでしまったみたい。後で聞くとおかしなことを随

分言っていたらしい。前後の感覚や時間の感覚が違ってきてよく思い出せない。寝るときは電気をつけっぱなしにして寝る。睡眠薬なしには眠れない。なんだか仕事もまとまらず，家の片付けも前のようにまとまってできない。何かに打ち込めばと言われるがそこまではいけない状態。事故後1年半ぐらいは自律神経失調症のような症状が続いた。

以上に述べたようなPTSDの中核的な症状が1カ月以上持続していることが，PTSDと診断される条件である。米国の研究によると，不同意性交の被害に遭った女性が，一生のうちにPTSDを発症する割合は45.9%，子どものときに身体的虐待を受けた男性が，一生のうちにPTSDを発症する割合は22.3%などとされている（Kessler et al., 1995）。PTSDは犯罪被害を体験した人に一般的にみられるものの，全員がPTSDを発症するわけではないこと，被害直後の症状は顕著であるが時間の経過とともに回復する人，長期間にわたって症状が続く人など，さまざまな態様があることに注意が必要である。

2．遷延性悲嘆症

犯罪の被害で家族を亡くした人の心理を理解するときに，PTSDと同様に重要なのが悲嘆（grief）の心理である。悲嘆は，家族や大切な友人との死別や，自分にとってかけがえのないものを喪失した後に，広くみられる心理である。ロスRoss（1969）の5過程説によれば，悲嘆の心理には，否定，怒り，取引，抑うつ，受容の5つの過程があるという。

最初の否定は，その人の死が信じられないという心理で，突然に訪れた不幸な出来事を，できればなかったことにしたい，と願う無意識の心の過程である。次の怒りは，不幸な出来事に対するやり場のない怒りの心理である。犯罪の被害者で家族を亡くした人では，怒りが加害者だけでなく，親族，友人，刑事司法関係者，医療関係者，あるいは社会全体などさまざまな対象に向けられることがある。3番目の取引は，なにかの約束をすることで，以前と同じ生活を取り戻せないか，と願う心理である。犯罪の被害で家族を亡くした人の中には，取引の心理により，自分の仕事，日常の生活，あるいは事件に関係することにおいて，懇願するような努力を試みることがある。4番目の抑うつは，その人の死が否定できない事実であり，亡くなった人を取り戻すことができないと悟ったときに感じる，大きな絶望感である。活動性が低下し，自分の内にひきこもる。最後の受容は，これらの過程の最後に生じる，比較的落ち着いた心の状態であるとされる。

ロスの説による心理過程は，犯罪の被害で家族を亡くした人だけではなく，身

体の一部を失った人，後遺障害などにより被害に遭う前の仕事や学業が続けられなくなった人にもみられる。悲嘆の心理で，特徴的なのは，悲嘆は時間の経過とともに必ずしも低減しないことである。死別直後よりも数カ月後，あるいは 1 年後などのほうが，家族や大切な友人の死を実感し，悲しみが大きいと感じることは珍しくない。悲嘆のモデルには，デーケン Deeken（1996）の 12 段階のモデルなども知られている。

家族や大切な友人との死別や，自分にとってかけがえのないものの喪失は，だれもが一生のうちに何度か体験し，それを乗り越えることが期待されるから，従来は，診断や治療が必要な精神疾患ではなく，正常な反応であるとされてきた。一方，比較的近年になって，悲嘆の研究者の中から，犯罪被害のような暴力的で偶発的な死別を体験した人の中には，抑うつが深刻になり，回復が長引き，専門家の援助が必要になることがあるとの指摘がされ，深刻な症状が長期間にわたってみられる悲嘆を，一般的な悲嘆と区別し，医学的な治療が必要な精神疾患とみなすべきだとの意見が出されてきた（Horowitz et al., 1997; Prigerson et al., 2009; Shear et al., 2015）。その結果，世界保健機関（WHO）による国際疾病分類の ICD-11 と米国精神医学会による DSM-5-TR では，これらの悲嘆については，遷延性悲嘆症（prolonged grief disorder）として，診断や治療が必要な精神疾患に位置付けられた。

3．二次被害と代理受傷

犯罪被害に遭った後に，周囲の人々との関わりなどにより，被害の恐怖を再体験することを，二次被害（secondary victimization）と言う。犯罪被害者は，事件についての事情聴取や現場検証，あるいは公判での証言などに協力する必要があるが，この過程で，犯罪の恐怖を再体験することもある。マスコミの取材や報道により生じる二次被害も問題である。また，医療関係者，職場や学校の関係者，保険会社の関係者，家族や親族による二次被害もある。事件の後に，被害者を不用意に傷つけない配慮が必要である。

また，犯罪被害者の支援者や刑事司法の関係者の中には，被害者が体験した悲惨な出来事の話を聞き，被害者に共感的に接し続けていると，恐怖や怒り，絶望感などの強い感情が生じるほか，伝聞した出来事の再体験をするなど，被害を受けた人と同様の症状が見られることがある。これらは，被害者を通じてトラウマを二次的に体験することが原因で生じるものであり，二次的外傷性ストレス（secondary traumatic stress; Stamm, 1995），共感疲労（compassion fatigue; Figley, 1995），

代理トラウマ（vicarious traumatization; McCann & Pearlman, 1990）などと呼ばれる。犯罪被害者の支援者は，実際に支援を行う前に犯罪被害のトラウマについて学習し，支援者自身も，必要に応じて専門家からの心理支援を受ける必要がある。

Ⅲ　犯罪被害者支援を支える基盤的な事象の理解

1．トラウマの心理についての社会の理解

基本法は，その前文で，「犯罪被害者等の多くは，これまでその権利が尊重されてきたとは言い難いばかりか，十分な支援を受けられず，社会において孤立することを余儀なくされてきた」と述べている。欧米においては，犯罪被害者支援が，我が国より先行して実施されていたものの，歴史が浅いという点では，我が国と同様である。犯罪被害者への心理支援に携わる者は，犯罪被害者が十分な支援を受けられてこなかった歴史の経緯と，現代の犯罪被害者支援に関する制度を支えている基盤的な事象を理解しておく必要がある。

精神医学と心理学においてトラウマの研究が始まったのは，19 世紀後半以降のことである。フロイト Freud, S. とジャネ Jane, P. は，当時，ヒステリーと呼ばれていた症状を研究し，症状の原因が性虐待の体験にあるという仮説を唱えた。彼らの研究対象は，現代で言えば，幼少時に性虐待を受けた女性の PTSD ということになる。また，第一次世界大戦では，精神的な問題で戦闘不能に至った兵士の研究が行われ，彼らの症状は，強度なストレスの体験で生じた生物学的な疾患が原因という仮説も提案されていた（森，2009）。しかし，当時は，これらの仮説を証明することも，有効な治療の方法を見出すこともできなかった。

それどころか，トラウマの体験者が訴える精神的な症状は，補償金目当ての詐病ではないかとの疑問も主張されていた。初期のトラウマの研究として知られる鉄道事故被害者の研究が行われた当時には，賠償神経症という概念も唱えられた。当時においては，兵士は国家のために勇敢に戦うものであり，勇敢な兵士であれば，厳しい戦闘が続いても耐えられると考えられていたし，男性優位の社会であって，社会的な弱者である女性や子どもに対する暴力の問題は公になりにくいなどの事情があった。ハーマン Herman（1992）は，PTSD の歴史は，女性に対する偏見を克服する歴史であったと述べている。

2．ストレス反応に関する生物学の知見

20 世紀の初頭までに，戦争や犯罪のトラウマが問題にされていながら，社会の理解が進まなかったのは，トラウマの体験者にみられる精神的な症状についての，生物学的な機序が明らかでなかったことが一因であると考えられる。

セリエ Selye, H. は，ストレス反応に関する先駆的な研究を行った 20 世紀の中頃に活躍した生理学者である。セリエは，動物を使った実験により，体内に異物を注入する，温度を急に変化させるなどの負荷を動物にかけると，刺激の種類にかかわらず，共通した生理的な反応が生じることを発見した。この反応は，ホルモンや自律神経のバランスの異常により生じることが確認された。

現在では，これらのストレス反応に関する脳の器官やホルモンの働きが解明されつつある。ストレス反応において，最も重要な役割を果たしているのは，視床下部，下垂体，副腎皮質をつなげる HPA 系と呼ばれる回路とされる。脳がストレスを感じるとこの回路が活性化され，コルチゾールというホルモンが分泌される。コルチゾールは，体内の器官に緊急対応を促す警戒警報のようなものであり，HPA 系によるこれらの働きは，例えば，肉食動物に襲われるなどの，生死に関わる事態に即応するために身についた反応であると考えられている。犯罪被害のようにストレスが強大であったり，過労などでストレスが慢性化したりすると，コルチゾールの分泌が多くなりすぎて脳が混乱する。

海馬は，脳内の中央に位置する器官で，記憶の形成と忘却に密接に関係があり，ストレスに特に弱いとされる。PTSD の症状にみられる，不快な感情を伴う侵入的な想起は，海馬の機能が強いストレスでダメージを受けた結果であるとされている。扁桃体は，大脳の内側に位置する小さな器官であり，恐怖や恐怖を伴う記憶の形成に重要な役割を果たしているが，コルチゾールが多くなるとその活性が高まると考えられている。また，コルチゾールは，大脳の前頭前野の活動を停滞させ，思考，決断，社会的活動を阻害すると考えられている。

3．被害者学における犯罪被害者支援の研究

現代の被害者学は，犯罪被害者支援に関連する法律や社会の制度を研究する学問領域となっているが，以前の被害者学は，そのような内容では必ずしもなかった。20 世紀の中頃に，被害者学という言葉を最初に使ったのはメンデルソーン Mendersohn, B. とされる。メンデルソーンは弁護士としての視点から裁判の事件記録を調べ，犯罪に巻き込まれる，あるいは，犯罪を誘発する被害者の特徴を明

らかにし，犯罪の発生防止策を見出すこと目指した（中田，1958)。同じ時代の社会学者であるヘンティヒ Hentig, H. は，被害者のさまざまな特徴が，犯罪者の行動を誘発することを指摘し，犯罪防止策について論じている（藤本・朴，1994)。

現代の被害者学や被害者支援に通じる視点は，フライ Fry（1959）にみることができる。フライは，死刑制度の反対や刑務所の改善などにも活動した人物であるが，税金を財源とし，暴力犯罪の被害者の損害を経済的に補償する制度の創設を唱えた。フライの主張の特徴は，暴力犯罪の被害の補償は，社会の責任であると同時に，社会の利益になると主張した点にある。古い時代の部族や村は，仲間がケガをすれば面倒をみたし，仲間が他の集団の誰かにケガをさせれば責任を取るのが普通であった。フライは，近代の国家も，これら二つの義務を負うとともに，経済的な補償は，犯罪者に対する被害者の応報感情を鎮めると同時に，国民に武力の行使を禁じ，犯罪者に緩やかな刑罰を科し，その更生を目指すという近代国家の維持に役立つと述べている。

フライが唱えた犯罪被害者への経済的な援助制度を最初に作ったのはニュージーランドで，1964 年のことである。その後，主な欧米諸国では，1970 年代に同様の制度を設けた。日本では，1980 年に犯罪被害給付制度が作られた。

犯罪被害者を尊重し，社会が支援に責任をもつという考え方は，次第に広まった。1985 年には国連総会で,「犯罪及びパワー濫用の被害者のための司法の基本原則宣言」が採択された。被害者は，同情と，被害者の尊厳に対する尊敬の念をもって扱われなければならないこと，被害者が犯罪者から十分な弁償を得られない場合には，国家は，経済的補償を行うよう努力しなければならないこと，被害者は，物質的，医療的，精神的，社会的に必要な援助を受けることができること，警察，司法，健康，社会サービスなどの担当者は，被害者のニーズに適切に対応し，適切な援助を迅速に行うためのガイドラインについて，訓練を受けなければならないこと，などが宣言された。

Ⅳ　犯罪被害者支援の諸制度

1．刑事手続における犯罪被害者支援

基本法第３条は，犯罪被害者が必要とする支援を,「途切れることなく受けることができるよう，（施策が）講ぜられるものとする」，としている。また，基本法第７条は,「施策が円滑に実施されるよう，相互に連携を図りながら協力しなければならない」，としている。刑事手続においては，基本法のこれらの規定に基づ

き，犯罪被害者のためのさまざまな制度が設けられている。刑事手続や相談機関の連絡先などを説明する，被害者のためのパンフレットが用意され，事件の事情聴取は，被害者の不安やプライバシーに配慮して行われる。警察と検察には，捜査を担当する職員とは別に，手続の案内や付き添い，相談機関の紹介などを行う支援担当の職員がいる。警察と検察には，捜査の状況，裁判の期日，裁判の結果などを被害者に通知する制度がある。電話相談やカウンセラーによる相談も実施されている。

裁判所においては，被害者が裁判で証言する場合，衝立を設ける，別室に設置したビデオカメラを利用するなどの措置がある。被害者が希望すれば，裁判に出席し，被告人や検察官に質問を行う被害者参加制度もあり，事件記録の閲覧やコピーも可能である。また，懲役や罰金などの刑事処分を審理した裁判所が，損害賠償命令の申し立てについての審理も行う制度も実施されている。

2．民間団体による犯罪被害者支援

刑事司法機関や公的機関だけでは，犯罪被害者への必要な支援を途切れなく行うことはできない。そのため，民間団体による被害者支援が重要な役割を果たしている。全ての都道府県には犯罪被害者を支援する民間の団体があり，主な団体は，全国被害者支援ネットワークに加盟している。犯罪被害者等早期援助団体の指定を受けている民間団体は，警察から被害者や事件の情報を直接に得ることができ，必要な支援を早期に行うことができる。

3．家庭，学校，地域における犯罪被害者支援

犯罪統計によると，殺人の 9 割近く，不同意性交の約 7 割は，加害者が親族や知人などの面識がある者である。また，内閣府が 20 歳以上の男女を対象に 2020（令和 2）年に行った「男女間の暴力に関する調査」によると，これまでに結婚したことがある人の 22.5%が，配偶者から暴力を受けたことがあると回答し，交際相手がいる（いた）という人では，女性の 16.7%，男性の 8.1%が，交際相手から暴力の被害を受けたことがあると回答している。家庭内や知人からの被害が多いのが実情であり，これらは発覚が遅れることも多い。

「配偶者からの暴力の防止及び被害者の保護等に関する法律」は，国及び地方公共団体に，配偶者からの暴力の防止と，被害者の自立支援を含め，その適切な保護を図る責務があるとし，裁判所による被害者への接近禁止命令，警察による暴力の防止，被害者の保護，被害発生防止の措置，都道府県の配偶者暴力支援セン

ターによる，被害者の一時保護や自立支援などが定められている。「児童虐待の防止等に関する法律」，「ストーカー行為等の規制等に関する法律」により，児童虐待やストーカーについても，公的機関が介入するための仕組みが整えられている。「児童福祉法」の第25条は，児童虐待を受けたと思われる児童を発見した場合，国民に通告する義務を定めている。

家庭，学校，地域における犯罪被害者の支援は，裁判所，警察，学校，医療機関，児童相談所，教育相談所，保健センター，民間の支援団体などのさまざまな機関が連携して実施される。犯罪被害者が解決を必要とする問題は，安全の確保，医療的な処置，生活の再建など多岐にわたるため，心理支援を行う専門家だけで解決できるものでは到底なく，他職種との連携が特に重要となる。

Ⅴ　犯罪被害者への心理支援の基本的な方法

1．心理支援の基本的な姿勢

犯罪被害者への心理支援の方法は，被害の内容，被害からの経過期間，支援を実施する主体によってさまざまであるが，ここでは，心理支援の基本的な姿勢と考え方について述べる。

事件から間もない時期においては，被害者の身体の安全と身体の健康を確保する措置が重要である。ケガの治療や避妊などの医学的な処置と，適切に休息を取るなど体力の回復を優先する必要がある。犯罪被害者は恐怖を体験しているため，被害者が安心して過ごせる環境の確保が重要である。性犯罪・性暴力被害者のためのワンストップ支援センターは，被害者の心身の負担を軽減するために，被害の直後から医師による治療，カウンセリング等の心理的支援，法的支援などを，可能な限り1カ所で提供する相談窓口である。家庭内暴力やストーカーの被害といった事案では，事件後も加害者が接触を試みることも考えられるから，安全な住居の確保などの措置が必要となる。被害者に非がなくても，自責感や絶望感から自傷行為や自殺企図が見られる場合もある。犯罪被害からの経過期間にかかわらず，犯罪被害者が，心の健康を回復するためには，被害者が安心できる安全な環境と，身体の健康が必要である。

犯罪被害者に直接に接する心理支援における基本的な姿勢は，不用意な言動で被害者を傷つけることに注意し，誠実な態度で被害者に静かに寄り添うことである。被害者の気持ちや意思を尊重し，被害者の話を否定したり意見をしたりせずに聴く，被害者が事件について話すことを妨げない，事件や被害者の心理につい

ての支援者の考えを押し付けない，自分が支援をしていることを強調しない，守れない約束をしない，などを心掛ける必要がある。「あなたの気持ちもわかります」，「早く元気になってください」などの，同情や励ましは，「回復できないのは自分のせいだ」，などと被害者の罪悪感を高めると同時に，「他人にはわかってもらえない」などと被害者の孤立感を高め，被害者が社会や周囲の人を頼りにすることを妨げる原因にもなるので注意が必要である。

また，事件から間もない時期の犯罪被害者は，精神的にも体力的にも余裕がない状態に置かれているため，心理支援だけではなく，被害者の求めに応じて，家事や子育てを手伝う，警察や検察の事情聴取や裁判に付き添う，相談できる窓口や機関の情報を調べて伝えるなどの道具的な支援も重要である。

犯罪被害の影響を評価するときには，先に述べた PTSD や悲嘆に関連する評価も必要だが，犯罪被害の影響は，人により，心に強く現れる人，行動に強く現れる人，身体に強く現れる人，とさまざまであるため，影響を広範囲に評価することが重要である。不眠，食欲不振，身体の痛みといった身体の問題や，育児，家事，学校，仕事の様子や，ひきこもりや自暴自棄，飲酒やギャンブルといった行動面の問題，イライラ，周囲の人物や社会に対する不信感，以後の生活についての悲観的な感情などにも注意する必要がある。

2．認知行動療法と薬物療法

犯罪被害者の中には，PTSD や悲嘆の症状が慢性化する人が一定の割合で存在する。このような被害者には，環境を整えて被害者に寄り添うといった心理支援だけでは，問題を解決することはできず，医学的な介入が必要となる。当然のことながら，これらは，専門的な訓練を受け，資格をもった精神科医や心理師でなければ適切に行うことはできない。これらの医学的な介入では，ランダム化比較試験やメタアナリシスといった方法により，治療の効果が科学的に確認された方法だけが用いられる。PTSD の治療方法とその効果については，国際トラウマティック・ストレス学会が公認している治療ガイドライン（Forbes et al., 2020）などで知ることができる。

治療の中心となるのは，認知行動療法と呼ばれる，被害者の物の見方や考え方への働き掛けを中心とする方法である。一般的には，1 回あたり 60 ～ 90 分間の個別療法を，週に 1 ～ 2 回，8 ～ 10 回程度行う。持続エクスポージャー療法は，事件の苦痛な記憶や，被害者が事件を思い出させるために回避している刺激や状況に，あえて曝露させるというものである。認知処理療法は，回復を阻害してい

る認知，例えば，安全，信頼，力とコントロール，価値，親密さなどについての考え方を再構成することを目的に行われる。また，PTSDの症状の軽減に効果があるとされる治療薬には，選択的セロトニン再取り込み阻害薬（SSRI），セロトニン・ノルアドレナリン再取り込み阻害薬（SNRI）といった，抗うつ薬が知られている。

◆学習チェック表

□　犯罪被害者等基本法など，我が国における犯罪被害者への支援に関する制度の概要を理解した。
□　心的外傷後ストレス障害，悲嘆の心理など，犯罪被害者にみられる心理的苦痛の主な特徴を理解した。
□　犯罪被害者への心理支援における，基本的な姿勢と方法を理解した。

より深めるための推薦図書

American Psychiatric Association（2022）*Diagnostic and Statistical Manual of Mental Disorders.* 5th edition text revision . American Psychiatric Publishing.（髙橋三郎・大野裕監訳（2023）DSM-5-TR 精神疾患の診断・統計マニュアル．医学書院.

Forbes, D., Bisson, J. I., Monson, C. M., & Berliner, L. (Eds.)（2020）*Effective Treatments for PTSD: Practice Guidelines from the International Society for Traumatic Stress Studies.* 3rd Edition. Guilford Press.（飛鳥井望監訳（2022）PTSD 治療ガイドライン［第３版］．金剛出版.）

国家公安委員会・警察庁編（2022）令和４年版　犯罪被害者白書．https://www.npa.go.jp/hanzaihigai/whitepaper/top.html#r04（2023 年３月 23 日閲覧）

文　献

American Psychiatric Association（2022）*Diagnostic and Statistical Manual of Mental Disorders.* 5th edition text revision . American Psychiatric Publishing.（髙橋三郎・大野裕監訳（2023）DSM-5-TR 精神疾患の診断・統計マニュアル．医学書院.）

アルフォンス・デーケン（1996）死とどう向き合うか．NHK 出版.

Figley, C. R.（1995）*Compassion fatigue: Coping with Secondary Traumatic Stress Disorder in Those Who Treat the Traumatized.* Routledge.

Forbes, D., Bisson, J. I., Monson, C. M., & Berliner, L. (Eds.)（2020）*Effective Treatments for PTSD: Practice Guidelines from the International Society for Traumatic Stress Studies.* 3rd Edition. Guilford Press.（飛鳥井望監訳（2022）PTSD 治療ガイドライン［第３版］．金剛出版.）

Fry, M.（1959）Justice for Victims. *Journal of Public Law*, 8; 191-194.

藤本哲也・朴元奎（1994）アメリカ合衆国における被害者学の生成と発展．被害者学研究，3; 41-55.

Herman, J. L.（1992）*Trauma and Recovery.* Basic Books.（中井久夫訳（1996）心的外傷と回復．みすず書房.）

Horowitz, M. J., Siegel, B., Holen, A., et al.（1997）Diagnostic Criteria for Complicated Grief

Disorder. *The American Journal of Psychiatry*, 154; 904-910.

Kessler, R. C., Sonnega, A., Bromet, E., et al.（1995）Posttraumatic Stress Disorder in the National Comorbidity Survey. *Archive of General Psychiatry*, 52; 1048-1060.

McCann, I. L. & Pearlman, L. A.（1990）Vicarious traumatization: A Framework for Understanding the Psychological Effects of Working with Victims. *Journal of Traumatic Stress*, 3; 131–149.

森茂起（2009）DSM- Ⅲまでのトラウマ概念―「神経症」の時代．トラウマティック・ストレス，7; 109-119.

中田修（1958）Mendelsohn 氏の被害者学．犯罪学雑誌，24; 178-185.

Prigerson, H. G., Horowitz, M. J., Jacobs, S. C., et al.（2009）Prolonged Grief Disorder: Psychometric Validation of Criteria Proposed for DSM-V and ICD-11. *PLoS medicine*, 6; e1000121.

Ross, E. K.（1969）*On Death and Dying*. Macmillan.（鈴木晶訳（1998）死ぬ瞬間―死とその過程について．読売新聞社.）

Shear, M. K.（2015）Complicated Grief. *New England Journal of Medicine*, 372; 153-160.

Stamm, B.（1995）*Secondary Traumatic Stress: Self-care Issues for Clinicians, Researchers, and Educators*. The Sidran Press.（小西聖子・金田ユリ子訳（2003）二次的外傷性ストレス―臨床家，研究者，教育者のためのセルフケアの問題．誠信書房.）

World Health Organization（2022）International Classification of Diseases Eleventh Revision (ICD-11). World Health Organization. https://icd.who.int/browse11/l-m/en#/http://id.who.int/icd/entity/1183832314（2023 年 3 月 23 日閲覧）

第11章

社会内処遇における心理支援

更生保護における家族支援を中心に

生島　浩

Keywords　社会内処遇，更生保護，ソーシャル・インクルージョン，家族支援

Ⅰ　司法・犯罪分野における社会内処遇：更生保護

1．更生保護とは

司法・犯罪分野において，医療分野での入院治療に相当する刑務所や少年院などでの「施設内処遇」に対して，外来診療に当たるのが「社会内処遇（community-based treatment）」である。国の刑事政策として，社会内処遇の中核を担っているのが「更生保護」であり，心理臨床（家族療法）の分野でシステムズ・アプローチ（組織的取り組み）と呼ばれる手法の実践である（藤本ら，2016）。

更生保護は，犯罪者や非行少年に対して社会の中で適切に働き掛けることにより，その再犯を防ぎ，非行をなくし，彼らが自立し立ち直ることを助けることで，社会を保護し，個人と公共の福祉を増進することを目的としている（更生保護法第１条）。その内容は，仮釈放，保護観察，生活環境の調整，犯罪被害者施策，犯罪予防などの多岐にわたり，再犯抑止のためのリスク・マネジメントを中核とする心理支援の手法が活用されている（角田，2017）。

更生保護の第一線機関は，地方裁判所の管轄区域ごとに置かれる保護観察所であるが，その他，刑事施設からの仮釈放を審理する地方更生保護委員会，全体業務を所掌している法務省保護局がある。さらに，保護観察所では，「心神喪失等の状態で重大な他害行為を行った者の医療及び観察等に関する法律」（いわゆる医療観察法）に基づく精神保健観察を実施している。

国家公務員で医学・心理学・教育学・社会学等の専門的知識を有する保護観察官と民間篤志家で地域社会のリソースに精通した保護司が協働して面接指導，家族等への生活環境の調整，そして，犯罪予防活動である「社会を明るくする運動」

といった地域社会への支援を実施している。この「協働態勢」と呼ばれる独特のチームアプローチは，保護観察官が対象者の心理的側面を含む理解とニーズの把握および立ち直り（更生）支援計画を立て，保護司が自宅等で面接，生活指導・就労支援を行うなど地域社会への受け入れを具現化するものとして有効に機能している（本シリーズ第１巻『公認心理師の職責』第８章参照)。

なお，前述の医療観察対象者の継続的な医療確保と社会復帰を促進するための精神保健観察は，保護観察所に配置されている，精神保健福祉に関する専門知識をもつ精神保健福祉士，公認心理師などの資格を有する「社会復帰調整官」が担っている。そこでは，家族を含む生活環境の調査・調整，処遇の実施計画作成，多機関・多職種連携を基幹とする心理的支援が実施されている。

2．保護観察の実際

保護観察の対象者は，１）１号観察：少年法の規定により保護観察処分に付せられている者，２）２号観察：少年院からの仮退院を許されて保護観察に付されている者，３）３号観察：刑事施設からの仮釈放を許されて保護観察に付されている者，４）４号観察：刑の全部又は一部の執行猶予の言渡しを受けて保護観察に付されている者などに分かれる（更生保護法第 48 条)。保護観察における指導監督は，対象者に共通の法に定められた「一般遵守事項」と個々の対象者の必要性に応じて定められた「特別遵守事項」に基づいて行われ，遵守しない場合は，１号観察なら少年院送致，２号観察は少年院への戻し収容，３号観察は仮釈放の取消し，４号観察は刑の執行猶予の言渡しの取消し等の措置がとられることがある。

保護観察所で保護観察官によって行われる初回面接では，家庭裁判所や少年院，刑務所からの事件内容や生育歴，家族状況などに基づく情報・意見を参照して，１・４号観察では特別遵守事項を設定し，２・３号観察では地方更生保護委員会が設定した特別遵守事項を再確認する。さらに，社会内処遇に資するアセスメント（見立て）が重視され，再犯・再非行を防止するためのアセスメントツールである「CFP：Case Formulation in Probation/Parole」が保護観察臨床に導入されており，心理学的知見が一層重要となっている。このように初回面接では，ケース担当の保護司を指名して，速やかな来訪を求めるが，後述する家族支援のためには，往訪（家庭訪問）も必要である。保護観察官によって，面接や関係機関からの資料などに基づく処遇実施計画が作成されるが，保護司はもとより，対象者やその家族と立ち直りのための課題が共有されるプロセスこそが重要である。

II　立ち直り支援の理論：ソーシャル・インクルージョン

1．ソーシャル・インクルージョン（social inclusion：社会的包摂）

社会を統合し，安定化させる戦略であるソーシャル・インクルージョンは，犯罪者を例にとれば，再犯リスク要因を軽減し，生活再建のための政策や実践を意味している。その反対概念は，ソーシャル・エクスクルージョン（social exclusion：社会的排除）であり，薬物乱用者を含む犯罪者はもとより，障害者，移民，少数民族などが社会的・経済的・政治的・文化的な側面から排除されやすいとされる。このような社会的排除が背景にある犯罪が世界各国で続発し，個人の尊厳と人権を損なうだけではなく，社会の安定と秩序維持に不可欠な社会的政策が国の重要課題となったのである。ソーシャル・インクルージョンには，安定した雇用が有効であるが，それは収入の確保だけではなく，相互扶助的な社会関係，自信と尊厳の獲得と維持の基盤となるからである（小長井，2016）。

司法・犯罪領域においては，2016（平成28）年に「再犯の防止等の推進に関する法律」が成立し，国及び地方公共団体の責務が明示され，民間団体等との連携協力の確保に努める義務を規定している。その再犯防止のための基本的施策として，犯罪者の特性を踏まえた指導・支援，就労支援・就労機会の確保，住居の確保，保健医療・福祉サービス，そして，施策の効果の検証が掲げられ，アセスメントやプログラム評価を含む心理学的知見が寄与する枠組みが明文化された意義は大きいと考える。

令和4年版犯罪白書によれば，入所受刑者の就労状況では，男性初入者のうち無職が63.8%に対して，再入者は無職が71.4%となっている。また，居住状況では，男性初入者のうち住居不定が14.3%に対して，再入者は22.6%であり，受刑者の約9割を占める男性受刑者の再犯要因として無職・住居不定が大きいことが分かる。ソーシャル・インクルージョンの具体的施策として，「居場所と出番（就労）」が有用であることは臨床経験としても明らかであるが，ひきこもりの支援などと同様に単なる就労機会や住居の提供だけでは不十分であり，的確なアセスメントに基づいた地域で暮らすための心理的支援が不可欠なのである。さらに，同白書によれば，出所受刑者の再入率をみると，保護観察が付く仮釈放と何らの支援もない満期釈放を比べると，出所後5年以内で30.1%：46.9%，10年以内でも35.6%：55.2%であり，大きく再入率が異なる。「誰をいつ仮釈放させるか」という仮釈放審理における的確なリスク・アセスメントと保護観察における十分

な心理社会的支援，具体的には，刑務所出所者等への「更生保護就労支援事業」が始まり，協力雇用主への支援が強化され，犯罪者の立ち直りを目的とする再犯リスク管理が図られている。

立ち直り支援に関わる理論として，再犯リスク管理を強調する「リスク・ニード・反応性（risk-need-responsivity：RNR）モデル」については本書第３章を参照していただき，社会内処遇に有用な「グッド・ライブズ・モデル」（Ward, 2012），そして，「変化のステージ・モデル」（Prochaska & Norcross, 2007）について，ここでは取り上げたい。

2．グッド・ライブズ・モデル（good lives model: GLM）

これは，ニュージーランドのワード Ward 博士ら（2012）が提唱する処遇モデルである。非行少年・犯罪者自身の「立ち直る力」が重要であるとするもので，対象者の問題点やリスクではなく，長所に焦点を当てることを特徴としている。臨床心理にとどまらず，教育や福祉などでも採用されてきた，ある意味クラシカルなアプローチと言える。

グッド・ライブズ・モデルでは，自立性と自己支配・精神内面の平穏・友情／関係性・コミュニティといった 11 の基本的な財物（primary human goods）の獲得を人間は誰しも志向するとしている。自立性とは行為主体性であり，友情／関係性とは親密な友人や家族関係を意味するものだが，極めて抽象的な概念である。日常生活において，これらの基本的財物を有していることが人間にとって意義深く，その獲得を支援することにより再犯リスクの自己管理につながると主張している。

社会の耳目が集まり，最も再犯リスクが問題視される性犯罪者処遇から生まれたモデルであり，RNR モデルに基づく処遇からの脱落（ドロップアウト）が多いことへの改善モデルとして登場している。その中核的な主張は，「犯罪者にも償いと和解のチャンスを得る権利がある」とする理念である。つまり，RNR モデルが，再犯リスクの他者管理の技術を明示したものであるのに対して，グッド・ライブズ・モデルは，「自分に価値を見いだし，自分の人生は生きる価値があり，自分の行動にやりがいがある」という接近目標と自己管理を重視している。その内容も，長所基盤に拠って立ち，クライエントに肯定的であり，専門職による協働的アプローチが特徴的である。「○○はさせない」といった禁止は社会的排除につながり，「○○を目標に頑張れ」という前向きなアプローチは，クライエントを社会の中に包摂し，その立ち直りへの動機づけも高めるものと

なるであろう。

3．変化のステージ・モデル（transtheoretical model: TTM）

犯罪・非行からの立ち直りのプロセスは，一直線でも，一歩一歩上に昇る階段状でもないことは，立ち直り支援の臨床実践から明らかである。行ったり来たり，紆余曲折，ときにしくじり・失敗・再犯も重ね，円環というか，ブーメランの上下する航跡のような経過をたどることは，臨床家であれば，誰でも首肯する現実であろう。

プロチャスカとノークロス Prochaska & Norcross（2007）は，代表的な心理療法の優れた技法を比較，分析した結果として「多理論統合モデル」を提唱している。このモデルは，心理療法の多くが，パーソナリティ理論や精神病理に基づき「何を変えるか」に焦点を当てるのに対して，変化のプロセスである「どのように変えるか」に着目している。実証的に支持されている変化のプロセスとしては，意識化・カタルシス（浄化）・自己や環境の再評価，自己の解放・援助関係などを挙げ，変化のステージとしては，次の５つの連続したステージを提示している（図１）。筆者の非行・犯罪臨床の所見も付して紹介する。

１）前熟考期（precontemplation）

自分の問題に気づいておらず，当面行動を変えようという意思をもっていない，問

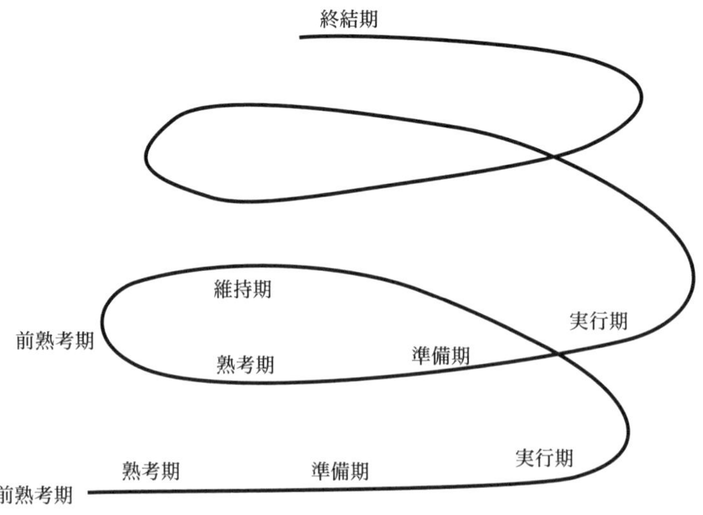

図１　行動変化の螺旋パターン（Prochaska & Norcross, 2007）

題を見つめることへの抵抗が特徴的な段階。非行・犯罪の場合は，「治療的動機づけ」に乏しいと言われているが，周囲の人間，特に家族へのアプローチにより，この時期を突破することが可能となる場合も少なくない。

2）熟考期（contemplation）
問題があることに気づき，改善・克服しようと考えているが，行動に移すと未だ決意するには至っていない段階。しばらくこの段階に止まっている者は多いが，人との出会いが次のステージに導くことも事実である。

3）準備期（preparation）
スモール・ステップであるが，新たな行動を起こそうとしている。例えれば，ギャンブルは止めてはいないが，無駄遣いはしないよう心がけている段階。自主的な自己規制は始めているので，行動変化のための変化のプロセスにすでに取り組んでいる事実を励ますのが有用である。

4）実行期（action）
問題克服のために行動や環境を変化させようとする行動が認められ，時間とエネルギーの傾注が必要であり，非常な努力が払われることが特徴的な段階。しかし，「変化」が完遂したのではなく，後戻りに備えた行動の準備や必要な努力は見落とされがちであることに留意したい。

5）維持期（maintenance）
行動の変化を強固なものにする期間で，途中，変化もあり，生涯続くよう考え，努力する段階。行動変化を安定させて，逆戻りを避けることが必要だが，問題行動に代わる新しい，ときに望ましくない行動が出現することもある。再犯リスクも出現しやすいが，「一度変化した」時期であることは認めてやりたい。

そして，肝心なのは，これまで述べたステージ間の逆戻りや繰り返しが，行動の変化の際には起こりうるという事実である。この「変化のステージ・モデル」によるアプローチは，アルコールや薬物依存，性犯罪でも成果が認められており，非行・犯罪臨床一般で実証されている立ち直りプロセスと言えるだろう。このパターンでは，逆戻りする人のほとんどが堂々めぐりを繰り返すわけではないことや，最初の段階まで逆行するわけではないことが明らかにされている。それどころか，逆戻りした人は紆余曲折を経ながらも，間違いや失敗から学ぶ可能性を広げて，何か違うことを試みることができると指摘されている。

臨床家であれば，非行・犯罪からの立ち直りの過程で，逆戻り（再犯）を含めた紆余曲折が不可避であることを痛感している。思春期から成人期へと発達・成熟する過程を含めて，その間の人との出会いを可能にする「時間稼ぎ」のためにも，子どもが親を見限らない，親が子どもを見捨てない支援を目的とする家族臨床の重要性は明らかである。

Ⅲ　司法・犯罪領域における社会・地域支援としての家族へのアプローチ

１．生活環境の調整

生活環境とは，対象者を取り巻く住居，学校，職場，地域等の状況を意味するが，実務的には矯正施設からの釈放後の引受人となる家族が調整対象の中心である。具体的には，１）刑務所や少年院に収容中の者に関する身上調査書が施設から帰住予定地の保護観察所に送付され，対象者が選定した引受人の受入れ可否の調査や社会復帰に適切な生活環境が準備されるような調整を行う，２）保護観察付執行猶予者（４号観察）の裁判確定前に対象者の同意を得て，住居や就業先などの調整を図る，３）保護観察における補導援護の一方法としての家族に対する働き掛けが規定されている。また，家庭環境が劣悪な場合，生活の場所や手段がない場合は，公的な宿泊場所である更生保護施設へ帰住し，就業先の紹介を受けるなどの支援も「更生緊急保護」の一つとして生活環境の調整に含まれる。

このように保護観察官や保護司が引受人となる家族のもとを訪ね，引き受け意思を確認し，帰住先となる家庭環境を継続的に調査している。また，本人と引受人との面会・通信を促し，施設での矯正教育の効果を確認してもらい，引き受け意思が強固なものとなるように働き掛けを行っている。さらには，犯罪者を引き受けることになる家族が社会的排除の対象とならぬように，民間の篤志家である保護司が相談相手となり，同じ地域での生活者として，身近な支援者の役割を果たすことが期待されている（生島，2004）。

家族へのアプローチは個別に限らず，グループワーク形式で自助グループとしての側面も有しており，家族に対する心理教育の場が保護観察所や地域に設置された「更生保護サポートセンター」などで開催されている。非行少年に対しては，筆者が保護観察官として導入・展開してきた「家族（保護者）教室」がいくつかの保護観察所で実施されてきた。また，成人犯罪者についても，「引受人会」として刑務所服役中の者の家族に対して，特に覚醒剤事犯で薬物依存に関して家族が知っておくべきこと，再使用させないための注意，再犯リスク管理のチェックリストの教示など，精神保健福祉センターといった専門機関と連携したプログラムが広く行われている。

2．家族を支援するとは

アセスメント（心理的査定）に基づく家族理解と家族への介入が分離されずに同時並行的に行われるのが，システムズ・アプローチ（本シリーズ第３巻『臨床心理学概論』第８章参照）としての家族臨床の特色であり，関われる期間が法的に制約された司法・犯罪領域の治療構造に合致する。家族療法で重用されるメタファー（例え）も用いて，家族支援の基本とその展開過程について概説する（生島，2016)。

①家族に焦点を当てるのは，そこに問題や症状の要因を見いだすからではなく，家族への働き掛けが立ち直りや改善のカギになるという意図的な見立てにより，戦略的なアプローチを採用するということを意味している。
②この観点に基づく手法が，家族にも〈腑に落ちる〉ものであることが肝要であり，問題・症状を家族の力で緩和・改善しようとするものである。そして，〈家族ドラマ〉が面接室や家庭訪問の場で再現されることになるが，その舞台の設営が治療の構造化であり，治療的介入そのものとなる。
③非行少年に多く見られる，遊離し，バラバラな家族に対しては，面接の設営自体が治療の基幹部分となり，治療者の権力・権威性が活かされることになる。家庭では「うるせえ」以外会話の機会もなく，面接場面においても安心･安全感がもてない場所となるおそれがある。そのために，治療者は〈仲介・通訳者〉として，面接場面が「きちんとガタガタする」場となるよう下ごしらえに努めることが肝要である。
④家族自身もこれまで自らのシナリオで関わりを模索してきたが，問題は悪化する一方，かえってこじれるばかりということもあって，IP（Identified Patient：患者・問題とされた者）と呼ばれるクライエントには腫れ物に触るような，あるいは極端に厳格な対応になってきていることが多い。家族は関わりに疲れ果て，その関係は硬直して行き詰まっている。まずは，家族間の殺人は論外としても，「親子が互いを見限る・見捨てる」最悪の事態を危機介入的手法により回避しなくてはいけない。
⑤そこで，新しい家族ドラマを家族の〈語り＝ナラティブ〉によって再構成することになる。しかしながら，両親，子ども，祖父母，それぞれ諸事情がある中で，ドラマに例えれば，家族関係が直截的に反映されたせりふ部分（コンテント：内容）を早急に修正することは困難である。そのときに，ト書き部分（コンテクスト:脈絡）を変えることによって，異なるドラマ展開を図る手法が有用である。その場面設定を変えるものが合同家族面接ということになる。少なくとも，家庭崩壊，家出といった危機的状況の回避策につながる〈差し水〉となるような介入を心がけることになる。
⑥家庭とは異なる面接の場，すなわち，脈絡が異なる新たな舞台での家族コミュニケーションの変化は，少年の立ち直りはもとより，それを支える家族の変化可能性を家族員それぞれが体感するものになることは間違いない。具体的には，いわば，家

庭内での言動である内面（うちづら）を面接室での社会化された場面での言動である外面（そとづら）に変換する，その舞台作りをサポートするのが家族臨床の基本的機能である。

以上は，家庭裁判所や保護観察所といった公的専門機関，教育相談室やクリニックといった民間臨床機関の治療構造の相違に関わりなく，司法での家事事件は別にして，非行・犯罪領域での臨床全般に通底する家族支援のアプローチであると考えている。欧米でも，家族への心理的支援は対応困難な青少年とその家族へのエビデンス（実証）に基づいた処遇として，有用性が明らかとなっている（Sexton, 2017）。

家族に再犯抑止の責任を押しつけ，クライエントが再犯しないための〈監視役〉として家族をとらえがちな非行・犯罪領域にとって，家族を支援する臨床家の姿勢は，まさに〈生命線〉というほど重要なものである。非行少年・犯罪者を養育した責任者として，監視の役割を期待されていては，どのような治療者の働き掛けに対しても，家族（保護者）の協力が得られないことは必然である。アセスメントにおいても，家族を支援するためには，その問題点を深掘りするのではなく，立ち直りの手立てとして，諸事情を抱えた家族にやさしくなれる家族理解が支援の基本となることを強調したい。

Ⅳ　家族支援の実際：非行臨床を例に

1．非行臨床機関における家族支援

非行臨床に携わる専門機関において，保護者に対する働き掛けは，家族ケースワークや家族療法の手法を取り入れて従来から行われてきた。さらに，2000（平成12）年に改正された少年法（第25条の2）において，「家庭裁判所は，必要があると認めるときは，保護者に対し，少年の監護に関する責任を自覚させ，その非行を防止するため，調査又は審判において，自ら訓戒，指導その他の適当な措置をとり，又は家庭裁判所調査官に命じてこれらの措置をとらせることができる」と明文化された。また，少年院法，更生保護法などの関連法規でも，同様の保護者に対する措置が明記され，非協力的な保護者にも積極的なアプローチが期待されるが，あくまで任意であり，強制力を伴わないものである。

非行臨床機関の取り組みを例示すると，非行初期の親面接として，警察の少年サポートセンターで実施されている非行相談があり，軽微な非行への家庭裁判所

調査官による教育的措置の一環として助言指導などがある。また，少年院では，保護者が面会に訪れた際の指導に加えて保護者会を開催し，保護観察所では，少年院からの仮退院に備えて少年が施設収容中から行う生活環境の調整が重要な職務となっている。さらに，児童相談所では，児童福祉司を中心に家族に対応し，児童自立支援施設でも，当該児童の入所措置を行った児童相談所と協働して施設退所後も含めて家族調整に努めている（生島・村松，2007）。

2．心理教育的助言の重視

非行・犯罪臨床のエッセンスは，「悪いことはしない」というごく単純，すなわち常識的なものである。下坂（1998）の《常識的家族療法》に倣って，家族面接の中で筆者が行っている〈常識的非行・犯罪臨床〉ともいえるシステムズ・アプローチに由来する家族に対する心理教育的助言の要点をまとめておきたい。非行・犯罪という社会的常識・規範に欠ける振る舞いに関して，本人はもとより家族に対して専門的アプローチを行う臨床の基本は，常識をわきまえた謙抑的な心理教育的助言にほかならない。

①問題の状態に陥る経過と立ち直りの道筋は異なる：システムズ・アプローチの根幹である直線的因果論に基づかない，すなわち，〈原因追及＝悪者探し〉はしないことの意味合いを教示したものである。特に，ひとり親など自らを責めがちの保護者に対して，「原因探しよりも立ち直りに尽力してほしい」と専門的働き掛けへの協力を要請するメッセージである。

②親の解決努力が，ボタンの掛け違いになっているときの助言：まず，具体例を挙げよう。

○子どもが非行化すると，親が過干渉となり，それに子どもが反発する。非行が深刻化するのを恐れるあまり，親が子どもの言いなりになってしまって，放任になってしまう。

○不良交友が激しくなると，親は「外で悪さするよりうちの方がまし」と友だちを自宅へ連れてくるように子どもに促すが，結果的に〈家の敷居〉ともいうべき境界が曖昧となってたまり場と化す。

○子どもの非行化に対して，自立・自主性の尊重という助言が行われることが多いが，それが子どもの〈見捨てられ感〉につながり，自暴自棄となって親の注意を引くための非行が発現することがある。

以上のような事例に対して，ある特定の原因から結果が生じると考える〈直線的因果論〉を採らないならば，どこに着目するのか。親が間違ったと認識する対

応でさえも「解決努力がボタンの掛け違いになったにすぎない」と否定視や非難しないメッセージをまず伝える。

③**うまくいったことは続け，いかないことは取りやめ，ほかの方法を採る**：思春期の問題に対して臨床的に意味のある〈時間稼ぎ〉の観点を加味し，子どものためを強く思うばかりにコントロールしたいという親心に向けたメッセージである。治療的動機づけのアップにはつながるが，即効力は期待できず，「思うとおりにはならないが，どうにもならないわけではない。時間を身方にすればどうにかなる」と“差し水的助言”を同時に行うことがポイントとなる。

④**言わなくて済むことは言う必要はないが，言っておくべきことは言って構わない**：これまでの対応が，ことごとくうまくいかなかったために，無力感に陥っている家族に対して，「その働き掛けも致し方なかった」と親が失力しない教示に努めている。「どのような対応が良いのか，悪いのか」はっきりさせたい強迫的な親に対しては，あえて曖昧な物言いが有用であり，困窮しているときこそ腑に落ちる助言となる。しかし，増悪を心配して腫れ物に触れるような対応や，反対にあまりに厳格なしつけは逆効果であることは明言しておく。

⑤**家の〈心理的敷居〉は大切である**：家庭内外の境界の重要性を述べたもので，「うちはうち，よそはよそ」という常識的対応の根幹を強調したものである。前述したように，不良交友に関して，「外で悪さをするよりうちをたまり場に」という敷居を低くする対応になりがちである。親として自信を喪失し，パワーレスに陥っている親に対して，うちのルール・やり方，あるいは，親子間の境界の明確化の重要性を教示するものである。これを，親が苦労して良い方法や手段を考え出すプロセスの重要性を強調して，〈子どもに対する親の算段は必要〉という言い方で伝えている。

⑥**親の子どもへの否定的な感情も認めてやる**：子どもの親への否定的感情は理解されやすいが，親の子どもへの否定的感情は，専門職でさえも拒絶的に受け止めがちになることを戒めたものである。発達障害があれば乳幼児から育てにくいし，思春期になって「まったくいうことをきかない」子どもに対して，親が否定的感情を抱くのは無理もないことである。虐待はもとより，親の子どもへの冷淡さに共感することはできないが，とりあえず〈聞き置く姿勢〉は立ち直り支援に際して不可欠である。

⑦**我を忘れるような動揺は論外，しかし，一緒に揺れてやることも大事**：子どもの問題行動は，SOSであって，周囲の注目を集め，特別扱いをしてほしいというメッセージであることを教示したものである。家族が専門家に相談するなど右

往左往するのは決して間違いではなく，子どもの問題行動を専門書などで知的に理解して，冷静，かつ，論理的に対処することのマイナス面にあえて言及したものである。

⑧**両親が一致する必要はない，立場・役割で対応が異なるのは当然**：「両親が一致していないことが問題」との専門家からのラベリング，思い込みが親のパワーレスにつながるリスクを指摘したものである。子どもの問題を両親の折り合いに帰属させると夫婦問題となることから，あくまで元々無理な注文である一致ではなく，両親としての役割分担を前提とする協働の重要性を強調している。ただし，「子どもの前で一方の親を価値下げしてはいけない」というのは，家族臨床の鉄則である。

⑨**〈分相応・身の程を知る〉ことが親子双方にとって肝要**：非行少年やその家族にしばしば認められる，自己顕示欲の強さ，現実検討能力の低さは，親に難題を吹っかけ，あるいは，子どもに無理強いをしがちであるという形で顕在化する。例えば，子どもの進路として，親が進学できなかった学校や就くことができなかった職業を強いて選択する場合である。これに対する心理教育的助言として〈分相応・身の程を知る〉ことを教示している。具体的には，「親は子どもを思いどおりにしたい」「子どもは親に思うようになってもらいたい」という強迫性にも由来する他者へのコントロールに焦点を当てた介入である。無用なストレスを回避する分相応・身の程を教えるアプローチは，決して「諦めろ」ではなく，現実検討能力，あるいは，〈致し方ない＝耐容〉の重要性を説く常識的非行・犯罪臨床のポイントである。

⑩**思いどおりにはならないが，どうにもならないわけではない**：危機介入段階の初回面接で，〈時間稼ぎ〉の観点に基づく，親子ともに腑に落ちる今後の見通しを教示する助言である。転げ落ちるような非行化に対して，自暴自棄となっている子ども，「どうにもならない」と沈み込む家族を前にして，「時間はかかるが必ず良くなる」と言明することは継続的支援にとって必要不可欠である。「ところで，良くなる状態は人によって異なる。あなたは，どうなりたいのかな？」と本人・家族員それぞれに尋ねる〈主訴の個別化〉は，面接冒頭の治療契約の一環として重要である。

以上，本章では，司法・犯罪分野における社会内処遇である心理臨床について，筆者の更生保護での実践を踏まえた，特に家族支援の中でも使い勝手の良い「心理教育的アプローチ」のエッセンスを述べた。

◆学習チェック表

- □　司法・犯罪領域における社会内処遇について理解した。
- □　更生保護制度について説明できる。
- □　ソーシャル・インクルージョンについて理解した。
- □　非行・犯罪臨床における家族支援について理解した。

より深めるための推薦図書

藤本哲也・生島浩・辰野文理編著（2016）よくわかる更生保護．ミネルヴァ書房．

法務省法務総合研究所編（2022）令和４年版　犯罪白書―新型コロナウイルス感染症と刑事政策　犯罪者・非行少年の生活意識と価値観―．https://www.moj.go.jp/housouken/housouken03_00118.html

日本犯罪心理学会編（2016）犯罪心理学事典．丸善出版．

日本更生保護学会編（2021）更生保護学事典．成文堂．

生島浩（2016）非行臨床における家族支援．遠見書房．

今福章二・小長井賀與編（2016）保護観察とは何か―実務の視点からとらえる．法律文化社．

文　　献

小長井賀與（2016）ソーシャル・インクルージョン．In：日本犯罪心理学会編：犯罪心理学事典．丸善出版，pp.524-525.

Prochaska, J. O. & Norcross, J. C.（2007）*Systems of Psychotherapy: A Transtheoretical Analysis.* 6th Edition. Brooks/Cole, Cengage Learning.（津田彰・山崎久美子監訳（2010）心理療法の諸システム―多理論統合的分析［第６版］．金子書房．）

Sexton, T. L.（2011）*Functional Family Therapy in Clinical Practice.*（岡本吉生・生島浩監訳（2017）機能的家族療法．金剛出版．）

下坂幸三（1998）心理療法の常識．金剛出版．

生島浩（2004）社会支援・地域支援．In：氏原寛・亀口憲治・成田善弘ほか編：心理臨床大辞典［改訂版］．培風館，pp.1133-1135.

生島浩・村松励編（2007）犯罪心理臨床．金剛出版．

角田亮（2017）更生保護と心理学．罪と罰，54(4), 76-86.

Ward, T.（2012）The Rehabilitation of Offenders: Risk Management and Seeking Good Lives.（小長井賀與監訳（2013）犯罪者の更生：再犯危険性の管理と善い人生の追求．更生保護学研究創刊号，57-95.）

第3部
家事事件の基礎と心理支援

第 12 章

家事事件における法律と制度

棚村政行

Keywords　家事事件，離婚，監護，親権，面会交流，養育費，調停，審判，人事訴訟事件，民間 ADR，児童虐待

本章では，夫婦・親子や相続などの家事事件を解決するための基準となる法律としての民法や問題解決のための手続を定める家事事件手続法，人事訴訟法などについて概説するとともに，離婚や子どもをめぐる事件を素材として，家庭裁判所における調停・審判・訴訟などの仕組みと実情について解説する。

I　家事事件をめぐる民法と家事事件手続法・人事訴訟法

1．私法の一般法としての民法

民法は，日常の暮らしと最も関係の深い法律の一つである。例えば，衣食住に必要な日用品の購入，住宅ローンを組んでのマンションの購入，金銭の貸し借り，宅配便での配達，地下鉄やバスなど公共交通機関の利用，交通事故での怪我，交際相手との婚姻や離婚，亡くなった親の相続や遺言など日常生活に関する問題は，民法が対象にしている分野である。その意味で，私的な生活関係を規律する法的ルールのことを，広い意味での「民法」という。

民法は，狭い意味で言うと，民法 1 条から 1050 条（相続法の改正）にわたる「民法典」を指すこともある。これは，俗にいう「六法」という基本的な法律を収めた条文集の中にあるものをいう。民法典は，総則編，物権編，債権編，親族編，相続編の 5 編から成り立っている。2017（平成 29）年 5 月には，約 8 年をかけて審議されてきた国民の日常生活や経済活動に関わりの深い契約に関する民法規定を中心とする「債権法」の大幅な改正があり，また，6 月には民法の成人年齢を 20 歳から 18 歳に改正する法律が成立し，2022（令和 4）年 4 月から施行された。2018（平成 30）年 7 月には，配偶者の居住権，特別の寄与の新設，遺産分割，遺言，遺留分などを見直す「相続法」の改正がなされた。2022（令和 4）

年 12 月には，子の利益のために，懲戒権の削除，嫡出推定・否認制度などを見直す民法（親子法制）の改正があった。

2．財産法と家族法

民法典のうち，一般原則や共通原理を定めた総則，人とモノとの関係やモノの帰属秩序を定める物権，人と人との関係を規律する債権の３つの部分を，講学上，「財産法」という。財産法は，契約，取引や事故などの場合の日常の経済生活に関する事項を規律している。これに対して，何歳になったら婚姻できるか，離婚はどのような場合にできるかなど，夫婦・親子に関する問題，人が亡くなったときの遺言，相続などの家族生活に関する事項を規律している親族・相続の部分を「家族法」と呼んで区別している。第４編親族を「親族法」，第５編相続を「相続法」という場合もある。

夫婦・親子などの問題を扱う部分と，相続・遺言・遺留分などを扱う部分では，他の国では，相続法を財産取得編として，財産法に組み入れているところもある。しかしながら，日本は，死亡した人の財産を近親者が受け継ぐ際の法的ルールを定めており，そのことで家族関係が強化される面もあることから，「家族法」として一括して取り扱い，同じ「民法典」の中に取り込んでいる。

3．離婚事件と民法の家族法の規定

まず，民法では，夫婦が話し合いで離婚をすることを認めており，これを「協議離婚」という（民法 763 条）。夫婦で話し合いが成立して役所に離婚届を提出すればこれが一番簡便な方法である。夫婦の間に未成年の子がいるときは，離婚に際して，いずれか一方を親権者として定めなければならない（民法 819 条１項)。そこで，離婚するには，原則として，夫婦のいずれかが親権者になるかを決めないと，離婚届も受理されない。そのため，離婚するかしないかだけでなく，親権者について定め，親権者とは別に子の監護者を指定したり，面会交流，監護費用（養育費）についても話し合うこともできる（民法 766 条)。また，離婚の際に，夫婦の一方は他方に，婚姻中にその協力によって得た財産（夫婦共同財産，婚姻財産）の公平な清算（清算的財産分与)，離婚後の扶養（補償）（扶養的財産分与）（民法 768 条)，慰謝料（損害賠償）を求めることができる。

離婚や子どもの問題，財産分与などの問題について話し合いができないときは，すでに述べたように，家庭裁判所に，夫婦の一方が「夫婦関係調整（離婚)」調停を申立てれば，調停委員会が間に入り，夫婦の離婚に向けた話し合いを斡旋して

くれる。これを「調停離婚」という。このほか，別居中の夫婦の場合は，生活費（婚姻費用の分担）の請求を他方にすることもできる（民法 760 条）。他方が払ってくれないときは，婚姻費用分担調停事件を申立てることもできる。

離婚調停では，子の親権者，養育費，面会交流，婚姻費用の清算，財産分与，年金分割などの話し合いをすることもできる。もっとも，調停委員会の仲介によっても合意ができないとか，「調停離婚」も成立しそうもないときは，審判離婚，調停に代わる審判も可能である。

また，調停も審判もできないときは，夫婦の一方は，離婚原因である①配偶者の不貞行為，②配偶者の悪意の遺棄，③ 3 年以上の生死不明，④回復の見込みがない強度の精神病，⑤その他婚姻を継続し難い重大な事由があると主張して，家庭裁判所に人事訴訟事件として離婚の訴えを提起できる（民法 770 条）。この場合に，親権者の指定，子の監護に関する事項，面会交流，養育費，財産分与，年金分割等の付帯事項についても判断を求めることができる（人事訴訟法 32 条）。これは離婚の訴えと密接に関連し，離婚でも主たる争点となる付帯事項についても，同時に審理判断することが望ましいと考えられたからである。

II　家事事件・人事訴訟事件を解決する手続

1．家事事件手続法

まず，家事事件手続法は，2011（平成 23）年 5 月に成立したが，家事事件である家事調停・家事審判について，当事者の手続保障の強化，当事者の利便性の向上，子の福祉への配慮，手続の基本についての整備などを目的として，1947（昭和 22）年に制定された家事審判法を全面的に改正したものである。家事事件の解決のための専門裁判所としての家庭裁判所は，家事事件手続法に基づき，裁判官と参与員（民間から選ばれた非常勤の裁判所職員）とによって家事審判を行い，裁判官と調停委員で組織する調停委員会によって家事調停を行う（家事事件手続法 1 条，39 条以下，244 条以下）。以下では，家事審判と家事調停について概説する。

①家事審判

家事審判とは，家事事件について，家庭裁判所が通常の訴訟手続によらず合目的的な裁量に基づき，事件の個性に即した具体的妥当な結果をもたらすための非訟的裁判のことをいう。家庭裁判所は，家事事件手続法別表第一及び第二に掲げ

る事項について審判をする（家事事件手続法 39 条）。

家事審判事項には，公益性が強く調停になじまない事件類型の別表第一の事件と，当事者の利害対立があり調停になじむ事件類型の別表第二の事件とがある。別表第一事件は，比較的紛争性がなく家庭裁判所が公益的見地から私人の生活関係に介入して，当事者の意思に拘束されずに後見的に判断する事項である。例えば，成年後見，保佐，補助開始及び取消，失踪宣告及び取消，養子縁組の許可，子の氏の変更許可，親権喪失審判，親権停止，特別養子縁組，相続の放棄の審判・申述，遺言書の検認等そのほか氏名変更の許可，児童の里親委託，施設収容などの家事事件手続法による審判事項である（別表第一）。

これに対して，別表第二の事件は，当事者間で紛争性があり，当事者の協議や合意による解決が望ましいとされる事項である。例えば，夫婦間の同居協力扶助に関する処分，子の監護に関する処分，婚姻費用分担に関する処分，財産の分与，親権者の指定・変更に関する処分，扶養，遺産分割，寄与分を決める事件などである。

家庭裁判所での審判手続は原則として，本人自らが出頭しなければならず，やむをえない事由があれば，代理人でもかまわない（家事事件手続法 51 条）。この本人出頭主義は，家事事件では，できるかぎり本人から事実関係を確認し，本人の意思にそった解決を心がけるべきだからである。また，家庭裁判所の審判・調停の手続は，公開をしないという建前をとる（家事事件手続法 33 条）。この非公開主義も，家事事件は夫婦親子等のプライバシーに関わる問題を扱うために，審判手続等を公開せず秘密保持を図るという趣旨である。また職権調査主義（家事事件手続法 56 条 1 項）も，身分関係の公益性，画一性，真実性から，家庭裁判所が必要な事実の調査や証拠調べを職権で行わなければならないという審理原則をいう。もっとも，家事事件手続法では，当事者にも，適切な審理や迅速な解決のために手続に協力する義務を課した（同 56 条 2 項）。

なお，金銭の支払い，財産の引渡，登記義務の履行等給付を命じる審判は執行力のある債務名義と同一の効力を有する（家事事件手続法 75 条）。審判に対する不服は 2 週間以内に即時抗告を申立てることにより行う（家事事件手続法 85 条，86 条）。

②家事調停

家事調停は，家庭裁判所が関与して当事者達に紛争解決の合意形成を促し，自主的に問題を解決させるための司法手続である。調停の対象となるのは，家事事

件手続法別表第二を含む（家事事件手続法別表第一を除く）すべての「家庭に関する事件」である（家事事件手続法 244 条）。

調停の本質については，当事者の合意という側面を重視するか，裁判所での調停判断という側面を強調するかで争いがある。調停の対象事項としては，家事事件手続法別表第二事件，人事訴訟事件で家事事件手続法 277 条以下の合意に相当する審判の対象となる事件（例えば，婚姻無効・取消，離婚無効・取消，嫡出否認，認知，親子関係存否確認等），一般家事調停事件（家事事件手続法 244 条）（例えば，夫婦関係調整，内縁，婚外男女関係事件等）である。

調停手続は，通常男女二名の家事調停委員と一人の裁判官または調停官で構成される。調停委員会が当事者の主張を聞き，また事案の実情に即した解決をするよう当事者を説得し，自発的な法的合意に達するよう援助をするものである。調停手続（家事事件手続法 258 条 1 項）は，本人出頭主義，非公開主義，職権調査主義を原則とする。調停において合意が成立しこれが調書に記載されると確定した審判，確定判決と同一の効力を生じる（家事事件手続法 268 条 1 項）。

ところで，家庭に関する事件で訴えを提起しようとするものは，訴え提起前にまず家庭裁判所に調停の申立をしなければならない（家事事件手続法 257 条 1 項）。この建前を調停前置主義という。調停前置主義は，家事紛争はできうる限り，当事者の合意による自主的解決に任せることが望ましいという考え方に基づく。

2．人事訴訟法の概要

2004（平成 16）年に，人事訴訟法が施行されたが，主要な改正点は以下のとおりである。人事訴訟法では，第一に，人事訴訟事件の家庭裁判所への移管をした。すなわち，これまでは地方裁判所で審理判断されていた婚姻関係事件，親子関係事件など人事訴訟事件の第一審の管轄権を家庭裁判所に移すことになった（人事訴訟法 4 条）。また，人事訴訟事件の請求原因となった事実に基づく損害賠償請求事件も人事訴訟事件と併合されるかぎり，家庭裁判所の管轄となった（同 8 条，17 条）。

第二に，家庭裁判所調査官制度の活用である。すなわち，離婚訴訟における親権者の決定，監護者の指定など子の監護に関する処分等の申立については，家庭裁判所調査官の調査の活用が可能になった（同 34 条）。とくに子の福祉に関する事項では，調査官の科学的専門性を生かした事実の調査を活用すべき場合に，裁判官は，家庭裁判所調査官に事実の調査を命じることができる（人事訴訟規則 20 条 2 項）。あわせて，事実調査に関する記録の閲覧の規定がおかれ，事実調査の実

効性の確保と当事者の手続保障との調整が図られた（人事訴訟法35条参照）。

第三に参与員制度の導入もある。つまり，人事訴訟の審理に国民の良識を反映できるように，裁判官が参与員を関与させその意見を聴けるようにした（同9条）。家庭という親密圏での紛争解決プロセスで，国民の司法参加を実現し，訴訟過程でも参与員と裁判官とのコミュニケーションを図りつつ，社会常識や庶民感覚を反映させる積極的役割が期待されている。

第四に，人事訴訟法では，土地管轄権の拡大（同4条），検察官を被告とする人事訴訟への利害関係人の参加制度（同15条），例外的な非公開主義の採用（同22条）などが改正された。また，離婚や離縁の訴えにおける訴訟上の和解や請求の認諾の許容について，これまで人事訴訟では認められなかった離婚や離縁の訴えでの訴訟上の和解や認諾が認められた（同37条，44条）。最後に，養育費の支払いへの履行確保制度（38，39条）など，人事訴訟手続においても，家事審判で認められた義務について履行勧告，履行命令，金銭の寄託などを，婚姻取消し，離婚の認容判決等で認められるようにした。

なお，2018（平成30）年4月には，渉外家事事件・人事訴訟事件についての国際裁判管轄権を規律する人事訴訟法等の一部を改正する法律が成立した。また，2022（令和4）年5月には，民事裁判や離婚調停を全面的にIT化する民事訴訟法，人事訴訟法，家事事件手続法の改正が成立した。

3．民間ADR

これまで述べてきた裁判所での紛争解決手続ではなく，民間機関による裁判外の紛争解決手続（Alternative Dispute Resolution: ADR）の頭文字をとって，民間ADRと呼ばれる紛争解決機関が存在する。ADRには，当事者同士の交渉の間に入って話し合いによる解決を図る「あっせん」，調停人が間に入り自主的解決を目指す「調停」，事前に同意して公正な第三者に判断を仰ぐ「仲裁」がある。2007（平成19）年には，「裁判外紛争解決手続の利用の促進に関する法律」，いわゆる「ADR促進法」が施行され，同法に基づき法務大臣から認証を受けた認証紛争解決機関での家事事件解決の「あっせん」「調停」「仲裁」を受けることも可能である。

東京弁護士会，第二東京弁護士会，大阪弁護士会など各地の弁護士会が運営している「紛争解決センター」「仲裁センター」なども，家事事件の解決のため利用されている。また，公益社団法人家庭問題情報センター（FPIC）の東京，名古屋，大阪ファミリー相談室では，離婚や面会交流・養育費などの調停合意の援助も行っている。民間ADRでは，手続が簡便であるとか，時間・費用の節約になる，非

公開でプライバシーの保護に資するなどのメリットもあるが，他方で，裁判所での調停，審判，判決と異なり，合意内容や判断がそのままでは，強制執行を可能にする債務名義とならないとか，不服申立の制度がないなどのデメリットもある。

Ⅲ　家事事件・人事訴訟事件の実情と最近の動向

2016（平成 28）年に，全国の家庭裁判所で新たに受け付けた家事事件，人事訴訟事件の総数は，102 万 2,767 件とはじめて 100 万件を突破した。民事事件，刑事事件などが減少傾向にある中で，家事事件・人事訴訟事件総数は，2021（令和３）年には，さらに 115 万 372 件と過去最高を記録した。後で詳しく説明するように，家庭裁判所では，夫婦・親子・相続などに関する家事事件，婚姻関係事件・親子関係事件に関する人事訴訟事件を扱っている。

1．家事審判事件の動向

家事審判事件は，家事事件・人事訴訟事件全体の８割以上を占めている。「家事審判」とは，家庭裁判所が後見的な立場から合目的的な裁量権を行使して，訴訟によることなく行う裁判（非訟的裁判）のことをいう。家事審判事件は，従来から，比較的紛争性が高くなく，家庭裁判所が後見的に判断する別表第一審判事件（旧甲類審判事件）と，比較的紛争性があり，当事者の協議で定めることが望ましい別表第二審判事件（旧乙類審判事件）の別がある。審判事件では，調停になじまない別表第一審判事件が圧倒的に多く，2021（令和３）年には，相続放棄事件（26.7％），子の氏の変更事件（14.7％），成年後見関係事件（後見人等に対する報酬付与，後見等監督処分など），遺言執行者の選任事件などが多く，相続関係事件も増加傾向にある。

成年後見関係事件は，法定後見と任意後見に分かれる。法定後見では，判断能力が欠けている場合の後見審判（民法７条），判断能力が著しく不十分な保佐審判（同 11 条），判断能力が不十分な補助審判（同 15 条）で，それぞれ家庭裁判所は成年後見人，保佐人，補助人を選任する（同８条，12 条，16 条）。2017（平成 29）年に，後見開始は２万 8,052 件，保佐開始は 8,178 件，補助開始は 2,795 件であり，保佐，補助は比較的少ない。これに対して，任意後見監督人の選任審判申立事件は 784 件にとどまる。

また，父母による虐待・悪意の遺棄，親権行使が著しく困難又は不適当で，子の利益を著しく害するときは，家庭裁判所は，子，その親族，未成年後見人，未

成年後見監督人又は検察官の請求により，親権喪失審判ができる（民法 834 条)。さらに，父母による親権行使が著しく困難又は不適当で，子の利益を害するときは，家庭裁判所は，子，その親族，未成年後見人，未成年後見監督人又は検察官の請求により，２年以内の範囲で親権停止審判ができる（同 834 条の２)。2021 年の親権喪失審判申立事件は，104 件で，前年の 121 件より 17 件の減少となった。2012（平成 24）年から導入された親権停止事件は，255 件にもなり，前年より５件減少したが，2012 年と比べて２倍以上の増加となった。

次に，調停や話し合いになじむ別表第二審判事件では，子の監護に関する処分事件（50.3%）が大幅に増加しており，2021 年には，ここ 10 年で 1.3 倍にもなっている。子の監護に関する処分事件としては，子の監護者の指定，子の引渡し，養育費，面会交流の事件がある（民法 766 条，家事事件手続法別表第二の三)。とくに，監護者指定事件，面会交流事件，子の引渡し事件は，2021 年にはそれぞれ 2,867 件，2,512 件，2,469 件と著しく増加しており，養育費の事件も減額・免除を求める事件が少なくない。婚姻費用分担事件や遺産分割審判事件が一時期減少傾向にあったところ，最近は増加しつつある。審判前の保全処分でも，子の引渡しを求める仮処分の申立事件が多い。

2．家事調停事件の動向

家事調停事件は，裁判官と複数の家事調停委員が調停委員会を構成して，当事者からの話を聴いたうえで，双方の納得できる合意形成を援助する調停・調整作業を行う手続である。家事調停事件では，別表第二調停事件として，2021 年には，子の監護に関する処分調停事件が３万 7,221 件と全体の４割以上を占め（45.1%），ここ 10 年で 1.2 倍の増加となっている。別表第二審判事件と同様に，そのうち，監護者の指定事件（2,290 件），面会交流事件（１万 4,127 件），子の引渡し請求事件（1,610 件）が多く，養育費の調停事件も５割近くを占める。審判事件同様に，子の監護に関する処分調停事件の増加は著しく，面会交流調停事件は，ここ 10 年で 1.5 倍になった。面会交流事件は，調整が困難で，難しい事件の一つとなっている。また，調停事件では，婚姻費用分担事件，遺産分割事件も増加傾向にある。別表第二調停事件以外では，一般調停事件および合意に相当する審判の対象となる調停事件は減少傾向がみられる。なお，婚姻中の夫婦の円満調整・離婚調停事件は，2021 年には，４万 6,977 件であった。

3．人事訴訟事件の動向

最後に，人事訴訟事件であるが，大別して，婚姻関係事件，親子関係事件，養子縁組関係事件がある。人事訴訟事件で一番多いのが婚姻関係事件であり，離婚事件は全体の９割近い。2021 年には約 89.2%，9,008 件であった。人事訴訟事件は，最終的には和解が成立するものも多く，全体の 36.1%を占める。判決は 40.1%，取下げも 20.8%あり，裁判官の和解勧告で，和解（合意）に達したり，取下げたりして解決を見ることも少なくない。2021 年に，人事訴訟事件で，家庭裁判所調査官に調査命令があったのは 639 件，約 7.7%であった。また，離婚事件など，参与員が関与した事件は，115 件で，約 1.4%にとどまった。

Ⅳ　具体的な家事事件・人事訴訟事件と裁判例

1．葛藤の激しい夫婦の離婚事件

婚姻して 11 年になる夫婦（妻Ｘ，夫Ｙ）の間で，９歳の長男Ａと６歳の二男Ｂがいるケースで，ＸからＹを相手に離婚を求めるとともに，ＡＢの親権者等をめぐって争われた事件である。

東京家庭裁判所は，まず，ＸとＹの婚姻関係が破綻したのは，双方がコミュニケーションをとらず，ＹがＸに気を配らず，それにＸが不満を募らせた結果であるから，どちらかが一方的に責任があるとは言えないと説示して，双方からの離婚を認めた。また，Ｙから，Ｘに子への虐待があり，面会交流にも消極的で，親権者としてふさわしくないとの主張があったが，Ｘに子らへの児童虐待といえる行為は認められず，面会交流ができないことがあったとしても親権者として不適切とまで言えず，監護養育の現状に特段問題がない中で，Ｙを親権者として現状を変えることは子らの福祉に沿わないとして，親権者はＸと判断した（東京家判平成 30・３・15 LEX/DB【文献番号】25561399）。

2．面会交流や親権者指定をめぐり激しく対立する夫婦の離婚事件

婚姻して 12 年になる夫婦（妻Ｘ，夫Ｙ）で，ＸがＹに無断での連れ去りだとして，監護者の指定，子の引渡しなどで激しく対立し，長女Ａ（９歳）の親権者をめぐり争った事件である。

第一審の千葉家庭裁判所松戸支部は，ＸＹの婚姻関係は，共にプライドの高い両者が事ごとに衝突を繰り返した結果，険悪な状態で別居し，その後長女の監護

者をめぐる紛争を繰り広げるうちに相互不信が募り，ついに破綻に至ったものと認められるとして，Xからの離婚請求を認めた。また，Yは親子の交流については年100回程度の面会交流を提案しており，長女が両親の愛情を受けて健全に成長することを可能とするためには，Yを親権者とすることが相当であると判断した（千葉家松戸支判平成28・3・29判時2309号121頁）。

これに対して，第二審の東京高等裁判所は，これまでの監護養育の実績から見て，Aは，Xの下で安定した生活をしており，母子関係に特段の問題もないこと，子の意思についても，AはXと一緒に暮らしたいとの意向を示したこと，年100回の面会交流の実現は困難であることなどを総合的に勘案し，Aの利益を最も優先して考慮すれば，Aの親権者をXと定めるのが相当であると判断した（東京高判平成29・1・26判時2325号78頁）。そして，Yからの最高裁への上告受理申立ては不受理となり，二審判決が確定した（最二小決平成29・7・12 LEX/DB【文献番号】25547054）。

3．モラハラや心理的DVの主張のある困難な面会交流事件

婚姻して8年になる夫婦で，X（夫・父）とY（妻・母）との間に長男A（7歳）と二男B（4歳）がいて，口論が多くなり，Yはストレスを感じてABを連れて別居するにいたった。Yは，Xと顔を合せたり，面会交流の要求があると，恐怖症性不安障害に陥るとの医師の診断書も出された。

原審（前橋家審平成29・8・4判時2365号82頁）は，面会交流は，その実施がかえって子の福祉を害する特段の事情があるときは，禁止・制限されると説き，Xには自己の方針を強く主張し，それに沿わないと相手方を非難する傾向が強く，Yはストレス，不安などを感じており，1年間の第三者の付添型面会交流を命じた。

東京高裁（東京高決平成29・11・24判時2265号76頁）は，子の面前での暴力・暴言，子らへの叱責，子や妻への心身の状態や心情に理解・配慮を欠く点は認められ，短時間の面会交流からはじめて，頻度は1カ月1回，実施時間は半年間は1時間，半年後からは2時間，1年6カ月間は，第三者機関の利用による面会交流とすべきと判断した。

4．乳児を放置して出奔し育てる気もなく生活に干渉する親の親権停止事件

未成年者Xを生んだ母親Bは出産後，入院中のXを置き去りにして病院から失踪し，育児放棄をしたり，突然戻ってXを連れて帰ったものの，1日も経たずに

Xを再び親族のもとに返したり，Xの私立高校入学後に勝手に退学届を提出したり，アルバイト代を勝手に受け取る，医療同意をしないなど，親としての責任を果たさずに身勝手をしてきた。

そこで，Xから，民法 834 条の２に基づきＢ，Ｃ（父親）らの親権の停止を求めた。

宮崎家庭裁判所は，父母による親権の行使が不適当であることにより子の利益を害する場合に当たり，ＢＣらの親権を２年間は停止する必要があると判断した（宮崎家審平成 25・３・25 家月 65 巻6号 115 頁）。

Ⅴ　離婚と子の親権監護事件・児童虐待事件における当事者への心理的支援

1．離婚の段階と当事者の心理的課題

通常は，夫婦の一方または双方に①違和感・怒り・不調和などが第一段階で起きる。①は潜在化しており，表面にでてこない。それが，拗れて修復ができずにいると，②緊張・ストレス・コミュニケーション障害など徐々に表に出てくる。その後，夫婦の対立・葛藤が生ずる，③夫婦の衝突・葛藤の顕在化により，これが子に及ぶ。そして，一方または双方がこれに耐え切れず第４段階の④別居・距離をおく，第５段階の⑤家族の再編・離婚への決断へと動いていく。残念ながら，当事者は①や②の段階では，専門家の保護・介入を求めることは少ない。③段階か④段階でようやく専門家に相談することが多い。

離婚に伴う当事者の心理的課題としては，結婚生活の継続か終了か，揺れ動く自分自身の思いや気持ちとの戦いであり，本心を確かめるという作業が必要である（流動性・不安定性)。また，子どもの親権・監護などの問題や財産問題・経済的問題について，どの問題を話し合おうとしているか（問題の明確化)，離婚そのものとこれに付随する問題なのか，整理できないでいることが少なくないので，これらの区別をする，仕分けをすることが大切である（分離)。

そして，もう一度，自分たちの立ち位置，ポジションを振り返り，インタレストやニーズを再確認する必要がある。当事者に問題解決の選択肢を考えさせ，多様な解決策へ目を向けさせ，自己解決力をアップさせる。その際に祖父母などの人間関係の維持に努めることも必要である。欧米諸国でも，子どもをめぐる紛争では，離婚後の親子関係の再構築，大人の争いから子どもの視点への転換，破壊的な対立から建設的な協調関係へと誘導することが重要であるとされる。

2．子どもの親権監護をめぐる紛争での留意点

実務家は，紛争解決のために介入・援助をするに際して，以下のポイントに留意しなければならない。①実質的な当事者と役割の確認であり，離婚紛争の形式的な当事者は父母であるが，実質的には祖父母や継父母など近い親族が演じていることがある。そのため，誰が重要な役割を担っているのか，その役割はどのようなものかを明らかにする必要がある。②真の動機・目的の把握も大切である。当事者は面子や世間体にこだわっていたり，別れた配偶者とよりを戻したいため，養育費の支払いを免れたいために，親権や面会交流を主張することもある。紛争の背景にある真の動機や目的は何かを見極める必要がある。

次いで③当事者のニーズやインタレストの確認をする。夫婦それぞれのニーズ，父母としてのニーズ，子どものニーズは異なっていたり，対立衝突することが少なくない。妻・母親としては子どもに会わせたくなくても，子のニーズとしては父との交流が必要なこともある。紛争当事者の基本的ニーズや当事者のニーズや真に解決を求めているものは何かも，実務家は冷静に見立てなければならない。④葛藤と問題解決能力の見立ても大切である。葛藤や対立の程度が激しく，当事者に問題解決能力が低いときは，介入はどうしても積極的主導的なものにならざるをえない。葛藤の程度と当事者の問題解決能力はどのくらいかも重要である。調停に携わる者は，ガイダンス（導入・説明），受容（よく聞く），中立（偏らない）という各段階ごとにスタンスを明確にする必要がある。

また，⑤問題行動の確認と専門家の援助の必要性も検討する。とくに暴力や薬物依存などのリスク・アセスメントをきちんとしないと，生命・身体の安全や健康にも関わる問題について，重大なリスクを見過ごすことにもなりかねない。DV・ストーカー，暴力，薬物依存，精神障害等の重大な問題が疑われるような場合には，裁判官との評議を経るなどして，調査官など他の専門職との連携や専門家の助言を求める必要があろう。DV については，警察（生活安全課）や配偶者暴力相談支援センターへの相談があり，地方裁判所に対し，自宅等からの退去命令，つきまとい等への接近禁止を求める保護命令を申立てることができる（配偶者からの暴力の防止及び被害者の保護等に関する法律 10 条）。また，ストーカーについても，警察や公安委員会に対して，つきまとい行為等の警告・禁止命令・援助を求めることができる（ストーカー行為等の規制等に関する法律 4 条，5 条，7 条）。

最後に，⑥配分的問題（Distributive Issues）と統合的問題（Integrative Issues）にも配慮する必要がある。財産の分与や養育費などの配分的問題は，他律的な解

決もよいが，子どもの面会交流や監護養育など統合的問題は，自律的決定が大切である。話し合いの熟度や問題の性質でも，裁断型か調整型かが分かれてくる。

3．困難な家事事件の解決のための心理的支援の必要性

Ⅳの１の事案では，家庭裁判所としては，婚姻関係の破綻を認定するにあたり，婚姻関係が拗れた原因，背景などを客観的に探るようにするが，客観的実在的な事実を確定するだけでなく，当事者それぞれの心に映った主観的心理的な事実にも目を向けなければならない。モラルハラスメントや心理的DVの主張に対しても，当事者が主張している客観的な状況や文脈を考慮しつつ，相手方が感じ受け止めたという主観的な心理状態をも踏まえて主張や証拠などから総合的に判断する必要がある。そして，本件では，双方がコミュニケーションをとろうとせず，夫も妻に気を配らず，いずれの一方に責任があるとは言えないとして，婚姻関係は破綻しており，民法770条１項５号の「その他婚姻を継続し難い重大な事由」があるとして，離婚を認めた。

また，裁判所は，子らに無理に柔軟体操をさせたり，物を投げつける行為はあったものの，虐待の意図はなく，約束どおり面会交流ができないことがあっても，それだけで親権者として不適格となるものでなく，監護養育の現状に特段の問題がないとして，母である妻を親権者に指定した。親権者の指定に際しては，これまでの監護養育状況，子の現状や父母の関係，父母それぞれの監護能力や監護環境，監護に対する意欲，子の意思（家事事件手続法65条，人事訴訟法32条４項参照），その他子の健全な成育に関する事情を総合的に考慮して，子の利益の観点から一方を親権者と定めることになる。確かに，面会交流は大切であるが，親権者指定の際の一つの考慮事項であるものの，面会交流の意向や提案だけを重視すべきではない。むしろ，ここでも，子と父または母との情緒的な結びつきや子の監護養育の実績，子の意向などを心理的な側面から明らかにするとともに，忠誠葛藤や両親の板挟みになっている子どもに対する心理的支援や子どもの心情を十分に配慮することが望まれる。

高葛藤の２の事案でも，第一審は，親権者・監護者の指定の際に，相手方の親としての立場を尊重して，できるかぎり面会交流や接触を促進する努力をする寛容性の原則（Friendly Parent Rule）を重視する判断をした。アメリカ，オーストラリア，ドイツ，フランスなど共同子育て（Shared Parenting）を認める国では，この点を重視する考え方やルールが置かれていた。しかしながら，最近では，欧米諸国でも，DV・暴力・ストーカーの問題もあり，寛容性原則を見直す動きもあ

り，日本でも，親権者としての適格性を判断する際の一考慮要素にはなるであろうが，これだけを決定的な要素とすることは問題であろう。

ここでも必要なのは，なぜ，父母の間で信頼関係が失われ，コミュニケーションが困難になったのか，子との関係でも，面会交流や養育費などの問題で，どのような行動をとることが親としても望ましいのか，心理的教育的なガイダンスを受けることであろう。2015（平成 27）年と 2016（平成 28）年に，明石市では，離婚や別居をしようとする父母に対して，アメリカのケンタッキー州での親教育プログラムを日本的にアレンジした FAIT プログラム（離婚後の子育てと子どもの気持ち）を試行的に実施した。2016 年には大阪家庭裁判所で，離婚や別居に際しての面会交流についての集団型親教育プログラムを導入し，東京家庭裁判所，名古屋家庭裁判所，鹿児島家庭裁判所，仙台家庭裁判所など各地でも実施するところが増えている。2021（令和３）年３月から，法制審議会家族法制部会が設けられ，面会交流，養育費，離婚後の共同親権，離婚時の親ガイダンスなどの検討がなされている。

とくに，高葛藤・対立の激しいケースでは，代理人だけの争点・主張の整理，進行方法の打ち合わせ，監護実績・監護状況，子の監護養育に関する方針，代理人を通じた暫定的な合意（中間合意）の可能性，試行的面会交流や暫定的な面会交流の実施要領，間接交流（携帯・パソコン等の利用），プレゼントや手紙・写真，第三者機関の活用などの段階的面会交流の実施等で調整することが重要である。全体的包括的解決（大きな解決）より，部分的段階的限定的な解決（小さな解決）の積み重ねを重視することも大切であろう。

Ⅳの３の事案でも，裁判所は，面会交流は，その実施がかえって子の福祉を害するといえる特段の事情があるときは，禁止・制限されると説き，Ｘには自己の方針を強く主張し，それに沿わないと相手方を非難する傾向が強く，Ｙはストレス，不安などを感じており，１年間は第三者機関を利用して，面会時間も最初は短くして，次第に延長することにすべきだと第三者による付き添い型の面会交流を命じた。また，二審も，子の面前での暴力・暴言，子らへの叱責，子や妻への心身の状態や心情に理解・配慮を欠く点は認められ，短時間の面会交流からはじめて，頻度は１カ月１回，実施時間は半年間は１時間，半年後からは次第に伸ばして，第三者機関の利用による面会交流とすべきと判断している。このケースでも，別居親の自己中心的な態度，相手方を非難する姿勢などから，同居親が感じる不安やストレスを配慮し，子に対する叱責や子の心情への理解を求めているが，これも家庭裁判所調査官による調査報告書を重視しての判断である。日本では，

面会交流の支援者・支援団体の助成が課題であるが，支援者には，子どもの心理・発達についての知識・スキルと経験が求められる。

Ⅳの4の事案は親権停止事案である。子ども本人が高校生以上の年齢になって，申立てたもので，この種のケースは年々増えている。全国の児童相談所は225カ所あるが，全国の児童相談所が2021年度に対応した児童虐待の対応件数は，20万7,659件で，前年度よりも1万1,264件5.8％の大幅な増加となった。統計を取り始めた1990（平成2）年から32年連続で過去最多記録を更新し続けている。厚生労働省によると，子どもの面前で親が配偶者に暴力を振るう「DVの目撃」「面前DV」を警察が積極的に通告するようになったことや，社会の虐待に対する関心や意識の高まりによる通告の増加が背景にあると見ている。虐待の種別で言うと，暴言や脅しなどで面前DVも含む「心理的虐待」が12万4,722件で最も多く，前年度より3,388件以上増えて，全体の60.1％を占めた。このことから，児童虐待事件でも心理的支援が重要なことがわかる。

最近の目黒や千葉での虐待死事件でも，児童相談所がなぜ一時保護を解除してしまったのか，警察や学校など関係機関が連携して対応できなかったのか，子どもを守るために，児童相談所は，親族と協力するなどして，親権停止・親権喪失の保全処分を申立てるべきではなかったか。SOSを出していた幼い命を守れなかった周りの大人の責任は重い。

◆学習チェック表

- □ 民法・家族法や家事事件手続法・人事訴訟法の概要について理解した。
- □ 家事審判や家事調停の基本的な仕組みや手続について説明できる。
- □ 最近の家事事件や人事訴訟事件の動向について説明できる。
- □ 離婚と子の監護をめぐる事件，親権者指定事件，児童虐待に関わる親権停止事件についての心理的支援の必要性を理解した。

より深めるための推薦図書

棚村政行編著（2017）面会交流と養育費の実務と展望［第2版］．日本加除出版．
高橋朋子・床谷文雄・棚村政行（2021）民法7親族・相続［第6版］．有斐閣．
金子修編著（2022）逐条解説家事事件手続法［第2版］．商事法務．
松川正毅・本間靖規・西岡清一郎編（2013）新基本法コンメンタール　人事訴訟法・家事事件手続法．日本評論社．
二宮周平編（2017）新注釈民法（17）親族（1）．有斐閣．

文　　献

棚村政行（2018）離婚と子ども―円滑な調停運営のための留意点．調停時報，200; 57-76.

最高裁事務総局家庭局（2022）家庭裁判所事件の概況（1）―家事事件．法曹時報, 74(12); 67-105.

西岡清一郎・棚村政行・相原佳子・青木晋（2018）座談会　今，家庭裁判所に求められているもの．法の支配，191; 5-50.

新・アジア家族法三国会議編（2022）離婚後の親子関係．日本加除出版.

第 13 章

離婚と子どもの心理

岡本吉生

Keywords　離婚のプロセス，夫婦間葛藤，夫婦間のコミュニケーション，要求と退却，別居，子どもの適応と傷つき，夫婦療法，認知行動夫婦療法，情動志向夫婦療法，短期戦略的夫婦療法

I　はじめに

司法領域における心理臨床の重要なテーマとして離婚がある。離婚は，夫婦の権利義務関係を法的に清算しなければならないと同時に，夫婦という親密な人間関係の解消に伴って生じるさまざまな心理的社会的課題がある。本章では，日本の離婚の現状，離婚の要因，離婚に至るプロセス，離婚による子どもへの心理的影響，そして夫婦療法について触れる。

II　離婚の心理

1．日本の離婚の現状

①離婚件数，離婚率とも減少傾向にある

日本の離婚の実情を最も端的に表す統計資料は，毎年，厚生労働省から発表される人口動態調査で公表される離婚件数と離婚率である[注1)]。2022（令和４）年の人口動態調査によると，離婚件数は，1964（昭和 39）年以降毎年上昇し，2002（平成 14）年には年間約 29 万組に達した。その後低下し，2020（令和２）年に 19 万 3,253 組，2021（令和３）年に 18 万 4,384 組に減少した。同様に，離婚率も 2002（平成 14）年に 2.30 とピークに達し，2020（令和２）年に 1.57，2021（令和３）年に 1.50 と減少傾向にある。

注 1）離婚率は，「年間の離婚件数」を「その年の 10 月 1 日時点での日本人の人口」で割り，その値を 1,000 倍して算出される。

②同居して12年後に27%の夫婦が離婚している

また，2022（令和4）年度人口動態統計特殊報告によると，2020（令和2）年に離婚した夫婦19万3千組の平均同居期間は12年であり，これは，彼らの多くが結婚したであろう12年前（2008（平成20）年）の婚姻件数（約72万6千組）の26.6%に当たる。つまり，現在の離婚件数と平均同居期間から推定すると，結婚して約12年程度経つと2～3割の夫婦が離婚する可能性があると言える。

このような離婚件数や離婚率の推移は，離婚に対する社会的な偏見の減少やひとり親家族に対する経済支援の充実などが関係していると言われている。

③熟年夫婦の離婚の増加

さらに特徴的なのは，離婚する夫婦の平均同居期間が次第に長くなっていることである。2022（令和4）年度人口動態統計特殊報告によると，離婚した夫婦の平均同居期間は，1975（昭和50）年では7.1年だったが，2000（平成12）年では10.3年，さらに2020（令和2）年では12年と徐々に長くなっている。同居期間の長い夫婦の離婚は熟年離婚の増加の表れでもあり，夫婦それぞれが夫婦としての関係を維持するよりも個人としての生き方を優先する時代になってきている。

④夫・妻ともに30歳代，40歳代の離婚が多い

令和4年度の人口動態特殊統計から，夫と妻別に年齢段階（16～19歳，20歳代，30歳代，40歳代，50歳代，60歳代以上）ごとの離婚件数（比率）を集計すると，夫の場合，30歳代の離婚件数が約5万6千組（29.0%）で一番多く，次いで40歳代の約5万6千組（28.9%）である。妻の場合も同様で，30歳代の離婚件数が約6万組（31.5%）で一番多く，次いで40歳代の約5万4千組（28.0%）である。つまり夫・妻ともに30～40歳代での離婚が多いことがわかる。これらの年代で生じる職場や子育てのストレスの負担の増大や，配偶者選択についての見直し等が夫婦関係の不安定要素となっているのではないかと予想される。

2．離婚の理由

夫婦の離婚理由を知る手がかりとなるのが，最高裁判所から公表されている司法統計である。そこでは家庭裁判所で扱った家事事件の統計がまとめられている。申立人が何を求めて調停を申立てたのか（申立ての趣旨），その理由は何によるのか（申立ての動機）が分かる。

2021（令和３）年度司法統計年報（家事偏）によると（最高裁判所，2023），夫からの申立てが約１万７千件，妻からの申立てが約４万８千件であり，圧倒的に妻からの申立てが多い。申立ての動機を多い順に見ると，夫では，「性格が合わない」，「異性関係」，「性的不調和」，「浪費する」が多く，妻では，「性格が合わない」，「暴力を振るう」，「異性関係」，「浪費する」が多い。夫・妻ともに性格の不一致が最も多く，協議離婚による自主的な解決の難しい事柄である。また，「暴力を振るう」を申立ての動機とするのは圧倒的に妻からによるものであるのが特徴である[注2)]。

家庭裁判所でなされる調停離婚は全離婚件数のうちの１割程度にすぎず[注3)]，離婚の理由を知るには協議離婚の実態を明らかにする必要がある。「夫婦喧嘩は犬も食わない」などと軽視されやすいが，夫婦間葛藤は夫婦の関係性よって生じるものであり，人の健康を阻害したり，夫婦間暴力へと発展したり，あるいは子どもや他の家族への虐待とも密接に関連している。後述する夫婦療法といった専門的な支援が必要になる領域である。

３．離婚のプロセスにおける６つの側面

離婚は突然訪れるものではない。お互いに好意をもって結婚したはずの夫婦が離別に向かう過程を離婚のプロセス（divorce process）と言う。ボハナンBohannan（1970）は，離婚のプロセスは少なくとも６つの複合した側面（station）で進行すると指摘している。第一は情緒的離婚（emotional divorce）で，夫婦の一方もしくは双方が何らかの不満を感じ，相手に対して信頼感を抱く以上に批判的になるなどして，関係にとどまることができなくなる心理的・関係的側面における負因を指す。第二は法律的離婚（legal divorce）であり，法的手続きに関する事柄である。第三は経済的離婚（economic divorce）で，婚姻費用や財産分与や養育費に関する事柄である。第四は養育親としての離婚（coparental divorce）で，子どもの監護やひとり親家庭になることや面会交流などに関する事柄である。第五はコミュニティ離婚（community divorce）で，これまで夫婦として付き合っていた友人や地域との付き合いがなくなり，孤独に直面する側面である。最後は精神的離婚（psychic divorce）で，離婚した相手との依存関係から離れ，個人として

注２）夫からの申立てが1,477件であるのに対して，妻らの申立てが9,162件である。

注３）2020（令和２）年度の人口動態調査によると，同年の調査では，協議離婚が88.3%，調停離婚が8.3%，審判離婚が1.2%，和解離婚が1.3%，承諾離婚が０%，判決離婚が0.9%となっている。

の自律性の獲得に関する事柄である。

離婚のプロセスは多くの要因が並行して進行するものであり，離婚がいかに心的負担の多い出来事であるかが理解される。相手が気に入らなくなったら別のパートナーを探せばよいと安易に考えられるものではなく，会話すらなくなった夫婦でさえ，たいていはかつて愛したパートナーを失うことの喪失感や，一人暮らしへの不安に襲われる。このことからも，離婚に関する諸問題は心理支援の重要な課題であることが分かる。

4．離婚のプロセス

ここでは特に，離婚のプロセスにおける心理的・関係的側面を中心に述べる。

①離婚のプロセスの始まり：不満への気づき

離婚のプロセスは夫婦の一方が結婚生活に何らかの不満を感じることから始まる。結婚生活への不満は，配偶者選択への後悔や結婚生活を継続することへの不安となる。しかし，不満感は，結婚生活へのコミットメントの程度や投資量や代替となる存在（浮気相手など）によって異なり（Rusbult, 1983）[注4)]，不満があるからと言って直ちに離婚のプロセスが進行するわけではない。また，一般に，喧嘩ばかりしている夫婦は仲が悪く，すぐに別れてしまうだろうと考えるのも適切でない。

夫婦間のコミュニケーションから離婚を予測しようとしたゴットマンGottman（Gottman, 1994; Gottman & Silver, 1999）は，夫婦にふだんあまり意見の一致を見ない話題について15分間話し合ってもらい，その時の夫婦の会話を観察した。数年後にその夫婦の離婚の有無を追調査したところ，お互いに激しく口論を交わす夫婦がその後離婚するわけでもなく，また，あまり口論がなくても数年後に破綻してしまう夫婦がいることを見出した。むしろ，葛藤への対処が重要で，喧嘩や葛藤をうまく調整できる夫婦を適応的夫婦（regulated couples），調整できない夫婦を非適応的夫婦（nonregulated couples）に分けると，非適応的夫婦は，批判，軽蔑，回避といった否定的コミュニケーションが適応的夫婦の約5倍あることが問題で，それが離婚のリスクを高めるとした。

また，リスクとなる夫婦のコミュニケーション・パターンとして，要求と退却（demand and withdrawal）の組み合わせがある（Eldridge & Baucom, 2012;

注4）ルスブルトの投資理論によると，「コミットメント＝満足感＋投資量－代替関係の質」という公式が成り立つという。

Heavey et al., 1995)。要求は，配偶者に不平や愚痴を言ったり非難したりする行動で，退却はそれに対して気乗りのない返事や話題そらしや会話場面からの逃避行動のことである。要求は相手への不満の表明であることが多いが，それに対して相手が退却して応じないため，一方はいつまでも不満が解消されず，慢性的な欲求不満に陥る。他方，退却する側も相手の執拗な愚痴や要求にうんざりしている。このようにして，夫婦双方とも夫婦関係に不満をもち続ける。

夫婦間での否定的なコミュニケーションや要求－退却といった関係パターンが固定化すると，離婚のプロセスは一歩進む。

②離婚の抑制要因と離婚の意思表明

結婚生活が不満だらけでも，かつて愛したパートナーを失う喪失感，一人暮らしへの不安，結婚生活を全うできなかった無念さ，経済的不安，社会的に体裁が悪いこと，子どもへの罪悪感などから，離婚をためらう気持ちも併存する。このような離婚のプロセスを抑止する諸事情は離婚の抑制要因となる。この段階にとどまる夫婦は，俗に家庭内離婚と呼ばれ，法律上形式的には夫婦であっても，実質的には赤の他人と同様な関係となっている。

離婚の抑制要因以上に，夫婦の一方もしくは双方が結婚生活の継続に耐え難い気持ちをもつようになると，離婚は現実味を帯びるようになる。親しい友人に相談したり，法律問題の理解に弁護士事務所を訪問したり，あるいは家庭裁判所の家事相談に出向いたりする。そして，このプロセスの途上で夫婦の一方から離婚の表明がなされる。離婚の表明が相手に全く予測されていなかった場合は，受け手は大きなパニックに陥る。

③別居の選択

離婚にまで踏み切れないとき，しばしば別居が選択される。別居は，夫婦の話し合いで決められることもあれば，一方がある日突然家を出て別居となることもある。別居にはおおむね次のような意味やメッセージがある。

- 毎日顔を突き合わせていることで生じる，生活面でのストレスや緊張感からの一時的な逃避
- 夫婦関係を継続すべきか解消すべきか判断がつかないときの冷却期間
- 自分がいないことでどれだけ生活に困るかを相手に実感させ，結婚生活における自分の存在意義を相手に知らせること
- 面前で相手に離婚を告げられないときの，別居行動による離婚意思の表明

・離婚に向けての既成事実作り

子どもがいる場合の別居は，子どもと別居親との面会交流も問題となる。

④最終的な形態

離婚のプロセスの最終形態は，法的にももはや夫婦でないことを明示することである。ただし，法律上離婚していても，心理的にはいつまでもかつての夫婦関係に未練をもち，例えば，家庭裁判所に子どもの親権者の変更を申立てたり，養育費の支払いを渋ったりして，離婚前の関係を断ち切ろうとしない者もいる。このような場合は，心理的に以前の配偶者と離婚ができていない状態であり，自律性の回復，離別に伴う悲しみや怒りといった種々の感情を整理するための喪の作業（grief work）を行うことが有効であり，これら一連の心理的援助は離婚療法（divorce therapy）と呼ばれる（佐藤，1999）。

5．夫婦間葛藤の影響と離婚

夫婦関係の悪化は，離婚を望むか否かにかかわらず，夫婦にさまざまな緊張や不安を与える。例えば，仕事をしていても配偶者の様子や関係のことで忙殺され，仕事が手につかないなど社会的適応が阻害される，うつや内臓疾患など心身が不調に見舞われる，夫婦というシステム以外との関係に魅力を感じる（浮気）などである。夫婦に子どもがいるときは，親機能が低下し，子どもへの気配りの不足が生じやすい。また，子どもを相談相手にして子どもを必要以上に巻き込んだり，配偶者への怒りを子どもに当たり散らしたり，不幸な境遇を子どもに投影し，子どもを同情的に見たりするなどの影響がある。

たとえ夫婦の関係回復が望めなくても，夫婦がお互いに話し合い，了解しながら離婚のプロセスを進めることが離婚後の適応を促し子どもの傷つきを最小限にする（Baum, 2003）。離婚療法は，夫婦の合意を得ながら離婚のプロセスをたどる援助活動であるとも言える。離婚のプロセスが夫婦の合意で進行すれば，離婚後に待ち受ける大きな生活上の変動（職場や親族など周囲からの信頼を失うこと，転居等に伴う新しい生活基盤の確立，子どもに対する新たな養育指針，面会交流など）を，夫婦それぞれが合理的・理性的に考えることができ，離婚体験が強み（strength）となる。しかし，離婚のプロセスがお互いの合意なしで進行すれば，離婚体験は外傷的で弱み（weakness）となる。

Ⅲ　離婚と子ども

1．親の離婚を経験する子どもの情勢

前述の人口動態調査によると，2021（令和 3）年における全離婚件数約 18 万 4 千組のうち，親権を行う子ども[注 5)]のいる夫婦の離婚件数は約 10 万 5 千組であり，全体の約 57％である。子どもが複数人いる場合の離婚は子どもの数だけ親の離婚を経験するすることになる。親の離婚を経験した子どもの人数を集計すると，2021 年に親の離婚を経験した子どもは約 18 万 3 千人になる。こうして，親の離婚を経験する子どもの人数が毎年累積されていく。

また，2021 年における離婚時の親権者についてみると，子どもが 1 人の場合，総数 4 万 8,979 件のうち夫が子の親権者となるのは 6,298 件（12.9％），妻が子どもの親権者となるのは 4 万 2,681 件（87.1％）である。子どもが 2 人いる場合は，総数 3 万 9,431 件のうち夫が 2 児の親権者となるのは 4,270 件（10.8％），妻が 2 児の親権者となるのは 3 万 3,105 件（84％），その他子どもの親権者を夫婦で分け合う場合が 2,056 件（5.2％）である。子どもが 3 人以上いる場合も同様の傾向にあり，親の離婚を経験する 8 割以上の子どもは母親が親権者となっている。つまり，離婚家庭の 8 割以上が母子家庭になるということである。

2．離婚と子どもの適応

親の離婚によって子どもはどのような影響を受けるのであろうか。一般に，親の離婚に遭遇する子どもは，親が離婚したら自分は父母のどちらかの家で暮らすことになるのか，転居するとしたら転居先ではどのような生活環境や暮らしになるのだろうか，転校は必要なのか，これまでの友だちと同じように遊べるのか，苗字はどうなるのか，別々に暮らす親とは会えるのだろうかなど，さまざまな不安や疑問に直面する（Zill et al., 1993）。

このような子どもの当然の疑問に対して，親は，子どもの心情が不安定になることを案じ，あるいは恐れて，子どもの意見を聞くことなく離婚後の子どもの暮らしを決めることもあれば，子どもの意向を無視して一方的に従わせようとすることもある。子どもも，離婚は親の問題と考えて問題から距離を置くこともあれば，積極的に関わって意見を述べたりもする。家庭裁判所で離婚調停がなされる

注 5）親権を行う子どもとは，20 歳未満の未婚の子どもを指している（改正前の民法の規定による）。

場合は，人間関係諸科学の専門家である家裁調査官が子どもの生活環境や発達状況を考慮して子どもの意向を聴取している（岡本ら, 1993）。協議離婚の場合は，子どもの意向を聞くかどうかは離婚をする両親に任されており，法律上の不備が指摘されている（第 12 章参照）。

3．親の離婚に対する子どものストレス反応

親の離婚に直面することは，子どもにとって大きなストレスであり，しばしば子どもは心身面あるいは行動面でさまざまなストレス反応を示す。例えば，通常の家庭に比べ，離婚家庭出身の子どもは，心理療法を受ける割合が高い，非行レベルの問題行動を起こしやすい，不適応から高校中退をする確率が高い（Zill et al., 1993），学校からのドロップアウトや十代の妊娠リスクが２倍になる（McLanahan & Sandefur, 1994），両親の間の葛藤が特に敵意や暴力的であるときに，子どもは精神病理の発達リスクを負い，適応問題全般に影響を受け，悲痛反応，無反応，とらわれ，心配，微笑，凍りついた反応，怒り，悲しみ，恐れなどが顕著になる（Cummings et al., 2000），などと言われている。

また，離婚は家庭という本来は安全基地となる場所を喪失する危機場面であることから，アタッチメント・システムが活性化されやすく（Feeney & Monin, 2008），見捨てられ不安を感じやすい（Wallerstein & Blakeslee, 1989; Wallerstein et al., 2000）。

長期的な影響としては，異性との親密な関係を築くことへの不安から結婚に対して過度に慎重になったり，逆に見捨てられ不安からアタッチメント対象を希求するあまり早すぎる結婚をしたりすることもある。また，親の離婚を紛争解決のモデルとして，安易に離婚をしてしまうなどの影響も指摘されている（Carter & McGoldrick, 1989）。

4．子どもの向社会性と傷つき

離婚は子どもにとって重大な危機場面ではあるが，それに対して必ずしも無力な存在というわけでもない。責任感が強く，自尊心があり，性に対しても中立的な態度がとれ，向上心を高めようと努力するなど（Barber & Eccles, 1992），たくましさや向社会性を示す子どももいる。

しかし，その背景にしばしば両親の離婚に対する深い傷つきがある（Wallerstein et al., 2000）。親から見捨てられたのではないかと不安を感じ，自分が悪かったから両親が別れたのだと自己非難し，あるいはきっとまた仲直りするに違いないと

根拠のない和合への空想をもち，両親の幸せさえ気遣う。親の離婚を経験する子どもの向社会性の高さは，実は，無邪気な子ども時代の放棄であることも少なくない。離婚家庭の子どもを扱う心理臨床では，これらの子どもの心情を配慮した接し方を心がける必要がある。

Ⅳ　夫婦間葛藤や離婚に関する心理療法

1．夫婦療法の歴史

夫婦関係に関する心理的援助は，以前はマリッジ・カウンセリング（marriage counseling）と呼ばれてきたが，最近では夫婦療法（marital therapy）またはカップル・セラピー（couple therapy）と呼ばれるようになっている。夫婦療法は，欧米では盛んに行われており，多くの理論や技法が蓄積されている。ガーマンら（Gurman et al., 2002）は，アメリカでの心理的援助を 4 期に分けている。

第 1 期は，「結婚カウンセリング」と呼ばれていた時期で，夫婦のどちらか一方の相談を個別に応じていた時期（1930 ～ 1963 年）。第 2 期は，精神分析家が夫婦関係の悪化に解釈を加えることで治療をしていた時期（1931 ～ 1966 年）。第 3 期は，ジャクソン Jackson, D., サティア Satir, V., ボーエン Bowen, M., ヘイリー Haley, J. らの家族療法家が夫婦合同面接を主に行っていた時期（1963 ～ 1985 年）。第 4 期は，行動療法，洞察志向夫婦療法，解決志向ブリーフセラピー，ナラティブセラピーなどさらに洗練された技法を用い，多様化統合化した時期（1986 年～現在）。

日本では夫婦療法は盛んに行われているとは言えないが，カップル関係や夫婦関係を重視する人たちの数は次第に増えており，今後は日本においても夫婦療法が重要なテーマになるであろう。

その一方で，欧米では夫婦療法の理論や技法が乱立傾向にある（Gurman, 2008）。その中で，臨床的な倹約精神と効果，発達的視点の適用，クライエントの強みと弱みの両面へのバランスある配慮，患者の生活の重視といった 4 点を備える効率の良い治療法がこれからも生き残るとされている。次項では，その条件を備える夫婦療法のうち，代表的とされる夫婦療法を取り上げる。

2．代表的な夫婦療法

①認知行動夫婦療法（Cognitive-Behavioral Couple Therapy）

認知行動夫婦療法（CBCT）は，行動的夫婦療法（Behavioral Couple Therapy;

BCT）に認知的要素を加えて発展したものである。夫が掃除をしたらゴルフの練習に行ってもよいなどのBCTによる指示に加えて，選択的注意，帰属，期待などの夫婦関係に影響しやすい認知を活用して関係改善の治療を行う。エプスタインEpstein（2011）は，葛藤的な夫婦には，根拠のない結論，特定の詳細な点だけのハイライト，過剰な一般化などの認知的歪曲がみられると指摘する。

②情動志向夫婦療法（Emotionally Focused Couple Therapy）

情動志向夫婦療法（EFCT）は，ヒューマニスティック心理学，システム理論，アタッチメント理論を統合した夫婦療法である（Johnson, 2008）。EFCTでは，治療者と夫婦との協働的な治療同盟を安全基地として，アタッチメント行動や親密な関係の秩序付けに情動が主たる役割を果たす。アタッチメントに関する要求は安全が損なわれているというサインであり，治療目標は新しい安全な絆の形成である。

EFCTは，悪循環のエスカレーションを低下させ（ステージ1），アタッチメントの要求（保証や慰め）を特定し（ステージ2），新しい解決方法を促し新しい立ち位置やアタッチメント行動を整理し，配偶者と安定した関係や安全な絆を形成する（ステージ3），といった段階を経る。

③短期戦略的夫婦療法（Brief Strategic Couple Therapy）

短期戦略夫婦療法（BSCT）は，戦略的心理療法（strategic psychotherapy）や問題解決志向短期療法（problem-solving brief therapy）の理論を基礎に行う夫婦療法である。

BSCTでは，問題を定義し，変化のための最小限の目標を立て，訴えに対する解決を探り，これまで夫婦が行ってきた誤った解決法（偽解決）を図式化し，例外を特定し，クライエントらしい枠組みを偽解決でない行動に適用し，安定を図る（Shoham et al., 2008）。面接回数は10回までが原則である。夫婦関係のシステム性を利用し，個別面接による治療も可能と考えるが，交流が活発な夫婦合同面接のほうがより効率的とされる。

日本では一つの理論や治療法に基づく系統的な夫婦療法を行うことは少なく，さまざまな技法を折衷的に用いて，目の前の夫婦のニーズや生活状況に応じた支援をすることが多い。意見の食い違いや対立の激しい夫婦との合同面接では，個別面接とは比較にならないほど情報量が多く，それだけに高度な技術が要求される。夫婦間暴力がある場合は安全性の確保も不可欠である。夫婦療法は日本ではま

だ未開拓の分野と言ってよく，今後は上記のような理論や技法を参考にしつつ日本人夫婦の心性に応じた心理療法のあり方を模索し実践することが課題である。

◆学習チェック表

- □　統計からみた離婚の情勢が説明できる。
- □　離婚の 6 側面が説明できる。
- □　離婚のプロセスが説明できる。
- □　親の離婚を経験する子どもの心理が説明できる。
- □　代表的な夫婦療法について説明できる。

より深めるための推薦図書

Cummings, E. M., Davies, P. T. & Campbell, S. B.（2000）*Developmental Psychopathology and Family Process: Theory, Research, and Clinical Implications*. Guilford.

加藤司（2009）離婚の心理学―パートナーを失う原因とその対処．ナカニシヤ出版．

佐藤悦子（1999）夫婦療法―二者関係の心理と病理．金剛出版．

Schaffer, H. R.（1990）*Making Decisions about Children*. Blackwell Publishers Limited.（無藤隆・佐藤恵理子訳（2001）子どもの養育に心理学がいえること―発達と家族環境．新曜社．）

Wallerstein, J. S., Lewis, J. M. & Blakeslee, S.（2000）*The Unexpected Legacy of Divorce: The 25 Year Landmark Study*. Harper Collins Publishers.（早野依子訳（2001）それでも僕らは生きていく．PHP 研究所．）

文　　献

Barber, B. L. & Eccles, J. S.（1992）Long-term Influence of Divorce and Single Parenting on Adolescent Family and Work-related Values, Behaviors, and Aspirations. *Psychological Bulletin*, 111; 108-126.

Baum, H.（2003）Divorce Process Variables and the Co-parental Relationship and Parental Role Fulfillment of Divorced Parents. *Family Process*, 42; 117-131.

Bohannan, P. E.（1970）*Divorce and After*. Doubleday.

Carter, B. & McGoldrick, M.（1989）*The Changing Family Life Cycle: Framework for Family Therapy*. 2nd edition. Allyn & Bacon.

Cummings, M., Davies, P. T. & Campbell, S. B.（2000）*Developmental Psychopathology and Family Process: Theory, Research, and Clinical Implications*. Guilford.

Eldridge, K. A. & Baucom, B.（2012）Demand-Withdraw Communication in Couples. In: P. Noller & G. C. Karantzas. (Eds.): *Couples and Family Relationships*. Wiley-Blackwell.

Epstein, N. B.（2011）Workshop manuscript "Enhanced Cognitive-Behavioral Therapy with Couples and Families".

Feeney, B. C. & Monin, J. K.（2008）An Attachment-Theoretical Perspective on Divorce. In: J. Cassidy. & P. R. Shaver. (Eds.): *Handbook of Attachment: Theory, Research, and Clinical Applications*. 2nd Edition. Guilford Press.

Gottman, J.（1994）*Why Marriages Succeed or Fail: What You Can Learn from the Breakthrough*

Research to Make Your Marriage Last. Simon & Shustter.

Gottman, J. & Silver, N.（1999）*The Seven Princuples for Making Marriage Work*. Crown Publishers.（松浦秀明訳（2007）結婚生活を成功させる七つの原則．第三文明社.）

Gurman, A. S.（2008）*Clinical Handbook of Couple Therapy*. 4th Edition. Guilford Press.

Gurman, A. S. & Fraenkel, P.（2002）The History of Couple Therapy: A Millennial Review. *Family Process*, 41; 199-260.

Heavey, C. L., Christensen, A. & Malamuth, N. M.（1995）The Longitudinal Impact of Demand and Withdrawal During Marital Conflict. *Journal of Consulting and Clinical Psychology*, 63; 797-801.

Johnson, S. M.（2008）Emotionally Focused Couple Therapy. In: A. S. Gurman (Eds.): *Clinical Handbook of Couple Therapy*. Guilford Press.

McLanahan, S. & Sandefur, G. G.（1994）*Growing Up with A Single Parent: What Hurts, What Helps*. Harvard University Press.

岡本吉生・金子隆夫・濱本園子（1993）家事事件における子どもの調査方法に関する研究．家庭裁判所調査官研修所.

Rusbult, C. E.（1983）A Longitudinal Test of the Investment Model: The Developent（and Deterioration）of Satisfaction and Commitment in Heterosexual Involvements. *Journal of Personality and Social Psychology*, 45; 101-117.

最高裁判所（2023）令和３年度版　司法統計（家事編）.

佐藤悦子（1999）夫婦療法—二者関係の心理と病理．金剛出版.

Schaffer, H. R.（1990）*Making Decisions About Children*. Blackwell Publishers Limited.

Shoham, V., Rohrbaugh, M. J. & Cleary, A. A.（2008）Brief Strategic Couple Therapy. In: A. S. Gurman (Ed.): *Clinical Handbook of Couple Therapy*. Guilford Press.

Wallerstein, J. S. & Blakeslee, S.（1989）*Second Chances*. Ticknor & Fields.（高橋早苗訳（1997）セカンドチャンス—離婚後の人生．草思社.）

Wallerstein, J. S., Lewis, J. M. & Blakeslee, S.（2000）*The Unexpected Legacy of Divorce: The 25 Year Landmark Study*. Harper Collins Publishers.（早野依子訳（2001）それでも僕らは生きていく．PHP 研究所.）

Zill, N., Morrison, D. R. & Coiro, M. J.（1993）Long-term Effects of Parental Divorce on Parent-child Relationships, Adjustment, and Achievement in Young Adulthood. *Journal of Family Psychology*, 7; 91-103.

第 14 章

離婚後の家族関係と子どもへの支援

小田切紀子

Keywords　離婚，再婚，ステップファミリー，面会交流，養育費，共同養育，単独親権

Ⅰ　離婚家庭の現状

1．面会交流と養育費

日本は，離婚後に単独親権制度（民法第 819 条）を採用しているため離婚時にどちらか一方の親を親権者と定め，子どもの面会交流と養育費を取り決めることが規定されている（民法第 766 条）。面会交流とは，別居中・離婚後に，子どもを養育・監護していない親（非監護親）とその子どもが，子を養育・監護している親（監護親）の協力を得て，定期的に会って話したり，遊んだり，電話や手紙などの方法で交流することであり，養育費とは，子どもを監護・教育するために必要な費用のことをいう。近年，日本では離婚時に父母が，子どもの親権，面会交流や養育費について合意できず，裁判で熾烈に争うケースが増加している。とくに面会交流の争いは 2000（平成 12）年から増加傾向にあり，2019（令和元）年に家庭裁判所の面会交流紛争の新受件数は調停と審判を合わせて 1 万 5,512 件で，2000 年の 5.7 倍になっている。2019 年の未成年の子どもがいる離婚件数は 11 万 8,664 件なので，全体の 13.1％が面会交流について裁判所に申し立てをしていることになる（最高裁判所，2021）。他方，面会交流の実施状況は，「現在も面会交流を行っている」は母子世帯 30.2％，父子世帯 48.0％，養育費の受給状況は「現在も養育費を受けている」は母子世帯 28.1％，父子世帯 8.7％と低い（厚生労働省，2022）。また，調停や審判で面会交流を定めても，母子世帯 24.2％，父子世帯 27.7％は月 1 回の頻度であり，これが最も多い。養育費の平均月額は母子世帯で 50,485 円，父子家庭で 26,992 円であり，欧米諸国と比較すると極めて低い（OECD, 2020）。

2．ひとり親家庭の貧困

「令和３年度全国母子世帯等調査結果報告」（厚生労働省，2022）によると，2021（令和３）年の母子世帯は 119 万 5,128 世帯，父子世帯は 14 万 8,711 世帯である。母子世帯になった理由は離婚が 79.5％，死別が 5.3％，父子世帯になった理由は離婚が 69.7％，死別が 21.3％である。収入は，母子家庭の平均年収 373 万円（就労収入 272 万円），父子家庭の平均年収 606 万円（就労収入 518 万円）である。給与所得者の平均年収は 443 万円（男性 545 万円，女性 302 万円）であり（国税庁，2021），ひとり親家庭の収入はこれらと比較して低い。日本のひとり親家庭の貧困問題は，相対的貧困率[注1)]の国際比較からも明らかであり，日本のひとり親家庭の貧困率 48.3％は，OECD 加盟諸国の 31.9％を上回り 43 カ国中３番目に高い（OECD, 2020）。親の離婚により子どもが経済的に厳しい生活状況におかれていることが理解できる。

II　離婚と子どもへの支援

1．面会交流の変遷

親権と面会交流に関する考えは，戦後の家制度の時代から現在に至るまで，社会の家族観や子ども観を反映し変遷してきた。明治民法（1898 年）の家制度では，子どもは「家の子」とされ，父親が親権者となり，非監護親である母親は離婚とともに家を出て，子どもとの交流をあきらめざるをえない状況だった。しかし，第二次世界大戦後，家制度が廃止され，両性の平等に基づく新たな婚姻制度が制定され，夫婦関係と親子関係について新しい考えが付与された。1960 年以降は，親権者は父親よりも母親に指定されることが多くなり，現在は親権者の約 85％は母親である（第 13 章参照）。

面会交流については，父母間に紛争がある場合は，面会交流を認めると子どもが両親の葛藤に巻き込まれ健全な成長が阻害されるとの理由で，家庭裁判所は長い間，面会交流には慎重な立場だった。しかし，現在，家庭裁判所の調停・審判の実務は変わり，面会交流は子どもの健全な育成に有益であるとの認識に立ち，面会交流が子どもの福祉を害する恐れがある特段の事情がある場合を除き，原則

注 1）相対的貧困率とは，世帯の可処分所得などをもとに子どもを含めて家族一人ひとりの所得を仮に計算し，順番に並べたとき，真ん中の人の額の半額（貧困線）に満たない人の割合。子どもの貧困率は，18 歳未満で貧困線に届かない人の割合のこと。

として認められるべきであるとしている。特段の事情とは，①非監護親による子どもの連れ去り，②非監護親による子どもの虐待のおそれ，③非監護親による監護親に対する暴力，である。

2．面会交流の現状

①面会交流の最近の動向

児童（18 歳未満）の権利について定めている国際条約の児童の権利条約（日本は 1990 年に批准）の第 9 条第 3 項「締約国は，子どもの最善の利益に反する場合を除くほか，父母の一方又は双方から分離されている子どもが定期的に父母のいずれとも人的な関係及び直接の接触を維持する権利を尊重する」とし，面会交流の権利を規定している。2012（平成 24）年 4 月から民法 766 条の改正により父母は離婚に際して，面会交流と養育費について子どもの利益を最優先して定めるよう明記され，2014（平成 26）年 4 月には，「国際的な子の奪取の民事上の側面に関する条約」（通称，ハーグ条約）が締結された。

子どもの利益を考えると，離婚後も共同養育により子どもの成長を見守ることが重要であり（家庭問題情報センター，2016；小田切，2017），両方の親と定期的に交流し愛情と養育を受けることが子どもの自尊心やアイデンティティの確立に好ましい影響を与える（Amato, 2010；小田切，2009）。しかしながら，離婚全体の約 90％を占める協議離婚の実態調査（法務省，2021）から，「面会交流の取り決めなし」は 29.0％，「養育費の取り決めなし」は 21.5％であり，面会交流を取り決めなかった理由の第一位は「離婚相手とかかわりたくなかった」で 39.7％，養育費を取り決めなかった理由の第一位も「離婚相手とかかわりたくなかった」で 38.1％だった。つまり，協議離婚においても両親が激しく対立し，子どもの面会交流や養育費が十分に考慮されずに離婚が成立していることが理解できる。

父母の葛藤が高い場合，面会交流の実施により，子どもは両親の紛争に巻き込まれ両親への忠誠葛藤に苦しむことがある。子どもは，大人と異なり家族外で気晴らしをするのは難しく，愛着対象の親の機嫌の悪さや喧嘩にさらされストレスを受けやすい。子どもが両親の板挟みになることを避けようとすれば，面会交流の実施は難しくなり，子どもは非監護親との交流を失うことになる。子どもの気持ちや意思を尊重しながら，子どもが親の紛争に巻き込まれることの悪影響と非監護親との交流が途絶えることの悪影響を考え合わせ両親が協力して子どものために面会交流を実施することが重要である。父母の対立が激しくなる前に，面会交

流や養育費について合意に至るためには，各自治体での支援が必要である。2012年度より，厚生労働省は母子家庭等対策総合支援事業「母子家庭等就業・自立支援センター事業」において，面会交流支援事業を実施しており，実施自治体は東京都，明石市，高松市など15自治体（2020年度）である。とくに，2014年に兵庫県明石市が立ち上げた「明石市子ども支援ネットワーク」が注目されている。市役所内でこども養育専門相談の実施のほか，市役所の窓口に離婚届を取りに来た人に，「こどもの養育プラン」「こどもの養育に関する合意書」「合意書・養育プラン作成の手引き」「養育費算定表」「親の離婚とこどもの気持ち」「こどもと親の交流ノート」を配布し，面会交流のサポート事業（受け渡し，連絡調整）などを試みている（明石市，2014）。

②専門機関による面会交流支援

離婚手続きに裁判所が関与するアメリカ，カナダ，ドイツ，オーストラリア，韓国などの諸外国では，家庭裁判所が核になって，面会交流支援の専門機関と連携し面会交流を実施し，親プログラム（親ガイダンス）や法律・心理相談を提供しており，これらにより離婚後の親子関係の継続が可能になっている。他方，日本における面会交流支援は，家庭裁判所との連携がなく，公的な助成が乏しい状況で，各面会交流支援機関・団体は，スタッフの努力により活動している。このような状況の中，2021（令和３）年12月，法務省民事局は，面会交流支援団体等の「参考指針」（基本事項）を公表し，2022（令和４）年１月より，参考指針を遵守する団体として一覧表掲載を希望する団体を法務省HPに掲載している（2022年12月末で54団体）。さらに，2022年11月，一般社団法人「面会交流支援全国協会（ACCSJ〔Association for Child Contact Support, Japan〕）」は，全国の面会交流支援団体や専門家等と連携・協力しながら，支援団体の適格性を示す基準，ガイドライン，研修プログラムを作成し，基準を満たした支援団体を認証する制度を開始した。

③共同養育，共同親責任という考え

共同養育とは，両親が対等な立場で協力して子育てに関わることである。離婚後の共同養育制度を制定する根拠にした児童権利条約は，第９条第３項（親子不分離の原則），第18条第１項（共同親責任の原則），第27条第４項（養育費確保の原則）があり，子どもは父母の監護・教育を受ける権利があり，親にはこれに対応して責任を果たす義務があることを規定している。内外の膨大な研究（Amato,

1994; Kamp Dush et al., 2011; Vélez et al., 2011；小田切，2017）が，児童虐待やDVが認められる場合を除き，離婚後の共同養育が，子どもの最善の利益に資することを指摘している。しかし，日本の離婚後の単独親権制度の下では，親権者が承諾しなければ非親権者は子どもに会えないことが多いため両者は対等な立場ではなく，父母が連携して，養育責任を果たすことが極めて難しい。また，父母ともに親権者として適性がある場合，どちらか一方を親権者に決めなくてはならない制度は理不尽であり，これが親権や面会交流をめぐる父母の熾烈な争いを生じさせている。

3．離婚紛争と子ども

①離婚紛争の合意形成

離婚後の面会交流の実施や養育費の確保，親権者の指定などの子どもの養育問題を伴う離婚紛争は，法を適用して判断できる紛争解決ではなく，当事者である父親と母親の合意による解決が，離婚後の親子の交流や養育費の分担を円滑に実現するために重要である。合意による紛争解決に向けて，子どもを当事者と位置付け，子どもの意思や気持ちを把握し，それを解決の道筋に反映させるために心の専門家である心理職の専門的スキルが求められている。

また，離婚は夫婦関係を終結させ過去を清算することであり，その話し合いから，離婚後の子どもの養育という将来のことを話し合うのは容易ではない。しかしながら，父親と母親が親権者の指定や養育費の分担，面会交流の実施で対立する争いの構図から，両親が子どもの利益のために協力しあう方向に変換することが肝要である。

②国境を越えた子どもの奪い合いの紛争

「国際的な子の奪取の民事上の側面に関する条約」（以下，ハーグ条約）は，国境を越えた不法な子どもの連れ去りまたは留置に対して，子の常居所有国へ子どもを迅速に返還する手続きと面会交流を確保する手続きを国家に求めるものであり，日本は 2014（平成 26）年 4 月に批准した。2023（令和 5）年の時点で，103 カ国が加盟している（外務省，2023)。子の監護という家族の問題に，国家が積極的に関与しているのがハーグ条約の特徴である。欧米諸国では，子の問題は家族だけの問題ではないという考えが受け入れられ，これに伴い家族法が改正され，法によって家族や子を保護し，家族成員の権利を尊重している。他方，日本では父母間における子どもの奪い合いは，解決が困難な問題であり，日本の単

独親権制度，面会交流の支援制度の不備が，ハーグ条約の実施を難しくさせている（渡辺，2016）。

③離婚紛争における子どもの意思の尊重

2013（平成25）年に家事手続法が改正され，手続きの透明性，当事者の手続保証の拡充，子の地位の強化に配慮した手続きが規定され，とくに子どもの意思の把握と尊重が強化された。子どもの意思とは，国連の児童権利条約の第12条「締約国は，自己の意見を形成する能力のある児童がその児童に影響を及ぼす全ての事項について自由に自己の意見を表明する権利を確保する。この場合において児童の意見は，その児童の年齢及び成熟度に従って相当に考慮させるものとする」にある子どもが自由に自己の意見を表明する権利である。児童の権利条約により子どもを保護の対象としてだけでなく，意思表明などの権利の主体として位置付けられるようになった。

他方，離婚紛争の渦中にある両親は，喪失感，自責感あるいは，相手に対する怒りや憎しみ，将来への不安などにより，子どもの気持ちに寄り添えないことがある。子どもも両親への気遣いや忠誠心の葛藤から，自分の気持ちや考えを親に伝えることが難しい場合や，子どもの意思が，親の意向で歪められたり曲解されることがある。例えば，子どもが監護親に「(非監護親・別居親に）もう会いたくない」といったことを理由に，面会交流が中断・否定されることは日本ではよく生じる。子どもの意思を尊重したうえで，決めるのは大人の役割で，子どもが言ったことに対して，子どもに責任をもたせてはならない。大人は，子どもが表明した意思を子どもの最善の利益になるようにあらゆる文脈から長期的視点に立って考えなければならない。

このように離婚紛争中に，親が子どもの意思を尊重することは，困難な場合があり，子どもの手続代理人（弁護士）の活用が認められている。子どもの手続代理人は，子どもが手続行為能力を有する審判・調停事件（離婚時の親権者指定，面会交流の実施，養育費の取り決めなど）において，子どもに代わって手続きを行う人であり，子どもに関わる情報を子どもに伝え，子どもが不利にならないように子どもの立場に立って，子どもが何を望み，親の離婚をどのように感じているかを把握し，子どもの意見を代弁するのである。子どもの意見を離婚紛争における子どもの問題の解決に反映させるために，子どもの手続代理人の活動が期待されている。

III　再婚家庭と子ども

1．ステップファミリーとは何か

現代の日本は，未婚化・晩婚化傾向のため婚姻件数は減少しているが，再婚件数は微増している。全婚姻件数のうち，夫と妻ともに再婚が 9.8%，夫のみが再婚が 10.0%，妻のみが再婚が 7.1%であり，結婚するカップルのおよそ 4 組に 1 組がどちらかが再婚のカップルである（厚生労働省「人口動態統計」，2020）。

ステップファミリーとは「一組の成人の男女がともに暮らしていて，少なくともどちらか一方に，前の結婚でもうけた子どもがいる家族」と定義されている（Visher & Visher, 1991）。つまり，ステップファミリーとは血縁関係のない親子関係，継親子関係を含む家族をさす。ステップファミリーには多様なタイプがあり，男女ともに元配偶者と離死別後に子連れで再婚する場合，結婚経験のない男性とシングルマザーが結婚する場合，シングルファーザーが結婚経験のない女性と結婚する場合などがある。ステップファミリーはその形成過程，子どもの性別，年齢，人数，子どもと離れて暮らす実親と面会交流の有無など各家庭で状況は大きく異なる。

2．ステップファミリーの特徴

子どもを連れて再婚し新しい家族を築くので，初婚家族とはスタート時点から異なる。離婚後の再婚であれば，元配偶者との別れによる喪失感，継子を育てる苦労，経済的負担などがある。多様なタイプがあるステップファミリーだが，共通する特徴はメンバー全員が喪失体験をしていること，親子関係が夫婦関係よりも歴史が長いことである（野沢，2011）。

①メンバー全員が喪失体験

家族メンバー全員が，配偶者や親，あるいは転居・転校などの喪失体験を経験しており，喪失や変化によって生じる不安，ストレスを抱えている。この点で，里親家族やひとり親家族とは異なる。

②親子関係が夫婦関係よりも歴史が長い

初婚家族と違い，再婚した時点ですでに親子関係が存在しており，子どもから見ると離れて暮らす実親が存在する。親が離婚・再婚を繰り返せば，「親」と呼ぶ

人が多くなり複雑になる。親の離婚を経験した子どもは，継母（継父）を受け入れることは，実母（実父）を裏切ること，存在を否定することのように感じて罪の意識がおき，忠誠心をめぐる葛藤が生じやすい。

このようにステップファミリーは，初婚家族とは家族構成も形成過程も異なるにもかかわらず，多くのステップファミリーは初婚家族を目指し，継親が親役割を取り「新しいお父さん（お母さん）」として家族を再スタートさせようとするため家族メンバー間のストレスが高くなる。とくに，出産・育児経験のない女性が，継母になるケースが最もストレスが高い（水谷，2014）。

3．日本におけるステップファミリーの現状と支援

ステップファミリーは，複雑な家族構造と曖昧な家族境界のために問題を抱えやすいにもかかわらず，ステップファミリーであると言わない限り周囲は気づかない。ステップファミリーであることを知られたくない場合もあるため問題が表面化しにくく解決が難しい。社会的認知度も低く専門の相談機関がないため，現状では当事者が中心となった任意団体でサポートをしている。例えばSAJ[注2)]では，親（継親）と子どもの教育プログラムを実践している。

4．ステップファミリーに生じる問題

①しつけや生活習慣

ステップファミリーでは，子どものしつけや生活習慣などをめぐって問題が生じることがよくある。生活習慣を変えることは容易ではないので，今までの子どもの生活パターンを尊重しながら，誰かを犠牲にしたり我慢を強いることなく，時間をかけて新しい家族のルールを作り，新しい家族を築いていくことが求められる。

②子どもと継親との関係

子どもの継母（継父）は，子どものしつけは実親に任せ，実親の子育てのサポート役や相談役に徹し，子どもと時間をかけて関係性を育んだのちに，子どもの親役割を取った方が継親と子ども双方にとって好ましい。とくに，ひとり親の男性が，新しいパートナーと再婚するとき，男性は自分のパートナーに，子どもの母親役割を期待し，子どものしつけや身の回りの世話，学校のことをすべて任せ

注2）SAJ（Stepfamily Associate Japan）は2001年にSAA（Stepfamily Associate of America）と連携し日本でステップファミリーの当事者が中心となり設立した支援機関。

てしまうことがある。継母になった女性も,「良い母親にならなくては」という責任感と周囲からの「母親なんだから」というプレッシャーにより,追い詰められ,子どもを厳しく叱ってしまうことがある。しかし継母は，その苦しみをパートナーには相談できなかったり，周囲と継母特有の悩みを分かち合うことが難しいため孤立し自信を失い，子どもをかわいく思えなくなってしまうこともある。女性だからといてすぐに母親になれるわけではなく，余裕をもって子育てに取り組めるように周囲の理解が必要である。

③実親と子どもの関係

実親は，パートナーと実子との間に挟まれ悩みを抱えることがある。実子のパートナーに対する反抗的な態度などに対して，パートナーから責められたり，あるいはパートナーを気遣うあまり，子どもに継親への態度を改めるように厳しく注意し，結果として，実親と子ども，子どもと継親，実親とパートナーの関係のすべてが，緊張感が高くストレスに満ちたものになることがある。実親や継親の厳しいしつけがエスカレートして虐待傾向が高くなり，子どもの問題行動が生じることもある。再婚しても，実親が実子とだけで過ごす時間をもち，両者の関係を大切にする必要がある。

Ⅳ　おわりに

欧米諸国では，父母の子どもに対する責任は，父母の婚姻関係に左右されず，離婚後，婚外子でも原則として父母の共同親権，共同監護としている。DV や児童虐待などのように共同親権が子どもの利益に反する場合は，例外的に父母のどちらか一方が単独で監護する制度を導入している。他方，日本は裁判所が関与しない協議離婚制度をとり親権者さえ決めれば離婚が成立してしまう。2021 年，法務省は「法制審議会家族法制度部会」を設置し，子どもの利益に資する社会の実現に向けて離婚後の共同親権制度の導入も含めて検討している。欧米諸国のように子どもの最善の利益の観点から面会交流や養育費について父母が合意形成できる社会の実現に向けて法の整備が必要である。

◆学習チェック表
□　日本の離婚家庭の現状について説明できる。
□　離婚後の単独親権制度について理解した。
□　面会交流について理解した。
□　ステップファミリーについて説明できる。

より深めるための推薦図書

棚瀬一代（2010）離婚で壊れる子どもたち―心理臨床家からの警告．光文社新書．

Wallerstein, J. S., Lewis, J. M. & Blakeslee, S.（2000）*The Unexpected Legacy of Divorce: The 25 Year Landmark Study.* Harper Collins Publishers.（早野依子訳（2001）それでも僕らは生きていく．PHP研究所．）

Ahrons, C.（2004）*We're Still Family: What Grown Children Have to Say About Their Parents' Divorce.* Harper.（寺西のぶ子監訳，（2006）離婚は家族を壊すか―20年後の子どもたちの証言．バベルプレス．）

野沢慎司・茨木尚子・早野俊明・SAJ編著（2006）Q&Aステップファミリーの基礎知識―子連れ再婚家族と支援者のために．明石書店．

小田切紀子・町田隆司（2020）離婚と面会交流―子どもに寄り添う制度と支援．金剛出版．

文　献

明石市（2014）離婚後のこども養育支援―養育費や面会交流について．https://www.city.akashi.lg.jp/seisaku/soudan_shitsu/kodomo-kyoiku/youikushien/youikushien.html（2023年4月18日閲覧）

Amato, P. R.（1994）Life-Span Adjustment of Children to Their Parents' Divorce. *The Future of Children.* 4(1); 143-164.

Amato, P. R.（2010）Research on Divorce: Continuing Trends and New Development. *Journal of Marriage and Family,* 72; 650-666.

Kamp Dush, C. M., Kotila, L. E., & Schoppe-Sullivan, S. J.（2011）Predictors of Supportive Coparenting After Relationship Dissolution Among At-Risk Parents. *Journal of Family Psychology,* 25; 356-365.

法務省（2021）「協議離婚制度に関する調査研究業務」報告書．日本加除出版．

外務省（2023）ハーグ条約（国際的な子の奪取の民事上の側面に関する条約）．http://www.mofa.go.jp/mofaj/fp/hr_ha/page22_000843.html（2023年4月18日閲覧）

家庭問題情報センター（2016）別居・離婚後の子の最善の利益の実現と親子関係の再構築―面会交流援助の実情と考察．

厚生労働省（2020）令和2年人口動態統計　結果の概要．https://www.mhlw.go.jp/toukei/saikin/hw/jinkou/kakutei20/dl/02_kek.pdf

厚生労働省（2022）令和3年度全国母子世帯等調査報告．https://www.mhlw.go.jp/stf/seisakunitsuite/bunya/0000188147_00013.html（2023年4月18日閲覧）

国税庁（2021）令和3年度分民間給与実態統計調査結果報告．https://www.nta.go.jp/publication/statistics/kokuzeicho/minkan/gaiyou/2021.htm（2023年4月18日閲覧）

OECD（2020）OECD Family Database. https://www.oecd.org/els/family/database.htm（2023年

4 月 18 日閲覧）

水谷誉子（2014）ステップファミリーの子育てにおける母親の役割とストレス．心理臨床学研究，32(2); 238-249.

野沢慎司（2011）補充報告 ステップファミリーをめぐる葛藤—潜在する 2 つの家族モデル．家族（社会と法），27; 89-94.

小田切紀子（2009）子どもから見た面会交流．自由と正義，60(12); 28-34.

小田切紀子（2017）離婚後の共同養育の支援体制の構築—家族観の国際比較と親の心理教育プログラム．平成 26-28 年度科学研究費補助金基盤研究（b）研究成果報告書.

最高裁判所（2021）司法統計年報.

Vélez, C. E., Wolchik, S. A., Tein, J., & Sandler, I.（2011）Protecting children from the consequences of divorce: A longitudinal study of the effects of parenting on children's coping processes. *Child Development,* 82; 244-257.

Visher, E. B. & Visher, J. S.（1991）*How to Win as a Stepfamily.* 2nd Edition. Brunner/Mazel.（春名ひろこ監修・高橋朋子訳（2001）ステップファミリー—幸せな再婚家族になるために．WAVE 出版.）

渡辺惺之（2016）国際的な子の奪取の民事的側面に関するハーグ条約．In：二宮周平・渡辺惺之編：子どもと離婚—合意解決と履行の支援．信山社，pp.369-451.

索　引

な行

は行

ま行

付録
大学及び大学院における必要な科目

○大学における必要な科目
A．心理学基礎科目
①公認心理師の職責
②心理学概論
③臨床心理学概論
④心理学研究法
⑤心理学統計法
⑥心理学実験
B．心理学発展科目
（基礎心理学）
⑦知覚・認知心理学
⑧学習・言語心理学
⑨感情・人格心理学
⑩神経・生理心理学
⑪社会・集団・家族心理学
⑫発達心理学
⑬障害者・障害児心理学
⑭心理的アセスメント
⑮心理学的支援法
（実践心理学）
⑯健康・医療心理学
⑰福祉心理学
⑱教育・学校心理学
⑲司法・犯罪心理学
⑳産業・組織心理学
（心理学関連科目）
㉑人体の構造と機能及び疾病
㉒精神疾患とその治療
㉓関係行政論
C．実習演習科目
㉔心理演習
㉕心理実習（80 時間以上）

○大学院における必要な科目
A．心理実践科目
①保健医療分野に関する理論と支援の展開
②福祉分野に関する理論と支援
③教育分野に関する理論と支援
④司法・犯罪分野に関する理論と支援の展開
⑤産業・労働分野に関する理論と支援の展開
⑥心理的アセスメントに関する理論と実践
⑦心理支援に関する理論と実践
⑧家族関係・集団・地域社会における心理支援に関する理論と実践
⑨心の健康教育に関する理論と実践
B．実習科目
⑩心理実践実習（450 時間以上）
※「A．心理学基礎科目」，「B．心理学発展科目」，「基礎心理学」，「実践心理学」，「心理学関連科目」の分類方法については，上記とは異なる分類の仕方もありうる。

○大学における必要な科目に含まれる事項
A．心理学基礎科目
①「公認心理師の職責」に含まれる事項
1. 公認心理師の役割
2. 公認心理師の法的義務及び倫理
3. 心理に関する支援を要する者等の安全の確保
4. 情報の適切な取扱い
5. 保健医療，福祉，教育その他の分野における公認心理師の具体的な業務
6. 自己課題発見・解決能力
7. 生涯学習への準備
8. 多職種連携及び地域連携
②「心理学概論」に含まれる事項
1. 心理学の成り立ち
2. 人の心の基本的な仕組み及び働き
③「臨床心理学概論」に含まれる事項
1. 臨床心理学の成り立ち
2. 臨床心理学の代表的な理論
④「心理学研究法」に含まれる事項
1. 心理学における実証的研究法（量的研究及び質的研究）
2. データを用いた実証的な思考方法
3. 研究における倫理
⑤「心理学統計法」に含まれる事項
1. 心理学で用いられる統計手法
2. 統計に関する基礎的な知識
⑥「心理学実験」に含まれる事項
1. 実験の計画立案
2. 統計に関する基礎的な知識
B．心理学発展科目
（基礎心理学）
⑦「知覚・認知心理学」に含まれる事項
1. 人の感覚・知覚等の機序及びその障害
2. 人の認知・思考等の機序及びその障害
⑧「学習・言語心理学」に含まれる事項
1. 人の行動が変化する過程
2. 言語の習得における機序

⑨「感情・人格心理学」に含まれる事項
1. 感情に関する理論及び感情喚起の機序
2. 感情が行動に及ぼす影響
3. 人格の概念及び形成過程
4. 人格の類型，特性等

⑩「神経・生理心理学」に含まれる事項
1. 脳神経系の構造及び機能
2. 記憶，感情等の生理学的反応の機序
3. 高次脳機能障害の概要

⑪「社会・集団・家族心理学」に含まれる事項
1. 対人関係並びに集団における人の意識及び行動についての心の過程
2. 人の態度及び行動
3. 家族，集団及び文化が個人に及ぼす影響

⑫「発達心理学」に含まれる事項
1. 認知機能の発達及び感情・社会性の発達
2. 自己と他者の関係の在り方と心理的発達
3. 誕生から死に至るまでの生涯における心身の発達
4. 発達障害等非定型発達についての基礎的な知識及び考え方
5. 高齢者の心理

⑬「障害者・障害児心理学」に含まれる事項
1. 身体障害，知的障害及び精神障害の概要
2. 障害者（児）の心理社会的課題及び必要な支援

⑭「心理的アセスメント」に含まれる事項
1. 心理的アセスメントの目的及び倫理
2. 心理的アセスメントの観点及び展開
3. 心理的アセスメントの方法（観察，面接及び心理検査）
4. 適切な記録及び報告

⑮「心理学的支援法」に含まれる事項
1. 代表的な心理療法並びにカウンセリングの歴史，概念，意義，適応及び限界
2. 訪問による支援や地域支援の意義
3. 良好な人間関係を築くためのコミュニケーションの方法
4. プライバシーへの配慮
5. 心理に関する支援を要する者の関係者に対する支援
6. 心の健康教育

（実践心理学）

⑯「健康・医療心理学」に含まれる事項
1. ストレスと心身の疾病との関係
2. 医療現場における心理社会的課題及び必要な支援
3. 保健活動が行われている現場における心理社会的課題及び必要な支援
4. 災害時等に必要な心理に関する支援

⑰「福祉心理学」に含まれる事項
1. 福祉現場において生じる問題及びその背景
2. 福祉現場における心理社会的課題及び必要な支援
3. 虐待についての基本的知識

⑱「教育・学校心理学」に含まれる事項
1. 教育現場において生じる問題及びその背景
2. 教育現場における心理社会的課題及び必要な支援

⑲「司法・犯罪心理学」に含まれる事項
1. 犯罪・非行，犯罪被害及び家事事件についての基本的知識
2. 司法・犯罪分野における問題に対して必要な心理に関する支援

⑳「産業・組織心理学」に含まれる事項
1. 職場における問題（キャリア形成に関することを含む。）に対して必要な心理に関する支援
2. 組織における人の行動

（心理学関連科目）

㉑「人体の構造と機能及び疾病」に含まれる事項
1. 心身機能と身体構造及びさまざまな疾病や障害
2. がん，難病等の心理に関する支援が必要な主な疾病

㉒「精神疾患とその治療」に含まれる事項
1. 精神疾患総論（代表的な精神疾患についての成因，症状，診断法，治療法，経過，本人や家族への支援を含む。）
2. 向精神薬をはじめとする薬剤による心身の変化
3. 医療機関との連携

㉓「関係行政論」に含まれる事項
1. 保健医療分野に関係する法律，制度
2. 福祉分野に関係する法律，制度
3. 教育分野に関係する法律，制度
4. 司法・犯罪分野に関係する法律，制度
5. 産業・労働分野に関係する法律，制度

㉔「心理演習」に含まれる事項
（略）

㉕「心理実習」に含まれる事項
（略）

執筆者一覧

岡本　吉生（日本女子大学）＝編者

藤野　京子（ふじのきょうこ：早稲田大学文学学術院）
渡邉　和美（わたなべかずみ：科学警察研究所）
寺村　堅志（てらむらけんじ：常磐大学人間科学部）
橋本　和明（はしもとかずあき：国際医療福祉大学赤坂心理・医療福祉マネジメント学部）
岩井　宜子（いわいよしこ：専修大学名誉教授）
渡邊　一弘（わたなべかずひろ：専修大学法学部）
坂野　剛崇（さかのよしたか：大阪経済大学人間科学部）
須藤　　明（すとうあきら：文教大学人間科学部）
木髙　暢之（きだかのぶゆき：神戸拘置所）
門本　　泉（かどもといずみ：大正大学心理社会学部）
川島　ゆか（かわしまゆか：東京西法務少年支援センター）
藤田　悟郎（ふじたごろう：科学警察研究所）
生島　　浩（しょうじまひろし：福島大学名誉教授）
棚村　政行（たなむらまさゆき：早稲田大学法学学術院）
小田切紀子（おだぎりのりこ：東京国際大学人間社会学部）

監修　野島一彦（のじまかずひこ：九州大学名誉教授・跡見学園女子大学）
　　　繁桝算男（しげますかずお：東京大学名誉教授・慶応義塾大学）

編者略歴
岡本吉生（おかもとよしお）
1956 年生まれ。1979 年京都府立大学文学部を卒業。1980 年家裁調査官補，1983 年から 1997 年まで家庭裁判所調査官。1993 年 Mental Research Institute 留学。1997 年筑波大学大学院教育研究科修士課程修了，2017 年東北大学文学研究科博士課程中退。埼玉県立大学助教授を経て，現在，日本女子大学教授。

主な著書：『非行臨床の新潮流―リスクアセスメントと処遇の実際』（共著，金剛出版，2011），『刑事裁判における人間行動科学の寄与―情状鑑定と判決前調査』（共編著，日本評論社，2018），『犯罪心理学事典』（副編集委員長，丸善出版，2015），『機能的家族療法―対応困難な青少年とその家族へのエビデンスにもとづいた処遇』（監訳，金剛出版，2017）ほか多数

公認心理師の基礎と実践⑲［第 19 巻］

司法・犯罪心理学　第 2 版

2019 年 3 月 25 日　第 1 版　第 1 刷
2023 年 9 月 10 日　第 2 版　第 1 刷

監 修 者　野島一彦・繁桝算男
編　　者　岡本吉生
発 行 人　山内俊介
発 行 所　遠見書房
制作協力　ちとせプレス（http://chitosepress.com）

遠見書房

〒 181-0001　東京都三鷹市井の頭 2-28-16
株式会社　遠見書房
TEL 0422-26-6711　FAX 050-3488-3894
tomi@tomishobo.com　https://tomishobo.com
遠見書房の書店　https://tomishobo.stores.jp/

印刷・製本　モリモト印刷

ISBN978-4-86616-176-1　C3011